SCRIPTA HUMANISTICA ®

Directed by
Bruno M. Damiani
The Catholic University of America

Advisory Board

Carlos Alvar
Université de Genève

Frederick A. De Armas
*Andrew Mellon Professor in Humanities
University of Chicago*

Dante Della Terza
Harvard University

Manuel Durán
Yale University

Charles B. Faulhaber
University of California (Berkeley)

Edward H. Friedman
Vanderbilt University

Michael P. Iarocci
University of California (Berkeley)

Louis Imperiale
University of Missouri (Kansas City)

Richard Kinkade
University of Arizona

Adelaida López de Martínez
University of Nebraska (Lincoln)

Giuliano Soria
Università di Roma. Presidente

Paolo Valesio
Columbia University

El sistema formular del *Cantar de mio Cid*: Estudio y registro

Pablo Justel

Prólogo de Alberto Montaner

SCRIPTA HUMANISTICA ®

Publisher and Distributor

SCRIPTA HUMANISTICA ®

1383 Kersey Lane
Potomac, Maryland 20854, USA
Phone: 301-294-7949
Fax: 301-424-9584
www.scriptahumanistica.com
E-mail: info@scriptahumanistica.com

® 2017 Pablo JUSTEL

S.H.: # 177
I.S.B.N.: 1-882528-68-9
Price: $ 69.95

Printed in the United States of America
2017

La presente obra ha contado con el apoyo del Proyecto del Plan Nacional de I+D+i del Ministerio de Ciencia e Innovación (con subvención de Fondos Feder) FFI2012-32231: *Formas de la Épica Hispánica: Tradiciones y Contextos Históricos II*, y del Proyecto de I+D del Programa Estatal de Fomento de la Investigación Científica y Técnica de Excelencia del Ministerio de Economía y Competitividad (con cofinanciación de Fondos Feder) FFI2015-64050-P: *Magia, Épica e Historiografía Hispánicas: Relaciones Literarias y Nomológicas*.

A Alberto, Carlos e Irene

ÍNDICE

Prólogo de Alberto Montaner 9

Introducción 13

1. El concepto de formulismo 19
    1.1. La fórmula 19
    1.2. La locución formular y sus condiciones 24
    1.3. La archifórmula y el conjunto difuso 27
        1.3.1. Tipos de variaciones 32
            1.3.1.1. Sustitución léxica 32
            1.3.1.2. Alteración del orden de los términos 34
            1.3.1.3. Adición o supresión de uno o varios términos ... 38
            1.3.1.4. Partición diferente del hemistiquio 41
            1.3.1.5. Combinación de dos modificaciones 44
            1.3.1.6. Elementos formuloides y reiteración residual 49

2. La relación entre formulismo y oralidad 53

3. Formulismo y autoría simple o múltiple 61

4. Funciones y efectos intratextuales del formulismo 67
    4.1. Funciones del formulismo 67
    4.2. Efectos intratextuales del formulismo 70
        4.2.1. Acciones 72
        4.2.2. Sentimientos 74
        4.2.3. Personajes 77

5. Análisis cuantitativo 83

6. Conclusiones 117

Bibliografía 123

Apéndice: El registro formular del *Cantar de mio Cid* 135
    Secuencias narrativas 139
    Secuencias demarcativas 166
    Secuencias narrativo-descriptivas 169
    Secuencias descriptivas 170
    Binomios formulares 176

Prólogo

Alberto Montaner

El libro al que estas páginas sirven de pórtico es, a mi leal saber y entender, una obra audaz. El apogeo del postestructuralismo supuso, entre otras cosas, la postergación de los análisis de tipo inmanente y formal que habían sido la seña de identidad del movimiento contra el que aquel reaccionaba. Desde entonces, en el mundo académico de las humanidades late una proscripción tácita en virtud de la cual el estudio interno del texto literario es, en el mejor de los casos, una tarea menor, poco menos que un ejercicio retórico escolar, a modo de variante moderna de los προγυμνάσματα. A menudo, ni siquiera el *close reading* se detiene en aspectos que puedan considerarse retóricos o estilísticos y, desde luego, las herramientas que pusieron a punto los formalistas y los neorretóricos han sido casi por completo relegadas. La situación no deja de ser paradójica, habida cuenta de la imposibilidad del acceso al sentido y, con él, de la comunicación, postulada por uno de los padres fundadores de la postmodernidad, Derrida, en su fundamental *De la grammatologie* (1967). Ese mismo año, en otro de los textos fundacionales del movimiento, su célebre ensayo sobre la muerte del autor, Barthes (1967) proclamaba que:

> Once the Author is gone, the claim to 'decipher' a text becomes quite useless. [...] In a multiple writing, indeed, everything is to be distinguished, but nothing deciphered; structure can be followed, 'threaded' (like a stocking that has run) in all its recurrences and all its stages, but there is no underlying ground; the space of the writing is to be traversed, not penetrated: writing ceaselessly posits meaning but always in order to evaporate it: it proceeds to a systematic exemption of meaning.

La actitud congruente con tales postulados hubiese sido la restricción del estudio de la literatura a su constitución interna, recorriendo el texto sin atravesar su (pretendido) espesor, por retomar la imagen barthesiana. Sin embargo, hasta donde se me alcanza, el único autor que, en el marco de estas coordenadas teóricas, ha postulado tal enfoque es Culler (1997: 61-62 y 69-81), mientras que, como él mismo señala (p. 62), el acercamiento predominante es justamente el opuesto:

> We don't know the meaning of a literary work as we know the meaning of John is eager to please and therefore can't take meaning as a given but have to seek it. This is certainly one reason why literary studies in modern times have favoured hermeneutics over poetics (the other reason is that people generally study literary works not because they are interested in the functioning of

literature but because they think these works have important things to tell them and want to know what they are). But poetics does not require that we know the meaning of a work; its task is to account for whatever effects we can attest to – for example, that one ending is more successful than another, that this combination of images in a poem makes sense while another does not.

Sin compartir la apelación al juicio estético aquí realizada (¿en qué consiste que el final se haga con mejor fortuna en una obra que en otra?)[1], es de rigor reconocer que el diagnóstico es certero, por más que Culler no repare en la contradicción entre los precitados postulados teóricos y la actividad crítica desarrollada presuntamente a su amparo. El caso es que sin forma no hay fondo o, dicho en otras palabras, un enunciado lingüístico solo se hace aprehensible en tanto que se materializa en el plano de la expresión, sin lo cual solo tendríamos ideas, que, mientras no se demuestre la eficacia de la telepatía, no pueden transmitirse directamente. En consecuencia, antes de interrogarse por el sentido o, en términos a mi entender mejor fundados, antes de abordar la explicación de la obra literaria en relación con su entorno de producción y recepción, resulta indispensable comprender cómo funciona en sí misma y cuál es su sentido literal. De este modo, el análisis interno proporciona una base segura para abordar el externo[2].

En consonancia con estos planteamientos, la obra aquí prologada se atreve a ir contracorriente y no solo realiza un minucioso y eficaz análisis del formulismo, uno de los procedimientos formales característicos del *Cantar de mio Cid* y del género épico románico medieval en el que se inserta, sino que llega a apelar, en su justa medida, a recursos cuantitativos, lo que, en el actual panorama de los estudios literarios, resulta casi inaudito. Por otro lado, el autor se ha atrevido también con dos cuestiones peliagudas: el problema de las relaciones entre formulismo y oralidad y la cuestión de la autoría.

El primer asunto resulta de un *paralogismus secundum consequens o fallacia reductionis causæ*. Cuando el trabajo de campo de Parry y su posterior labor conjunta con Lord revelaron la naturaleza eminentemente formular de la épica oral yugoslava, se postuló que, puesto que el formulismo era inherente a la producción oral, la presencia de aquel era una prueba de esta. Se trata, sin embargo, de una deducción errónea, porque la afirmación del consecuente no implica la del antecedente, salvo que se trate de una coimplicación, lo que no es el caso. Precisamente, el autor del presente volumen ha demostrado empíricamente que, en la misma época por la que se componían los cantares de gesta castellanos, la historiografía latina

---

[1] Para una justificación de esta postura, remito a Montaner (2003 y 2016).
[2] Desarrollo mis planteamientos sobre esta cuestión en Montaner (2010, 2012 y 2016).

hispánica poseía un trabado sistema formular, aunque no coincidente con el de aquellos (Justel 2013b). Por otra parte, la misma premisa mayor surge de una generalización abusiva, porque tampoco toda la poesía oral se caracteriza por su formulismo, incluso la que, como en el caso de al menos parte de los *pesni* yugoslavos, resulta de una repentización, según sucede en toda la tradición hispánica de las payadas o similares[3]. En consecuencia, frente a la concepción reductora y mecanicista del formulismo como un mero auxiliar de la (improvisada) composición (oral), surge la posibilidad de estudiarlo como un procedimiento estilístico-retórico que actúa en varios frentes (composición, representación, recepción y captación estética), todos ellos abordados por Justel en su pormenorizado y perceptivo análisis, que además sitúa el funcionamiento del sistema formular del *Cid* en el más amplio contexto de la épica románica, aunque solo en la medida en la que los datos comparativos pueden iluminar el caso estudiado, ya que dicho aspecto es objeto de una monografía específica, *Técnica y estética: el "Cantar de mio Cid" y la épica francesa* (Justel en prensa), redactada en paralelo a la presente.

En este ámbito, Justel no se ha limitado rechazar el mecanicismo oralista (cuestionado ya desde hace un tiempo), sino que plantea una alternativa de amplio aliento para el estudio de los sistemas formulares, mediante la incorporación de conceptos clave como el de conjunto formular difuso, el de archifórmula o prototipo formular o el de elementos formuloides. Más allá incluso de las innovaciones conceptuales que se traducen en esta propuesta terminológica, la concepción misma del formulismo es sometida a un giro copernicano, al pasar del eje paradigmático que gobierna el tradicional modelo del *stock* formular al sintagmático, en torno al que rota la nueva propuesta del sistema formular, no como un mecanismo de repetición (aunque esta exista), sino como un algoritmo de elaboración de nuevas fórmulas, que da lugar a una personalización de las mismas. Pasamos así del dialecto al idiolecto formulaico, lo que posee importantes implicaciones tanto compositivas como perceptuales, esto es, de recepción en clave de lectura estética.

Por lo que hace a las cuestiones de atribución y autoría, hay que reconocer que resultan extremadamente resbaladizas e, incluso sin aceptar (al menos por su valor facial) el certificado de defunción expedido por Barthes, con frecuencia resultan impertinentes. En particular, el problema de la distinción de autores a partir de rasgos formales, aunque posee una base factual cuantificable y, por lo tanto, tiene un sustento empírico, es que a menudo se ha hecho a partir de presunciones indemostradas. Es decir, en lugar de comenzar por el análisis inductivo y contrastado de

---

[3] Baste con remitir ahora al caso del huapango arribeño, sintetizado recientemente por Rodríguez Hernández (2014).

obras de autoría indiscutible, del que inferir (de ser posible) algún tipo de generalización que pudiese arrojar luz sobre los casos de autoría dudosa, se han planteado como axiomáticas apreciaciones meramente impresionistas a partir de las cuales se han analizado los datos textuales. La *reductio ad absurdum* de esta forma de orientar el problema es que, si tomamos los dos primeros versos del *Cid*, "De los sos ojos | tan fuertemientre llorando, / tornava la cabeça | e estávalos catando", podemos demostrar sin problemas que son de dos autores distintos, puesto que divergen en el 100% del léxico y la sintaxis, sin contar con que el primero se compone de dos hemistiquios pentasilábicos y el segundo, de otros dos heptasilábicos (supuesto que se haga la sinalefa *ees-tá-va-los*). En este movedizo terreno, Justel, sin entrar en los problemas de fondo (frente a lo que, lógicamente, hace en el caso de las relaciones entre oralidad y formulismo, por afectar al meollo mismo de su indagación), ofrece datos suficientemente expresivos de la homogeneidad del sistema formular del *Cid* en toda su extensión como para, al menos, eliminar cualquier papel del mismo en toda futura discusión sobre la posible, aunque harto improbable, intervención de más de un poeta en su composición.

La primera parte de la obra prologada, que aborda todos los aspectos y problemas comentados, junto con un detallado análisis del funcionamiento intratextual del formulismo y de la redundancia (dos conceptos a menudo confundidos, pero aquí adecuadamente diferenciados), se complementa con un cuidado y completo registro formular, basado en la tipología establecida en el estudio previo, que supone un gran avance respecto del útil, pero limitado índice ofrecido hace ya más de cuarenta años por De Chasca (1972).

Rezaba el adagio clásico que *audentes Fortuna iuuat*. A mi juicio, a Pablo Justel la osadía mostrada al arrostrar un empeño a contrapelo de los estudios literarios *à la page* (sin caer por ello en la temeridad) le ha rendido buenos frutos, y con él, al lector, que tiene ante sí la posibilidad de adentrarse en un análisis que le descubrirá algunos de los más afinados mecanismos íntimos de ese, a un tiempo, grandioso y sutil artefacto literario que es el *Cantar de mio Cid*.

Introducción

La presente monografía tiene como objetivo el examen detallado del sistema formular del *Cantar de mio Cid*, análisis que vamos a acometer desde una perspectiva teórica y práctica. Si la primera se basa en un intento de abstracción de este constructo, de comprender dicho sistema en toda su complejidad, la segunda consiste en la ejemplificación de todo ello con las numerosas y variadas ocurrencias formulares que brinda el poema castellano. El libro está compuesto por dos partes, anunciadas ya en el subtítulo. En un primer momento, analizamos las diferentes unidades que conforman este sistema, sus funciones, las relaciones que se establecen entre las mismas, y realizamos un examen cuantitativo a partir de la fijación de las secuencias, el hemistiquio que ocupan, la clase a la que pertenecen y el cantar en que se ubican. En el apéndice se ofrece la integridad de las fórmulas y frases formulares del poema castellano, clasificadas en narrativas, demarcativas, narrativo-descriptivas y descriptivas.

Es bien sabido que las fórmulas no son exclusivas de la épica, pues están presentes en otros géneros. Limitándonos tan solo a algunos testimonios medievales, las encontramos en los *romans*, los poemas hagiográficos franceses, la poesía cortés, el romancero, autores como Adam de la Halle o Gonzalo de Berceo, e incluso en obras en prosa, como los textos jurídicos e historiográficos (tanto en latín como en romance) o en el *Libro del cavallero Zifar*. Ahora bien, si el formulismo no es privativo de la épica, de algún modo la define. En este sentido, Zumthor (1983: 116) subraya la trascendencia de la intertextualidad en el estilo formular, pues las expresiones fijas de un determinado poema épico se hallan en otros, remitiendo al auditorio a "un univers sémantique qui lui est familier".

Dicha preponderancia del formulismo en la épica, que sin duda es inherente al género y lo caracteriza, debe contemplarse desde una perspectiva más amplia, a saber, como uno de los modos en que se manifiesta la estética de la repetición, ligada sin duda a los efectos rítmicos que origina esta redundancia. Si bien es cierto que no menciona de forma explícita el género épico, pues se refiere a la poesía medieval en términos generales, las palabras de Zumthor (1987a: 225) pueden aplicarse al *Cantar de mio Cid*:

> Créatrice de rythmes, la récurrence —maîtrisée en vue d'une fin expressive— fonde le discours poétique. Tous les éléments constitutifs de celui-ci, quelle que soit leur nature, doivent être considérés dans cette perspective. En elle-même, la récurrence est en effet moins procédure discursive que manière d'être du langage. Mais, au cours du temps, certaines de ses manifestations s'institutionnalisent, tendent à se reproduire par inertie coutumière, deviennent procédés et finissent par constituer ensemble une trame structu-

relle conventionnelle –certes, et heuresement! percée de trous– sur laquelle paraissent se broder les autres effets rythmiques.

Esta estética de la repetición actúa en diferentes niveles, y todos ellos configuran lo que podríamos denominar, aunque de forma un tanto imprecisa, el estilo épico. Si comenzamos por el grado más elemental, encontramos la reiteración de palabras, que puede darse en el mismo verso en las oraciones yuxtapuestas[4], en un breve espacio[5], o en diferentes momentos estratégicos de los poemas, conformando así ecos y otras llamadas intratextuales[6], si existe una conexión rítmica e incluso argumental entre las diferentes ocurrencias. La redundancia puede ser también estructural, con el empleo de paralelismos[7], anáforas y construcciones bimembres, algunas de los cuales se convierten en fórmulas y expresiones formulares de una notable frecuencia. Además, la recurrencia actúa solidariamente tanto en el plano de la expresión como en el del contenido, pues los pasos o fases (cada uno de los movimientos o acciones) se asocian para conformar los motivos, y esos se suelen actualizar mediante secuencias fijas[8]. En fin, la repetición funciona igualmente para vincular los diversos episodios que conforman el argumento del poema, dotando a la obra –pensamos ahora concretamente en el *Cantar*– de una perfecta cohesión y unidad. Así pues, si en principio las fórmulas y frases formulares constituyen uno de los modos de reiteración, estas poseen una enorme trascendencia, pues actúan en tres niveles: la composición, la constitución textual y la recepción (Montaner 2016: 403-415), y son igualmente fundamentales en las cinco fases de la *performance*, siguiendo la clasificación de Zumthor (1983: 32-33), esto es, la producción, la transmisión, la recepción, la conservación y la repetición. Asimismo, si todas ellas comparten fases de oralidad y escritura, lo más plausible es, como señala Boutet (1993: 66) y observaremos a lo largo de nuestros análisis, que la producción y la conservación recurrieran a la escritura, mientras que las demás serían tanto orales como escritas.

Por lo que al corpus se refiere, hemos preferido concentrarnos en el *Cantar de mio Cid* y no adentrarnos en comparaciones con otros textos que recurran a estas unidades. Tan solo de forma ocasional dirigiremos la

---

[4] Situación en la que repara De Chasca (1972: 171) para el *Cid*.
[5] Véase Orduna (1999), quien concibe las repeticiones léxicas concretadas en un lapso inapreciable como una marca de oralidad, lo que carece de pruebas.
[6] El estudio más completo llevado a cabo sobre el concepto de *eco* ha sido el emprendido por Heinemann (1993: 221-328) para la épica francesa.
[7] Para el *Cid*, *vid.* Waltman (1978).
[8] Para la definición de *motivo*, seguimos a Montaner (2007b: 891): "Toda unidad temática autónoma susceptible de selección en el eje paradigmático de la narración, independientemente de la función que desempeñe en la sintaxis narrativa, y que se actualiza en diversas obras y contextos".

mirada a otras composiciones épicas francesas —en las que el poema castellano sin duda se inspiró y de las que tomaría en parte su *modus scribendi*[9]—, no con la intención de examinar la influencia de las *chansons* en el *Cantar* —coetáneas y semejantes en su composición— en algunos momentos o la independencia de este en otros, sino para ofrecer una suerte de instrumento de control, que nos permitan comprender mejor el sistema del *Cid*. De igual modo, hemos obviado los demás testimonios épicos castellanos. Esta decisión se debe a dos factores: por un lado, los sistemas formulares de las *Mocedades de Rodrigo*, el *Poema de Fernán González*, el *Roncevalles* y el *Poema de Alfonso Onceno* ya han sido objeto de estudio, y los dos primeros han sido comparados con el del *Cid*[10]. Por otro lado, es cierto que tampoco faltan páginas acerca del formulismo del *Cantar*. Así, la crítica se ha ocupado de la definición de *fórmula* (De Chasca 1970), el anisosilabismo (Adams 1972), la composición oral[11], las fórmulas legales (Hook 1980 y Dutton 1980: 13-14), la autoría doble o única[12], o la relación con la épica francesa[13], entre otros asuntos. No obstante, dado que, salvo contadas excepciones —como las de Bailey, Hook y Justel—, la bibliografía al respecto data de algunas décadas, el presente estudio surge de la necesidad de un análisis de conjunto, pormenorizado, que revisara aquellos aspectos que, a nuestro juicio, requerirían de nuevos análisis, así como otros fundamentales. Pensemos, por ejemplo, en el examen cuantitativo de las unidades formulares y su registro íntegro, los ecos intratex-

---

[9] Puede verse el estado de la cuestión que trazamos en Justel (2013a) y, ahora, Justel (en prensa).
[10] Para las *Mocedades*, *vid.* Deyermond (1968: 165-170), Webber (1980) y Geary (1980). Este último, además, se ha ocupado del formulismo del *Fernán González*, así como Bailey (1993), comparándolo con el *Cantar*. Webber (1966), por su parte, se ha centrado en el *Roncesvalles*, y Vaquero (1984: 179-204), en el *Poema de Alfonso Onceno*. Respecto de la comparación del formulismo del *Cantar* con las *Mocedades* y el *Fernán González*, según el cuadro sinóptico de Geary (1980: 113), pocas fórmulas son comunes a los poemas. Así, la tendencia habitual es hallar locuciones formulares distintas para situaciones o acciones semejantes. Dichas diferencias también se dan, según el recuento de Geary, entre las *Mocedades* y el *Fernán González*. Es evidente que el estilo épico y, en concreto, las tendencias formulares del *Cid* y demás textos épicos hoy perdidos serían conocidas por los autores de las otras dos obras, pero no es menos cierto que cada poeta tenía sus preferencias estilísticas, a lo que habría que añadir la evidente diferencia cronológica entre estas composiciones (y genérica, en el caso del *Fernán González*), que sin duda representaría un papel fundamental en la variación del sistema formular.
[11] Duggan (1974). Frente a ello, *vid.* los reparos de Chaplin (1976) y Miletich (1976).
[12] Hills (1929), Menéndez Pidal (1961), Jehle (1970: 55-63) y Garci-Gómez (1993: 141-157), para la primera hipótesis, y Corbató (1941), Waltman (1973, 1974) y Myers (1977), para la segunda.
[13] Véase, para una postura oralista, Herslund (1974). Colin Smith, sin embargo, sigue los postulados del individualismo (1977: 125-159 y 1983: 155-179). En una posición intermedia se sitúan Adams (1977-1978 y 2005), Hook (1982, 1990 y 2013) y Justel (en prensa, en particular la segunda parte).

tuales que se producen entre algunas de ellas y lo que ello implica para la estructura del poema, o la teorización sobre estas secuencias y su empleo en el *Cantar*.

Por otra parte, somos conscientes de que los capítulos poseen diferente naturaleza y extensión, pero —en cualquier caso— resultan complementarios, lo que permite ofrecer una visión holística de la articulación de este entramado formular. Así, frente al "arte juglaresco" con el que bautizó De Chasca (1972) a su obra sobre el estilo del *Cid*, proponemos aquí la existencia de un arte poético, de un formulismo en parte heredado —de una tradición francesa y probablemente también de una castellana, según permite postular el grado de madurez del sistema—, pero también del propio autor. Así las cosas, este libro pretende ofrecer un análisis del poema castellano y, al mismo tiempo, un instrumento que pueda servir —tanto por el examen en sí como por el registro final— para una eventual comparación con otras composiciones —de esta y otras literaturas— que también emplean dichas unidades.

Respecto de las mismas, conviene señalar, en estas páginas preliminares, el significado de los signos empleados:

<Archifórmula>
Fórmula
"Expresión formular"
/.../ /.../: términos que se exigen
{...} {...}: términos incompatibles
[...]: términos que siempre aparecen
(...): términos que pueden aparecer o no[14]

Ofrecemos a continuación algunos ejemplos:

A los mediados gallos H1 (324, 1701)

Se trata de una fórmula en sentido estricto, que aparece exactamente igual en el primer hemistiquio de los versos 324 y 1701.

<(Si non,) en todos vuestros días> H1 y H2
   "si non, en todos vuestros días" (v. 1027α)
   "en todos vuestros días" (v. 2194β)

Estamos ante una archifórmula o secuencia formular virtual que se actualiza mediante dos locuciones formulares, con la presencia de la condicional *si non* en el primer hemistiquio del v. 1027 y sin ella en el segundo del v. 2194.

---

[14] Si aparecen puntos suspensivos entre los signos, en lugar de formas concretas, los términos que pueden ocupar dicha casilla no pertenecen a la misma categoría gramatical.

<A la puerta de [lugar]> H1
"A la puerta de Valencia" (v. 1576)
"a la puerta de la eclegia" (v. 2239)
"a la puerta de fuera" (v. 3104)

Estas tres expresiones formulares coinciden en su primer sintagma (*a la puerta*) pero difieren en el segundo, aunque se mantiene una coherencia semántica, al expresar en todos ellos el lugar.

<¡Merced, /ya/ rey /don/ Alfonso> H1
"–¡Merced, ya rey don Alfonso" (3171)
"–¡Merced, rey Alfonso" (3403)

Las archifórmulas que contienen los signos /.../ incluyen aquí los términos que se exigen, como *ya* y *don* en el v. 3171.

<Con afán {la} gané {a Valencia} (yo)> H1 y H2
"con afán la gané yo" (3507β)
"con afán gané a Valencia" (1635α)

Frente a la archifórmula precedente, con {...} señalamos los términos incompatibles y, con los paréntesis, aquellos que pueden estar presentes o ausentes.

En definitiva, son numerosas las preguntas que se plantean, y todas ellas afectan a los referidos niveles en que opera el sistema formular. ¿Cuál es la línea que separa las fórmulas de las expresiones formulares? ¿Conforman estas últimas un grupo homogéneo? ¿Cuál es la relación entre la oralidad y el formulismo? ¿Constituye el empleo de estas unidades estereotipadas una prueba para sostener la doble autoría del *Cantar*? ¿Qué funciones poseen estas secuencias fijas? ¿Es el formulismo sinónimo de composición mecánica? ¿Hasta dónde llega la variación de las secuencias fijas, ya sea por las modificaciones léxicas y sintácticas como por su ubicación en uno u otro hemistiquio? ¿En qué medida es formular este poema? El intento de responder estas cuestiones es el objetivo que guía la presente indagación, la cual nos permitirá profundizar en la configuración y el funcionamiento del sistema formular del *Cid* y en sus implicaciones estéticas.

1. El concepto de formulismo

1.1. La fórmula

Desde los inicios del estudio del formulismo, los críticos han ofrecido diferentes definiciones de la fórmula, al tiempo que se han servido de otros conceptos para dar cuenta de las distintas variaciones que presentan estas secuencias fijas. En efecto, aunque –en principio– la noción general de *fórmula* no parece provocar mayores disensiones, lo cierto es que, cuando nos enfrentamos a determinados ejemplos, la realidad es otra, pues lo que algunos consideran una fórmula, otros lo conciben como una mera repetición desprovista de carácter formular. Para ello, es necesario distinguir los conceptos de *redundancia* y *formulismo*, ya que en ocasiones se han tomado por sinónimos, cuando en realidad el segundo es el máximo exponente del primero o, en otros términos, la redundancia es inherente al formulismo, pero no siempre que se produzca la primera estaremos ante unidades formulares.

Así, las diferentes definiciones de *fórmula* vendrán establecidas de acuerdo a las condiciones que dicha unidad debe cumplir. Estos criterios son, básicamente, tres: en primer lugar, el plano en el que se pone el énfasis a la hora de determinar la existencia de una fórmula, el cual puede ser sintáctico, léxico-semántico o una conjunción de ambos niveles, a lo que deben añadirse las condiciones métricas o rítmicas, en el caso de las composiciones en verso. El segundo requisito es una mínima extensión, que por lo general se sitúa en un hemistiquio, si bien dicha medición no es operativa en las obras en prosa[15]. Y, en tercer lugar, la fórmula se caracteriza por un uso mínimamente reiterado (es decir, dos repeticiones). Estos tres criterios, así como otros elementos de detalle que iremos estudiando en este capítulo, definen la existencia –o inexistencia– de las fórmulas, de modo que la combinación de las distintas posibilidades establecerá si nos encontramos ante una fórmula o, por el contrario, nos hallamos más bien frente a una serie de palabras que no han adquirido la estabilidad y regularidad necesarias para poder hablar en sentido estricto de dicha unidad.

Ahora bien, si la fórmula es el componente básico del sistema formular, no es ni mucho menos el único. Así, el funcionamiento interno del sistema formular del *Cid* solo puede explicarse satisfactoriamente si se tiene presente que dicha unidad no es sino una más –la más acabada y

---

[15] En estos casos, aunque esto también vale para el verso, normalmente la fórmula configura un sintagma independiente con cierta autonomía prosódica. En el castellano, eso llevaría hacia fórmulas (en prosa) predominantemente entre ocho y once sílabas (*cf.* Blecua 2011: 440).

perfecta– del formulismo, y que esta admite una serie de variaciones léxico-semánticas, sintácticas y rítmicas, de modo que existen distintos grados dentro de la escala del formulismo, definidos en virtud del nivel de fijación de sus elementos y de la recurrencia de los mismos. Por ello, no cabe interpretar el sistema formular como un ente uniforme e invariable, sino que la situación que presentan los textos –y, en concreto, el poema que nos ocupa– es más compleja, por lo que debe conceptualizarse en términos de gradación.

Algunas definiciones de la *fórmula* se basan en criterios muy particulares. Así, en el terreno de la épica francesa, la sintaxis constituye la base del estudio de Aspland (1970), y tan solo en determinadas ocasiones dirige su mirada a los aspectos semánticos. Por su parte, Heinemann (1973a: 11) la define como "la coïncidence des unités les plus petites du mètre (le vers et l'hémistiche) et de la syntaxe (surtout la proposition)", esto es, el resultado de "la rencontre du mètre et de la syntaxe". Para este autor, la fórmula es una "unidad métrica de sintaxis" (1977: 181). Al concebir la fórmula desde un punto de vista de la unidad sintáctica, Heinemann (1993: 306) entiende que todos los versos son formulares, lo cual se explica por una confusión entre formulismo y redundancia. En un sentido contrario, otros autores han eludido las exigencias sintácticas que condicionan las fórmulas, basándose fundamentalmente en criterios léxicos (Wathelet-Willem 1964 y 1968). En su monografía sobre el sistema formular de la *Chanson de Roland*, Duggan (1973: 7, n. 17) advierte que limita su análisis a las fórmulas como "semantically stylized hemistichs", excluyendo las sintácticas. Asimismo, Kay (1983: 175 y 185) se centra en los principios léxico-semánticos para definir esta unidad, en detrimento de las constricciones métricas. Por su lado, Martin (1992: 181-183) prefiere subrayar e insistir en la idea que las fórmulas transmiten, es decir, su núcleo semántico, sin rechazar por ello los condicionantes rítmicos. En efecto, los análisis de Martin se fundamentan en la distinción entre *fórmula* y *cliché*. Este segundo concepto está ligado con el "mesema" del que habla Heinemann (1973a: 13)[16], siguiendo a Dorfman (1969), o la "prefórmula" o "matriz retórica", términos que emplea Ashby (1979: 41, n. 10, y 1981: 34, respectivamente), adalid de la teoría generativista en el estudio del formulismo de la épica francesa[17]. Así, en palabras de Martin, "les formules sont la *forme* de cette

---

[16] "Le messème est l'armature conceptuelle de la formule, une unité de message stylisée, et idéntique d'une formule à l'autre malgré les expressions variantes".
[17] Ashby (1979: 39, n. 3) se basa en la definición de *fórmula* de Chomsky (1972: 206): "the product –half-line in length– of a grammar of poetic diction superimposed upon the grammar of the spoken language".

expression, alors que les clichés en constituent la *substance*" (las cursivas son suyas)[18].

Por otro lado, quienes se han ocupado del formulismo de la épica castellana han adoptado perspectivas diferentes y, en algunos casos, enfrentadas entre sí (pensemos, por ejemplo, en los trabajos de Colin Smith como respuesta a la corriente oralista predominante en los años 60 y 70). Por lo general, la doctrina oralista ha ampliado la definición de la fórmula, lo cual conlleva, como luego veremos, considerar como fórmulas numerosos ejemplos no formulares; implica, asimismo, falsear las estadísticas en los análisis cuantitativos, y, en definitiva, defender que la totalidad o casi totalidad de los poemas están compuestos por esta clase de secuencias fijas.

Montgomery (1975) concibe esta unidad desde una perspectiva más amplia y la define como "one of syntactic patterns as well as the lexical ones usually studied, and that syntax and meaning must be considered as concomitants of each other" (185), de forma que el lenguaje épico es "formulaic in essence, not just in certain habitual combination of words" (186), palabras que recuerdan los postulados de Heinemann. Por citar un último ejemplo de la extensión de la fórmula, Dubois (1981: 145), perteneciente también a la escuela oralista, propone una definición que "rejects the notion of a mandatory number of repetitions and accepts the poet's use of analogy", es decir, basada en un criterio sintáctico y no de recurrencia léxica, donde la fijación de los vocablos está supeditada al empleo de una misma estructura.

Por lo que hace, en concreto, al formulismo del *Cid*, De Chasca (1970) parte del concepto de Parry[19] para su análisis formular del *Cid*, pero va más allá, pues entiende por fórmula

> a habitual device of style or of narrative mode: as verbal expression it is a group of words forming an identical or variable pattern which is used in the same, or similar, or dissimilar metrical conditions to express a given essential idea whose connotative meaning is frequently determined by the extent to which it is modified by poetic context; as narrative mode, it refers to the customary but variable manner in which the verbal matter is arranged to tell a story (1970: 257-258).

Respecto del nivel del contenido, tanto Duggan (1974: 265, n. 19) como Miletich (1976: 118) han advertido acertadamente que el significado del

---

[18] En la misma dirección define Boutet (1993: 93) la fórmula: "la cellule stéréotypée de base, le langage spécifique par lequel le cliché s'actualise". Véase igualmente Boutet (1993: 132-133).

[19] "Expression qui est régulièrement employée, dans les mêmes conditions métriques, pour exprimer une certaine idée essentielle" (Parry 1928a: 16).

sintagma "a given essential idea" es un tanto vago. Así, el primero recuerda que De Chasca incluye "pareçen los albores" como ejemplo de la fórmula *e quieren crebar albores*, y el segundo apunta que dicho crítico comprende en una misma fórmula "e a todos los sos santos" (v. 614) y "e a las sus vertudes santas" (v. 924), sin atender a las diferencias léxicas y semánticas. En cuanto a las condiciones métricas, en otro momento De Chasca (1972: 168) explica las diferencias entre los distintos tipos, con el anisosilabismo del *Cid* como telón de fondo:

> a) para que éstas sean iguales, los grupos de palabras deben pertenecer al mismo hemistiquio y constar de un número idéntico de sílabas; b) para que sean semejantes, deben constituir una unidad independiente dentro del hemistiquio y no debe haber una diferencia notable en el número de sílabas; c) para considerarlas como desiguales, los grupos de palabras deben pertenecer a distintos hemistiquios, y la diferencia en el número de sílabas de cada grupo debe ser notable.

El problema que dicha explicación conlleva es que De Chasca agrupa bajo el concepto de *fórmula* una serie de variantes que, si bien mantienen algunos rasgos en común, apenas afectan a la métrica (pues para este autor dichas variaciones son irrelevantes, lo cual supone el riesgo de convertir el formulismo en un mero sinónimo de redundancia), sino a los términos que componen las fórmulas. Es decir, nos hallamos ante segmentos parecidos, pero no exactamente iguales y, por ello, no deben entrar dentro de una misma categoría.

De este modo, es preferible bautizar a cada uno de estos tipos –así como a otros– con una denominación diferente, pues de lo contrario nos toparíamos con una insalvable confusión terminológica y conceptual. En efecto, dicha imprecisión a la hora de definir con claridad los límites de la fórmula ha provocado que este término acoja acepciones distintas. Limitándonos a la épica castellana, De Chasca (1972: 196-218) habla de "procedimientos formularios de la narración", pero no son formulares, sino simplemente compositivos con algunas repeticiones léxicas o estructurales, que en muy pocos casos llegan al nivel de fijación y estabilidad que exigen las fórmulas. Asimismo, Bravo (1985: 40) también emplea el término *fórmula* o, más concretamente, el sintagma *fórmula variable*, para designar –en oposición a la *fórmula fija*– aquellos casos que, siguiendo con la terminología de Bravo, "proceden o componen un mismo «sistema formulaico»" (que se acerca a nuestro concepto de archifórmula, *cf.* § 1.3). Los ejemplos que aduce son reveladores: "dize Minaya" (v. 782), "dixo el rey" (v. 1855), por un lado, y "esto dixo Mio Cid" (v. 1262), por otro. No obstante, cabe realizar dos precisiones: aunque en los dos primeros ejemplos la fijación estructural es evidente, en el tercero varía; y, ligado a esto, mientras aquellos introducen discurso directo, el del v. 1262 está pospuesto a la intervención del Campeador, de modo que la función no es exactamente la misma. Nos encontramos, así, con un problema conceptual que se traduce en una terminología equívoca: el hecho de ampliar las condiciones o requisitos que exige la fórmula provoca una evidente imprecisión, pues lo que unos autores (en general, pertenecientes a la escuela oralista) consideran una fórmula, para otros es una locución formular, o, yendo aún más lejos, ni siquiera posee contenido formular[20].

En nuestra opinión, la fórmula debe concebirse a partir de criterios métricos, sintácticos y léxico-semánticos[21], pues solo desde la consideración de estos tres niveles podremos llegar a un conocimiento pleno de la constitución interna de estas unidades, de su funcionamiento y de los efectos estilísticos que producen. Por ello, el concepto de *fórmula* que empleamos parte de la definición que ofrece Montaner (2016: 400): "Un grupo de palabras empleado regularmente bajo las mismas condiciones métricas para expresar una determinada idea; esto es, la expresión estereotipada de una misma idea que se repite dos o más veces a lo largo del poema". Aquí debemos incluir la presencia de la conjunción copulativa "e"[22] o del artículo indefinido, en un caso del segundo hemistiquio: *un cavallero de prestar* (v. 671) y *cavallero de prestar* (v. 1432), ambos referidos a Minaya. En estos ejemplos, las alteraciones no conllevan una modificación semántica, de suerte que son equivalentes e intercambiables con las que

---

[20] Lo que Orduna (1999: 97-101) denomina "encadenamiento múltiple como estructura formulístico-temática" no contiene mayor fijación que la simple reiteración de algunos términos, en los que en ningún caso se atisba el menor indicio de formulismo. Para una concepción laxa del formulismo en el *Cid*, véanse Jehle (1970) y Aguirre (1981). El empleo del término *fórmula* o cualquiera de sus derivados ha sido empleado igualmente con cierta imprecisión en el estudio de otros géneros. Léanse, verbigracia, los ejemplos de Berceo que Grande Quejigo (1998: 487-488) denomina formulares, y que distan de serlo. De igual forma, González (2010: 211 y 212) define la fórmula como "la unidad básica de este lenguaje figurativo del texto de tradición oral" y "un esquema textual que puede ser reutilizado un número indefinido de veces y que puede englobar las formas más diversas de recurrencia lingüística". Dicha vaguedad le lleva a considerar fórmulas secuencias que no lo son, como en el caso de "buen rey" (González 2012: 253), cuando no completan un verso octosílabo ni tampoco se encuentra en unas determinadas condiciones métricas.
[21] Hecho en el que ya reparó Zumthor (1972: 333 y 1973: 100), quien definió la fórmula (pensando en la épica francesa) como "un moule expressif, triplement défini: par un rythme (4 ou 6 syllables), par un schème syntaxique et par une certaine détermination lexicale. Ce moule (dont le contenu est une image, une idée, un trait descriptif) est adaptable à toute espèce de situation thématique ou phraséologique". Definiciones en este sentido para las *chansons de geste* pueden verse en Zaal (1962: 104), Duggan (1966: 317), Crépin (1978: 346), Martin (1986b: 186), Perrot (2002: 46) y Boutet (2003: 80). Para la épica española, *vid.* Smith (2000: 52), quien afirma que los criterios para discriminar una fórmula son la recurrencia, la unidad semántica y la constricción métrica, a los que añade la intertextualidad.
[22] Como, por ejemplo, en <(e) fizo callar la cort> (vv. 2558 y 3409) o <(e) el oro e la plata> (vv. 473; 1214 y 3238).

carecen de dichos apéndices léxicos. Las variaciones estrictamente de género, número y morfológicas también entrarán dentro de las fórmulas, modalidad de la que no faltan ejemplos, ya sea referida al pronombre (*(e) yo con los míos*, vv. 2358 y 3047; y *vós con los vuestros*, v. 2359), como, sobre todo, al verbo (*bien lo sabemos*, v. 124; *bien lo sopiesse*, v. 3018; y *bien lo sabedes*, v. 3311).

Directamente relacionado con lo anterior, nos interesa ahora distinguir los criterios para discernir con precisión las fórmulas estrictas de otros elementos dotados de carácter formular, pero que no pueden considerarse fórmulas propiamente dichas. Basándonos en la susodicha definición, los requisitos que debe cumplir una secuencia para adquirir el rango de fórmula son cuatro: obedecer a unas condiciones métricas; poseer, al menos, dos ocurrencias; la reiteración léxica (en el plano paradigmático); y la redundancia estructural (en el sintagmático). Veamos cada uno de estos cuatro puntos en el orden en que los hemos enumerado, para seguir así una sucesión que parta del elemento menos problemático al que mayores dificultades presenta.

1.2. La locución formular y sus condiciones

Comencemos por el factor métrico, a saber, la extensión que debe tener la secuencia léxica para ser considerada una fórmula. Algunos autores sostienen que una simple palabra puede ser suficiente, y así lo reflejan en sus definiciones[23]. Es cierto, como se encarga de recordar Lord (1960: 287, *apud* Miletich 1976: 113, n. 6), que en determinadas composiciones serbocroatas una única palabra puede llenar el hemistiquio, lo cual, para el propio Lord, es un ejemplo de fórmula. No obstante, una de las características que definen las secuencias fijas es precisamente la unión entre los elementos que las conforman, de modo que dicha condición no se cumple en estas situaciones. En tales casos, cabría hablar más bien de una tendencia muy marcada de un término en un hemistiquio concreto[24], y que además lo completa, produciéndose una adecuación exacta entre la palabra y las exigencias métricas. Otros críticos estiman que un vocablo puede ser una fórmula aunque no ocupe todo el hemistiquio, con tal de que se sitúe de forma relativamente reiterada en posición de rima. Es la opinión de Crépin (1978: 346) para el adjetivo "cler" en la épica francesa, y de Aguirre (1979: 107) en el *Cid* para otros términos, entre los que

---

[23] Véase, para la épica española, Bravo (1985: 40).
[24] Hecho que se da en el *Cantar* en numerosas ocasiones. Predominan en el primer hemistiquio "derecho" (19 ocurrencias de 24), "escaño" (13 de 15), "plazo" (12 de 14), "quinta" (9 de 10) y "casamiento" (6 de 7); y, en el segundo, "sabet" (23 de 27), "onor", "onores" y "desonor" (17 de 18), proclividad que se explica por razones sintácticas o por la rima, en el caso de los tres últimos términos.

destacan los nombres propios, de suerte que "la rima pudo servir al juglar castellano para la creación de su propio sistema de fórmulas orales"[25], algo que es del todo inverosímil, si tenemos en cuenta, por un lado, que las fórmulas también están presentes en el primer hemistiquio –que no exige las condiciones de rima– y, por otro, que no todos los segundos hemistiquios son formulares. Dubois (1981: 100-124) va más lejos, al considerar en el *Cantar* "one word-formula" ejemplos como "sabet", "veriedes", o "afevos", independientemente de los términos que les acompañen[26]. En el otro extremo, McMillan (1964: 479, n. 3) estima que la flexibilidad del decasílabo épico francés permite la existencia de fórmulas que se extienden dos versos, y Vance (1970: 22) sostiene que en el *Roland* estas unidades pueden ocupar una *laisse*. En estos casos, estamos más bien ante la consecución de varias fórmulas, algunas de ellas relacionadas entre sí por su significado y que suelen aparecer en un mismo motivo, pero todas ellas mantienen su autonomía. Por ello, concordamos con Duggan (1966: 318 y 1973: 12) y Ashby (1979: 39), quienes consideran que la unidad básica de repetición formular es el hemistiquio. De este modo, si los términos repetidos (nótese el plural) no alcanzan todo el hemistiquio, no estaremos ante una fórmula propiamente dicha, y solo podremos calificarla como tal cuando la palabra que diferencia dos o más ejemplos no contenga una carga semántica ni modifique la sintaxis.

El segundo punto –el número de ocurrencias– es una cuestión trascendente, puesto que, más allá de que el umbral de repeticiones determine los análisis cuantitativos en uno u otro sentido, la elección del mismo afecta directamente a la concepción de la fórmula, y establece hasta dónde debe llegar la redundancia para considerarla cristalizada. Así, se ha planteado que solo puede hablarse de esta unidad a partir de las cinco repeticiones[27], de tres[28] o de dos[29], siendo esta la opinión común y, a nuestro parecer, la más acertada, ya que, como señala Duggan (1974: 261), al omitir frases repetidas dos veces en el *Cantar* se elimina al menos un tercio del total de las fórmulas[30]. Como cabe esperar, desde el generativismo se defiende que "a verse line is a formula whether or not it is

---

[25] *Vid.* igualmente Aguirre (1981), donde defiende, a partir de la inclusión de los nombres propios, una mecanización "impuesta por la técnica de la composición oral" (117).
[26] También De Chasca (1972: 217-218), años antes, había considerado fórmulas "sabet", "sepades" y las expresiones exclamativas introducidas por "¡Dios!".
[27] En el caso de Webber (1951: 178), para el romancero.
[28] De Chasca (1972: 337), aunque el mismo autor admite: "Ciertas expresiones que ocurren sólo dos veces las he eliminado aunque me parecen formularias, como, por ejemplo, «desnuda el espada» (471), y «las espadas desnudas» (608)" (1972: 338).
[29] Para las *chansons*, vid. Duggan (1973: 10); y, para la épica española, Bravo (1985: 40), Montaner (2016: 400, n. 147) y Chaplin (1976: 14), si bien esta última no se muestra del todo convencida con que dos repeticiones sean suficientes.
[30] *Vid.* igualmente Montaner (2016: 400, n. 137).

repeated" (Ashby-Beach 1985: 162). También quienes postulan una concepción (casi) exclusivamente sintáctica de la fórmula no consideran necesaria la repetición léxica[31]. En ambos casos, lo que les interesa –respectivamente– es el empleo de una misma estructura profunda o modelo sintáctico que subyace a los hemistiquios, a pesar de que los términos con que se actualizan dichas estructuras sean manifiestamente distintos. Si, a nuestro parecer, para hablar de fórmula resultan indispensables dos ocurrencias, es interesante observar que algunas expresiones fijas ya consolidadas en la épica francesa aparecen una sola vez en el *Cantar de mio Cid*[32].

Trataremos conjuntamente la tercera y cuarta condiciones (léxica y sintáctica). Las transformaciones léxicas pueden ser, básicamente, de tres tipos: la sustitución de una palabra por otra pertenecientes a la misma categoría gramatical, la modificación del orden de los vocablos, y la inclusión o supresión de algunos términos. Asimismo, estos casos pueden, a su vez, engendrar una nueva fórmula, si dichas modificaciones adquieren una fijación que reúna los requisitos para considerarla como tal, mientras que si se trata de un ejemplo que no se repite como tal estaremos ante una locución formular[33].

Del reemplazo de una palabra por otra, se ha afirmado que suele producirse en el segundo hemistiquio y, en particular, en el término que marca la rima. Duggan (1973: 11 y 1974: 264-266) considera que dicha variación no impide considerar estos ejemplos como ocurrencias de la misma fórmula[34], lo cual conlleva no pocos problemas, pues nos encontramos claramente frente a una alteración voluntaria, que afecta a una parte esencial del verso. Por ello, concordamos con Montaner (2016: 400) en que "dos expresiones que determinan asonancias distintas o son dos fórmulas (si cada una de ellas se repite por separado) o simples variantes de una frase formular"[35].

En cuanto a la metátesis de unos mismos términos, sabemos que Duggan (1974: 266-267) concibe la fórmula a partir de la recurrencia léxico-semántica, y obvia el molde sintáctico subyacente. En su empeño por ampliar el concepto de *fórmula* a casos que pertenecen a locuciones formulares (Duggan 1973: 11 y 1974: 263 y 265), defiende que *plega al Criador* (vv. 2149 y 2892) y "al Criador plega" (v. 2100) constituyen ejemplos de la misma fórmula, así como "abiertos amos los braços" (v. 203) y "los braços abiertos" (v. 488), en los que, además de la modificación del

---

[31] Puede leerse Aspland (1970: 110) y Dubois (1981: 145).
[32] Véanse al respecto los excelentes trabajos Adams (2005) y, en especial, Hook (1990).
[33] *Vid.* la opinión contraria de Duggan (1974: 264-265), secundada por Geary (1980) y Vaquero (1984: 184).
[34] Frente a esto, véase Kay (1983: 172).
[35] Puede verse también el reparo de Miletich (1976: 119) a la propuesta de Duggan.

orden de las palabras, se ha añadido otro término. Esto contradice un aspecto esencial de la definición formular, eliminado por Duggan: la restricción métrica –en este caso, además, marcada por la rima–.

De este modo, la locución formular, también denominada expresión formular o frase formular, se define como "a variation occurring with a framework of the same metrical and syntactic patterns of the «formula», but in such a way that at least one word in the patterns is the same" (Miletich 1976: 113)[36]. Valga un ejemplo del *Cantar* como botón de muestra: "el día es exido", "el día es salido" y "el día es passado" (vv. 311, 1699 y 2061) pueden resumirse mediante la archifórmula <el día es [verbo en participio pasado 'pasar']>. Señala Montaner (2016: 401) que las frases formulares "han de ser semánticamente equivalentes e intercambiables", lo cual no significa que deban tratarse de términos sinónimos; la sustitución puede darse igualmente mediante antónimos. Por ejemplo, el hemistiquio "grandes fueron los duelos" (v. 2631) es una locución formular de la secuencia fija y totalmente consolidada *grandes son los gozos* (vv. 1146, 1211, 2507 y 3711), a pesar de que semánticamente se encuentre en las antípodas, ya que se basa no solo en una estructura muy frecuente (adjetivo + verbo *ser* + sujeto), sino en al menos una secuencia cristalizada (en este caso, una fórmula) que sigue este molde sintáctico, con la que comparte al menos un término con significado léxico. No se sitúa en el mismo grado de pertenencia al núcleo "grand duelo es" (v. 1411), pues este hemistiquio se aleja todavía más del prototipo (*grandes son los gozos*), al haber experimentado respecto de este dos modificaciones léxicas: la sustitución de un término por otro y la alteración del orden de los mismos. De todo ello se deduce que establecer con precisión y rigor los límites que separan la fórmula de la locución formular no es simplemente una labor teórica o un elemento más de la terminología, sino que, además de determinar los análisis cuantitativos en uno u otro sentido, está directamente vinculado con la concepción de la fórmula y la flexibilidad de la misma como recurso compositivo, estético y de la recepción. De ello nos ocupamos en los siguientes apartados.

1.3. La archifórmula y el conjunto difuso

Cabe destacar el interés de otros dos conceptos para el análisis formular de nuestro poema. Por un lado, disponemos de la noción de *archifórmula*, y si Pellen (1985: 12) la empleó por primera vez, ha sido Montaner (2016: 402, n. 142; *cf.* 1994b: 675 y 678, y 2005: 199) el que ha ofrecido una definición de la misma. Se trata del "denominador común de un conjunto de expresiones formulares, que da cuenta de la idea expresada, de la

---

[36] Esta definición es similar a la de Lord (1960: 4 y 47) y Montaner (1994a: 116 y 2016: 401).

estructura sintáctica y de los principales elementos verbales del conjunto formular de que se trate". Veamos simplemente un ejemplo (con anti-lambdas), que engloba dos fórmulas (en cursiva) y otras tantas locuciones formulares (entrecomilladas):

<(e) (preposición) todas sus compañas> H2
con todas sus conpañas (vv. 524, 1221, 2466 y 2614)
(e) *de todas sus compañas* (vv. 2606 y 2612)
"pora toda mi compaña" (v. 83)
"e todas sus compañas" (v. 1157)

Las archifórmulas pueden incluir fórmulas y expresiones formulares, como en el ejemplo, o uno de los dos tipos (*vid.* tablas 19-22), pero también otra clase de unidades, que hemos bautizado como *archifórmulas de orden 2*. Estas acogen tan solo una parte de las secuencias de la archifórmula, más cercanas entre sí que el resto de las ocurrencias de la archifórmula de orden 1. En tal caso, los signos empleados son ≤archifórmula de orden 2≥, ≤archifórmula de orden 3≥ (aunque estos casos son extraordinarios en el *Cantar*), etc., de modo que se puede expandir todo lo que se requiera para dar cuenta de un sistema formular dado:

<Cuando (lo) oyó/vio [sj]>
≤Cuando lo oyó [sj]≥ H1 (636, 3019)
[sj] = "mio Cid" (1296, 1931)
≤Cuando lo vio [sj]≥ H1 (1594, 3027, 3643)
≤Cuando vio [sj]≥ H1 (908)
[sj] = "mio Cid" (574, 919)

Por otro lado, si la teoría de los conjuntos se basa en la pertenencia ($x \in A$) o no de un elemento a un conjunto en términos de lógica binaria (inclusión = 1 / exclusión = 0), la noción de conjunto difuso aplica el grado o gradiente de pertenencia, representado con la fórmula $\mu_A(x)$. En palabras de Zadeh (1965: 338) en el trabajo fundacional de los conjuntos difusos, "a fuzzy set is a class of objects with a continuum of grades of membership". Hemos de distinguir entre el núcleo, que es el subconjunto de todo elemento x que pertenece a A:
$n(A) = \{x \in E \mid \mu_A(x) = 1\}$
y el soporte, el subconjunto en el cual todo elemento x pertenece solo en parte a A[37].

Así, para abordar adecuadamente el mecanismo de variación formular, como luego ilustraremos con algunos de los numerosos ejemplos que

---

[37] Pueden verse otros conceptos y fórmulas básicas de esta teoría en Dubois y Prade (1980: 9-12).

nos brinda el *Cantar* (§ 1.3.1), es necesario recurrir al concepto de conjunto difuso. En efecto, este tiene que ver con la ya referida distinción necesaria entre las frases formulares y las fórmulas pero, en particular, resulta de gran utilidad para dar cuenta de las numerosas y diversas variaciones que el poeta emplea en las secuencias estereotipadas y, al mismo tiempo, variables (esto es, las expresiones formulares). De este modo, a diferencia de la fórmula, la expresión formular permite una serie de cambios en virtud de los tres tipos de variaciones citados, a los que debemos añadir la diferente partición del hemistiquio, esto es, la falta de correspondencia entre la secuencia léxica y el ritmo (§ 1.3.1.4). Así, las frases formulares no solo aceptan más alteraciones que las fórmulas, sino que el grado en que estas se produzcan provocará su mayor o menor alejamiento de la fórmula de la que parten o, en ausencia de una base nuclear sólida, respecto de las demás frases formulares conexas. Por ende, lejos de constituir un constructo uniforme y regular, estas locuciones acogen diferentes tipos de modificaciones, de suerte que la perspectiva a la hora de acometer el análisis de este concepto debe basarse no tanto en la simple presencia o ausencia de tales unidades como en su grado de pertenencia al núcleo duro.

Así las cosas, hemos de tener presente estas correlaciones básicas: fórmula estricta = núcleo del conjunto difuso / frases formulares = soporte del conjunto difuso, y el gradiente de pertenencia como una función del grado de variación morfosintáctica o léxica respecto del prototipo (escala que iremos concretando con detalle, basándonos en los ejemplos del *Cantar*). Este concepto de *conjunto difuso* debe relacionarse con el de *archifórmula*, pues son complementarios: si el primero sirve para diferenciar, el segundo se emplea para identificar. En otros términos, mientras que el prototipo se relaciona con la fuerza centrífuga del sistema formular difuso, la archifórmula lo hace con la centrípeta, es decir, con la posibilidad de, pese a todo, reconocer una secuencia como miembro de un determinado conjunto difuso, cuyo núcleo ocupa el prototipo.

Algunos casos ofrecen una notable variedad en cuanto a las modificaciones se refiere, de forma que se puede apreciar con claridad la separación progresiva respecto del núcleo duro. Veamos simplemente un haz formular, cuyas ocurrencias disponemos conforme se van alejando del prototipo (marcado en cursiva), que citamos al principio:

Diego e Ferrando (vv. 1901, 2267 y 3009)
entre Diego e Ferrando (v. 2348)
a Diego e a Fernando (v. 2440)
a Diego ni a Ferrando (v. 2534)
–¡Don Diego e don Ferrando (v. 2725)
E a don Fernando e a don Diego (v. 2168)

Ahora bien, en otros casos, si varias secuencias guardan una evidente semejanza entre sí, ninguna de ellas se repite de forma literal, de modo que tenemos una serie de locuciones formulares pero carecemos de una fórmula propiamente dicha, como en los siguientes ejemplos:

de fuera salto davan (v. 459)
fuera salto davan (v. 591)
fuera un salto dan (v. 693)

a Valencia, do está (v. 1406)
en Valencia do estava (v. 1537)
en Valencia, do son (v. 2947)

Ante esta coyuntura, caben dos opciones: si consideramos que la elección del prototipo del conjunto obedece a su frecuencia (Kleiber 1990: 75), dicho conjunto se caracterizará por la inexistencia de un prototipo concreto (ya que ningún hemistiquio se repite); si, por el contrario, aceptamos que para poder hablar de esta unidad su reiteración no es condición indispensable, el prototipo vendrá designado por la secuencia que contiene el mayor número de rasgos comunes a las demás secuencias del conjunto (vv. 591 y 1537, respectivamente), esto es, neutralizará en cierto modo las oposiciones o divergencias entre dichas unidades (Givón 1984: 14 y Bakker 1988: 17).

Tan solo Ford (2002) ha aplicado algunas de estas consideraciones al análisis de las fórmulas medievales; en particular, a *Amis and Amiloun*, poema de finales del siglo XIII en inglés medio. En este sugestivo artículo, propone que la fórmula no necesita ocupar un hemistiquio, ser un conjunto de palabras ni estar repetidas (2002: 209), puesto que "if one wants to locate *all* the formulae, one needs a definition that allows us to compensate for the «fuzziness» of the structure" (212, el subrayado es suyo). La dificultad parece surgir en la identificación de las fórmulas, que se reconocen cuando la estructura básica común, que denomina "mental template", contiene estos cuatro rasgos: "(1) one or more lexical units which are coextensive with complete phrases; (2) arrangement in a metrically useful structure; (3) imparting a given meaning; (4) which is repetable due to a lack of particularising force" (225).

El trabajo de Ford ofrece, sin duda, una perspectiva novedosa y reveladora del funcionamiento de las secuencias cristalizadas. Sin entrar en particulares, el estudio presenta, a nuestro juicio, un problema y un inconveniente. El primero tiene que ver con la indefinición terminológica de *fórmula*, pues en ella el autor reúne toda una serie de variantes que se corresponden con la expresión formular. En este sentido, lo que Ford denomina *fórmula* es en realidad formulismo, concepto este más amplio que engloba también a las frases formulares. El segundo punto débil tiene que ver con la *dispositio* de los ejemplos que ofrece. Si bien los presenta de una forma clara a partir del tipo de alteración (léxica, métrica y estructural), habría sido conveniente elaborar una suerte de escala que reflejase el grado de pertenencia al prototipo, de modo que se pudiera apreciar cómo, mediante las distintas clases de modificaciones, el poeta se va alejando de la fórmula.

En las páginas que siguen, nos centraremos en el análisis de las expresiones formulares, a partir de la introducción de variantes que antes hemos citado, y que ahora recordamos: la sustitución de un término por otro de la misma categoría gramatical, la alteración en el orden de las palabras, la adición o supresión de algún vocablo en el mismo hemistiquio, y la diferente partición del hemistiquio (esto es, la no coincidencia entre la cadena léxica y la rítmica). Los ejemplos que de ello proporciona el *Cid* son legión, y analizarlos todos sería redundante, pues son numerosos los casos que, dentro de la misma clase de variación, presentan una idéntica casuística. Asimismo, el orden en que vamos a examinar las ocurrencias responde a una disposición que parte de las secuencias más cercanas a los prototipos hasta llegar a aquellas que más se alejan de los mismos, de suerte que el interés de tal distribución es doble: observar las distintas alternativas que tomaba el poeta castellano para desviarse del prototipo y descubrir los múltiples grados de pertenencia de las diferentes locuciones formulares respecto de los prototipos a los que en última instancia remiten, para advertir de este modo lo difuso del formulismo del *Cantar*. No obstante, si bien conforme avancemos en el análisis de las variantes las secuencias se distanciarán del núcleo, en numerosas ocasiones esta evolución solo se apreciará con nitidez en un margen de tres o cuatro ejemplos, ya que precisamente debido al carácter no discreto del formulismo no siempre resulta factible trazar una línea divisoria entre dos expresiones formulares que distinga el mayor o menor grado de pertenencia.

Antes de pasar al estudio de las variaciones, hemos de realizar una aclaración previa indispensable. Sería desacertado proponer una correspondencia directa entre el número de palabras que varían de una secuencia a otra –o la extensión de las mismas– y el alejamiento respecto del núcleo, esto es, analizar el formulismo del *Cantar* tan solo en términos estrictamente cuantitativos. Sin duda, este criterio debe ser tenido muy en cuenta, principalmente porque el poeta trabaja sobre una unidad métrica y –aunque variable– limitada. Ahora bien, reducir el grado de semejanza respecto del prototipo a la suma de vocablos diferentes significaría de algún modo admitir la concepción mecanicista de la composición del poema, algo que está lejos de la realidad[38].

Por ello, el estudio más completo y acorde con el funcionamiento del formulismo del *Cantar* desde una perspectiva de los conjuntos difusos deberá basarse en la conciliación de cuatro criterios, que constituyen los factores para determinar la pertenencia al prototipo: en los cambios introducidos, los aspectos cuantitativo y semántico; y, en cuanto a la naturaleza del prototipo, su fijación o recurrencia (a menor reiteración, mayor alejamiento de las variantes respecto del núcleo), y, en menor medida, la unión que se pueda establecer entre el hemistiquio considerado y el otro[39].

1.3.1. Tipos de variaciones[40]

1.3.1.1. Sustitución léxica

En este tipo de cambios, son numerosas las alteraciones mínimas entre dos (o más) locuciones formulares, o entre una locución formular respecto de la fórmula en la que se basan. Los ejemplos más próximos al prototipo varían en una palabra que casi carece de significado léxico. Quizá la permuta más insignificante es la de "mio" y "el" acompañando a "Cid", en la que no percibimos ninguna diferencia semántica[41]. En un segundo nivel de alejamiento respecto del núcleo se sitúan las variantes de los artículos y adjetivos actualizadores. Un caso palmario es <d'(aqu)esta arrancada>, que el autor del *Cantar* repite tres veces con pocos versos de distancia (vv. 2448, 2469; y 2508) y en el que no se aprecia la menor transformación semántica, más allá del refuerzo del demostrativo con "aqu-". Sí se produce una modificación del sentido, aunque mínima, en

---

[38] De Chasca (1970 y 1972: 172-174) subraya con razón la ausencia de automatismo en el empleo de estas secuencias, y pondera la importancia de su adaptación al contexto.

[39] Si bien es cierto que este último punto es el menos determinante, las parejas de fórmulas que se repiten en un mismo verso son especialmente frecuentes en el motivo del ataque con la lanza, sin duda el más estereotipado desde una perspectiva formular, pues hallamos 8 versos reiterados de los 60 que componen este motivo, lo que constituye un 13%, frente a un 1,3% del resto del poema.

[40] Los siguientes procedimientos pueden describirse según las cuatro categorías aristotélicas de la modificación retórica. Véanse la tipología y la nomenclatura expuestas por Curtius (1955: II, 682-691) y Lausberg (1984: I, 340-344).

[41] Tal es el caso, por ejemplo, de <alegrávas' el/mio Cid> (vv. 2315 y 2442), o de <al/a mio Cid besáronle las manos> (vv. 153, 692; 159), cambio este último que parece deberse simplemente a la cercanía de dos de las tres ocurrencias, procedimiento recurrente del poeta castellano. Marcamos la distinción entre las fórmulas y locuciones formulares con un punto y coma.

los ejemplos en que varían este tipo de partículas, alguna de las cuales introduce ya un matiz. Nos referimos a los casos como la alternancia entre el artículo definido, por un lado y, por otro, el posesivo (<(e) todos los/sus cavalleros>, vv. 616, 2209)[42], el demostrativo (<con estos/los cavalleros>, vv. 234 y 1051), y el artículo indefinido (<e acuerdan en una/la razón>, vv. 2066 y 3163), entre este y el demostrativo (<ý yazredes essa/una noch>, vv. 2702, 2869; y 2635), o entre dos demostrativos (<e aquel/aqueste Muño Gustioz>, vv. 2324, 2927, 2935; y 3065). Sirvan también como ejemplo las secuencias <(yo) d'(aqu)esto só pagado> (vv. 826, 1296 y 2462)[43], y, en especial, <e [de otros/estos] averes largos> (vv. 795 y 804), y <(ellos) vinieron a la/essa noch> (vv. 644, 646 y 651), pues en ambas las modificaciones parecen explicarse debido a la notable proximidad entre las distintas ocurrencias (recurso que el poeta emplea en varias ocasiones) y a los diferentes grados de cercanía y lejanía de los sustantivos que acompañan. Asimismo, la elección entre un artículo o un adjetivo actualizador, o entre dos adjetivos actualizadores, puede introducir una distinción semántica de la que carecían los ejemplos anteriores. Pensamos en divergencias como <los/tantos moros yazen muertos> (vv. 618 y 785) y <(e) essos/muchos gañados> (vv. 466 y 481), que incluyen un matiz cuantitativo.

En cuanto al empleo de preposiciones distintas, en ocasiones la ausencia de modificación semántica no solo se aprecia en que se trata de una misma acción, sino que esa viene también acentuada por el empleo de la misma fórmula en el otro hemistiquio. Es el caso de las primeras cargas de choque del cerco de Alcocer y de las lides finales:

> abaxan las lanças   abueltas *de* los pendones,
> enclinaron las caras   *de suso de* los arzones (vv. 716-717, subrayamos)
> abaxan las lanças   abueltas *con* los pendones,
> enclinavan las caras   *sobre* los arçones (vv. 3616-3617, subrayamos)

Las variaciones afectan igualmente a las categorías con significado léxico: verbos, sustantivos y adjetivos. Debido al mayor peso semántico respecto de los casos anteriores, las modificaciones de esta clase de palabras sitúan los ejemplos resultantes más alejados del prototipo. Quienes se han ocupado del estudio del formulismo tanto en el poema castellano como en otras obras medievales en verso han destacado que la alteración léxica en este tipo de secuencias suele deberse a la rima. No faltan ejemplos en el

---

[42] Distinción que se explica porque la ocurrencia con el artículo está en boca del Cid, mientras que la del posesivo forma parte del discurso del narrador. Se trata, en efecto, de casos de ajuste contextual, lo mismo que el cambio de tercera a segunda persona verbales en el epíteto astrológico, de modo que su grado de variación es, obviamente, mínimo, y con él su influencia sobre el gradiente de pertenencia.

[43] Más "–Agora só pagado" (v. 782), sin duda variante de estas y alejada del núcleo.

Cantar, con sustantivos: <duró el segudar/la arrancada> (vv. 777, 1148, 2407; 1227); verbos: <a Valencia son entrados/llegadas> (vv. 173, 1792, 2247; 2465); y adjetivos: <coronado de prestar/leal/mejor> (vv. 1460, 1501 y 1993). A pesar de que este tipo de modificaciones son relativamente habituales, quizá se ha exagerado su importancia, pues, en efecto, la realidad es diferente[44]. Veamos cómo se comportan las tres categorías susceptibles de ocupar la posición de rima. Las cifras de la siguiente tabla representan las diferentes expresiones formulares y fórmulas, en cuyos casos hemos computado por uno cada fórmula, pues ahora se trata de ver la variedad de la sustitución léxica y no la frecuencia de las secuencias fijas.

	Hemistiquio 1	Hemistiquio 2	Rima	Total
Sustantivos	235 (71,1%)	22 (7%)	56 (17,9%)	313
Verbos	75 (43,6%)	41 (23,8%)	56 (32,6%)	172
Adjetivos	19 (38%)	17 (34%)	14 (28%)	50

Tabla 1

Se observa que, en términos absolutos, es mayor la proporción de variaciones que no se ubican al final del segundo hemistiquio que las que marcan la asonancia. No obstante, cada categoría se comporta de forma distinta. Si en los verbos y adjetivos se mantiene un cierto equilibrio en ambos hemistiquios, llama la atención este tipo de alteración en los sustantivos, que tienen como protagonistas a los nombres propios, normalmente en función de sujeto (<dezir+ [sujeto]>, <responder+ [sujeto]>; etc.) o de vocativo (<¡Venides, [vocativo]>, <merced, ya [vocativo]>), y, con mayor asiduidad, a los topónimos, que son claramente más frecuentes en el primer hemistiquio que en el segundo (<adeliñar+ pora [lugar]>, <(e) llegar+ a [lugar]>, <salir+ de [lugar]>; etc.).

1.3.1.2. Alteración del orden de los términos

La segunda clase de cambios consiste en la variación del orden de las palabras. Ello es posible gracias, por un lado, a la flexibilidad de la sintaxis medieval y, por otro, debido a que estamos ante un texto, registro y, por ende, estilo poéticos, que sin duda poseen una mayor aprobación para este género de licencias. En cualquier caso, la cercanía respecto del núcleo se

---

[44] En su monografía sobre el formulismo de la *Chanson de Roland*, Duggan (1973: 10) afirma: "During the course of my investigation I remarked that an inordinately high number of phrases, always found in the second hemistich position, differed only in their terminal words", sentencia que está lejos de corresponder a lo que presenta el *Cid*.

mantendrá en la medida en que los elementos de las secuencias sean los mismos, es decir, siempre y cuando no se añada otra variación (posibilidad que contemplaremos en el § 1.3.1.5).

El modo en que funcionan las alteraciones de cada tipo conserva algunas particularidades. De esta forma, si la sustitución de un sustantivo por otro solía tener lugar las más de las veces en el primer hemistiquio, las variantes de las que ahora nos ocupamos son más frecuentes en el segundo. Esto tiene una explicación evidente, aunque no justifica la totalidad de los ejemplos (pues hay varios en la primera mitad del verso): se trata de cumplir, mediante el desplazamiento de los términos, las exigencias de la rima[45]. Tan solo una permuta de orden en el segundo hemistiquio no afecta a la parte final del mismo: <que {fiera} es {fiera} e grand> (vv. 422 y 1491).

De cualquier forma, no faltan ejemplos ubicados en el primer hemistiquio, que tendremos que explicar por otras causas. Normalmente, se debe al gusto del poeta por la variación, que se aprecia con mayor claridad en las secuencias próximas entre sí. Si bien los siguientes casos no son locuciones formulares, sino fórmulas, la modificación que ha introducido el poeta en dos momentos seguidos da cuenta de la proclividad de practicar algunas alteraciones que no son necesarias para el cumplimiento de las exigencias de la rima, sino que la única explicación plausible son motivos puramente estilísticos. Así, en *armas iva teniendo* (v. 2673) – *teniendo iva armas* (v. 2687) y, de nuevo, *armas iva teniendo* (v. 2887) – *teniendo ivan armas* (v. 2896), la distancia entre los dos pares de fórmulas es mínima. Los dos primeros casos se refieren a Avengalvón y, los últimos, al Cid y sus hombres, de forma que la variación se ve reforzada en la medida en que a la cercanía de las ocurrencias (situación frecuente, como ya hemos visto) se añade la presencia de un mismo protagonista.

Para determinar el nivel de pertenencia al prototipo en esta clase de alteraciones hemos de basarnos en tres criterios: 1) el número de términos intercambiados en proporción al número de palabras de la expresión formular; 2) el número de cruces respecto del máximo de combinaciones posible; y 3) la naturaleza de los términos que se desplazan. De todo ello, cabe realizar una precisión: si bien los cálculos de la mayoría de las expresiones formulares reflejan la mayor o menor distancia al núcleo con

---

[45] Ello se aprecia con claridad en las fórmulas del segundo hemistiquio más frecuentes que introducen esta variación. Pensemos, por ejemplo, en la frase formular "Álbar Fáñez Minaya" (v. 871), inspirada en la fórmula *Minaya Álbar Fáñez*, que leemos hasta veintiuna veces en el primer y segundo hemistiquios, amén de otras nueve junto con la conjunción "que" y alguna preposición; "de cavalgar pensavan" (v. 2609), modificación de la secuencia fija *piensan de cavalgar*, con catorce ocurrencias –además de otras en que sigue la estructura <piensan de [infinitivo]>–; y "de coraçón e de alma" (v. 2395), frente a *d'alma e de coraçón*, binomio con doce ejemplos, todos ellos en el segundo hemistiquio.

relativa exactitud, no todos los ejemplos para los que hemos seguido los dos primeros criterios descubren los diferentes grados de pertenencia al prototipo. Donde con mayor claridad se aprecia esta situación es en las variaciones a partir de la fórmula del segundo hemistiquio *(e) al espada metió mano* (vv. 500, 746 y 1722), que expresa el paso de la ofensiva con la lanza al ataque con la espada:

> e metió mano al espada (v. 2387)
> e mano al espada metió (v. 3642)
> mano metió al espada (v. 3648)

Ninguno de los tres ejemplos se repite de forma literal, y tan solo "al espada" se mantiene en todos ellos. La clave nos la proporciona la unión entre el verbo y el complemento directo, que forma una lexía o unidad fraseológica, todavía vigente en español actual (Seco, Andrés y Ramos 2004: 618). Nos encontramos, así, ante tres situaciones diferentes, que enumeramos según su cercanía al núcleo: la unión de ambos elementos tal y como aparecen en el prototipo ("metió mano", v. 2387), el vínculo de las dos unidades, pero en orden inverso ("mano metió", v. 3648), y su desmembración, también con el sustantivo al principio ("mano... metió", v. 3642). Es decir, este último hemistiquio es el más lejano al núcleo, pese a que aquí el sintagma "al espada" ha experimentado un menor desplazamiento que en el v. 3648 porque rompe la unidad de la lexía *meter mano*. Sin embargo, esto no lo refleja ninguno de los dos criterios. El primero porque en los vv. 3642 y 3648 son tres los términos intercambiados. Además, el hipérbaton del v. 3648 es menos marcado que el del v. 3642 (claramente condicionado por la rima). El segundo criterio —el número de cruces— se revela también inoperante en este caso:

Es cierto que la secuencia "metió mano" podría concebirse (y, por ello, contarse) como una unidad, de forma que en el v. 2387 tendríamos tan solo un cruce. Sin embargo, la aplicación de este criterio para determinar el grado de pertenencia sigue siendo fallido, pues la segunda locución formular más próxima al prototipo es la que más intersecciones tiene respecto de este:

"al espada metió mano"

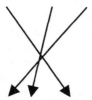

"mano metió al espada" (v. 3648)

Es evidente que en estas secuencias, pertenecientes al segundo hemistiquio, la permutación de los términos se explica para cumplir el requisito de la rima. Si esto es cierto, es al mismo tiempo limitado, pues no esclarece la modificación (secundaria, pero igualmente reseñable) en la última expresión formular: la inversión del verbo y el sustantivo, alteración que solo se justifica por la mera voluntad del poeta de introducir una variante en una secuencia ya fija; esto es, por razones estilísticas.

A semejanza del primer tipo de cambios, el tercer criterio (la naturaleza de los términos que se desplazan) no se puede equiparar con la permutación de las diferentes categorías gramaticales. La variación mínima es la anteposición del auxiliar en el tiempo compuesto. Así, de dos ejemplos en el segundo hemistiquio de *de cuanto dicho has* (vv. 3313 y 3371) pasamos a "de cuanto he dicho" (v. 3351) en el primero. En un mismo nivel hallamos otras muestras parecidas, esta vez con el desplazamiento del clítico respecto del verbo: si la tirada 117 se cierra con el hemistiquio "de las tiendas los sacan" (v. 2402), la 118 inicia con "sácanlos de las tiendas" (v. 2403).

Las locuciones se alejan progresivamente del núcleo cuando son tres sintagmas (muchos de ellos, formados por una sola palabra) los que ven alterada su posición de un hemistiquio a otro. De esta situación hay varios casos. Así, los componentes *es* + *obrado* + *con oro* pueden combinarse en dos secuencias: "obrado es con oro" (v. 3091) y "con oro es obrada" (v. 3095); *dexan* + *las puertas* + *abiertas* se actualiza como "las puertas abiertas an dexadas" (v. 461) y "abiertas dexan las puertas" (v. 593); mediante la combinación de *mio* + *señor* + *natural* encontramos "mio señor natural" (v. 1272) y "mio natural señor" (v. 2031); o la conjunción entre *dont* + *lo ovo* + *a ojo* da lugar a *dont los ovo a ojo* (vv. 298 y 2016) y "dont a ojo lo ha" (v. 1571), aunque esta se acerca algo más al prototipo por dos motivos: hay una fórmula y dos de los tres elementos están compuestos por dos palabras, lo que denota una mayor unidad entre los términos del hemistiquio.

1.3.1.3. Adición o supresión de uno o varios términos

Otra categoría de variantes consiste en añadir (o, con menor frecuencia, eliminar) alguna palabra, ya sea a la fórmula o a la expresión formular. Como hemos observado hasta ahora con los otros dos tipos de alteraciones, para determinar el grado de pertenencia al núcleo se deben tener presentes varios criterios, en este caso: a) si son numerosos los elementos que se añaden o eliminan; b) si los términos que se suman o suprimen contienen un significado léxico y descomponen las palabras ya comunes a las secuencias; c) si dichos vocablos guardan una semejanza semántica o gramatical; d) y si estas modificaciones se introducen a partir de un núcleo duro o carecen de una fórmula propiamente dicha.

Cabe subrayar en este punto un aspecto de suma importancia: de todas las posibilidades que ahora estudiaremos en esta clase de modificaciones, la situación más frecuente es encontrar dos ocurrencias de cada caso (una con la adición y otra sin ella), de modo que a menudo el núcleo es un subconjunto vacío y el prototipo solo puede configurarse de manera ideal. De igual modo, este tipo de variaciones es posible gracias al anisosilabismo del poema. Asimismo, el procedimiento opuesto, a saber, la supresión de alguna palabra a partir de una fórmula ya establecida o de más de una expresión formular, es empleada por el poeta en varias ocasiones y con diferentes categorías: el artículo[46], el posesivo[47], el sintagma preposicional[48], el adjetivo[49] o el verbo[50].

Adentrarnos en el análisis de la métrica del *Cantar* nos llevaría por otros derroteros[51], pero es interesante al menos destacar la relación entre el anisosilabismo y el formulismo. Como queda dicho, en su estudio sobre *Amis and Amiloun*, Ford (2002: 222-223) no cree que la métrica sea un requisito indispensable para la presencia de las fórmulas, y Miletich (1976: 122), para la épica castellana, anisosilábica, sugiere para la distinción entre fórmula y expresión formular que "we concentrate our efforts on isolating metrical constants", de modo que no sea necesario "to deal with the syllabic verse line"[52]. Por su parte, Harvey (1963) defiende que el anisosi-

---

[46] *Andan los días e las noches* (vv. 1823 y 2842) – "andan días e noches" (v. 3700).
[47] *Sus fijas amas a dos* (vv. 1352, 1661, 1902, 2003, 3040 y 3203) – "fijas amas a dos" (v. 2203).
[48] <Non lo/s' detiene por nada> (vv. 2976 y 3084) – "non lo detienen" (v. 648).
[49] *Dixo el rey don Alfonso* (vv. 1855 y 2147) – "Dixo el rey Alfonso" (v. 3390).
[50] <A altas/grandes vozes llaman> (vv. 35 y 719) – "a altas vozes" (v. 3292).
[51] Remitimos para ello a la síntesis de Montaner (2016: 380-388), con bibliografía actualizada.
[52] *Vid.* también Chaplin (1976: 13). Dicha abstracción puede tener sentido en la épica castellana, debido a su anisosilabismo, pero no en la francesa, como bien apunta Duggan (1974: 266).

labismo del *Cid* no estaba en la versión original, sino que se debe a que el juglar cometió errores métricos cuando lo transcribió. Frente a esto, Adams (1972) replica que el poema era anisosilábico desde el principio y que las propiedades formulares permitían una notable flexibilidad del número de sílabas. Ahora bien, ello no significa que el formulismo del *Cantar* sea la explicación de su anisosilabismo. Así, la versatilidad léxica existirá en tanto en cuanto exista un asisosilabismo, es decir, que el poeta no se vea constreñido por un corsé métrico estricto, si bien, obviamente, nunca podrá llegar a la libertad de la prosa (De Chasca 1972: 170-171). Una situación parecida aunque no estrictamente similar (pues sigue siendo isosilábica) es la que hallamos en el paso del decasílabo al alejandrino en la épica francesa, donde en ocasiones los poetas se basan en los primeros hemistiquios tetrasílabos para componer los hexasílabos, distancia que colman con diferentes modos de expansión o sustitución de categorías gramaticales, o con la adición de un elemento[53].

La naturaleza de los términos añadidos es muy diversa. Las incorporaciones de palabras monosílabas en el inicio del primer hemistiquio o del segundo no afectan prácticamente al ritmo del verso y, si varían el sentido, el hemistiquio no se ve alterado como tal por la presencia de dichos términos. Nos referimos a los elementos "ya", "que" y "ca". El primero de ellos funciona como una mera interjección (vv. 934 y 3524). El segundo, mucho más frecuente, es también más polivalente, de modo que puede introducir una subordinada sustantiva de complemento directo (vv. 329, 2616, 2839), de relativo (vv. 1565, 1775, 1818), aportar un matiz de causalidad (vv. 927, 931, 1349, 2120, 3360) o de finalidad (vv. 108, 3017). Por su parte, "ca" siempre concede una modalidad causal a la oración que introduce, e incluso compite en una ocasión con "que": <ca/que sodes coñoscedores> (vv. 2851 y 3137).

En un grado más alejado de la pertenencia al núcleo se hallan aquellos casos en que hay un ejemplo (o dos, en una ocasión) sin el añadido y al menos dos con él. Varias veces el poeta recurre a este procedimiento, que no siempre goza de la misma cercanía al prototipo, como queda demostrado en los siguientes casos:

<(...) casé sus fijas>
    vós casades mis fijas,   ca non ge las do yo (v. 2110)
    pues que casades mis fijas   así commo a vós plaz (v. 2132)
    Él casó mis fijas,   ca non ge las di yo (v. 2908)
    Casastes sus fijas   con ifantes de Carrión (v. 2939)
    ca yo casé sus fijas   con ifantes de Carrión (v. 2956)

---

[53] Véanse, por ejemplo, Boutet (1988: 143-144) para *Jehan de Lanson*, y Martin (2005: 359-366), centrado en *Orson de Beauvais*.

La desigual distancia entre las ocurrencias de ambos tipos (más cercanas al núcleo las primeras) se explica por cuatro factores: el mayor número de repeticiones; la existencia de la fórmula <[pron. pers. sujeto] casé sus fijas> (vv. 2110 y 2908); las adiciones del primer ejemplo están más próximas entre sí que las otras (salvo la conjunción causal "pues que", v. 2132), con un vocativo ("Cid") y un adverbio temporal ("agora"); y la fijación de las primeras secuencias se acentúa en cierto modo con las dos fórmulas de los segundos hemistiquios: *ca non ge las do yo* (vv. 2110 y 2908) y *con ifantes de Carrión* (vv. 2939 y 2959).

Por lo que hace a la inserción de términos en mitad de la secuencia fija, si bien dividen la unidad convirtiéndola en una locución formular, las adiciones se producen indistintamente en ambos hemistiquios, son siempre mínimas en cuanto al ritmo y en ningún caso modifican el significado de la secuencia. Así, el poeta puede insertar un artículo definido: <¡Oídme, (las) escuelas> (vv. 1360 y 2072); uno indefinido: <a (una) grand priessa> (vv. 1658 y 2794); un adverbio: <que (mal) ferido es de muert> (vv. 3641 y 3688, quizá por la cercanía entre ambos); un adjetivo posesivo: <estos (mis) tres cavalleros> (vv. 3489 y 3598); un pronombre personal de sujeto: <entraré (yo) del otra part> (vv. 1132 y 1696); de complemento directo: <non (lo) quiso detardar> (vv. 1198, 1202, 1693; y 2898)[54]; o un verbo auxiliar: <esto (van) diziendo> (vv. 1926 y 2344), entre otras categorías.

Por último, la ampliación de la cadena léxica con otros términos al final de la misma está presente en ambos hemistiquios, pero con fortuna muy desigual, pues si en el segundo hemistiquio el poeta lo emplea en contadas ocasiones (15 veces), para el primero constituye un procedimiento recurrente (46 casos). Los ejemplos en este hemistiquio son numerosos, aunque predominan los sustantivos o sintagmas nominales (ya sea en función de sujeto o, en menor medida, de vocativo y de complemento directo[55]), sintagmas preposicionales (complementos directos, indirectos, circunstanciales y suplementos) o verbos[56].

---

[54] Más la expresión formular "que no·s' quieren detardar" (v. 1506), mínimamente alejada del núcleo.
[55] <Cuando vio mio Cid (las gentes juntadas)> (vv. 574, 919; y 1201), aunque en este caso varios editores proponen eliminar "mio Cid" por tratarse de una posible adición (*vid.* Montaner 2016: 585).
[56] Sujeto: <ya lo vee (el Cid)> (vv. 114, 280; y 50), <non lo tardó (el rey)> (vv. 935 y 2071), etc.; vocativo: <–A Dios vos acomiendo (, fijas)> (vv. 411, 2154, 2628; y 372), <afeme aquí (, señor)> (vv. 1499 y 1597), etc.; complemento directo: <cuando vio mio Cid (las gentes juntadas)> (vv. 574, 919; y 1201), aunque en este caso varios editores proponen eliminar "mio Cid" por tratarse de una posible adición (*vid.* Montaner 2016: 585); sintagma preposicional de complemento directo: <los de mio Cid (a los de Bucar)> (vv. 35, 772; 2402); de complemento indirecto: <dixo mio Cid (a don Pero)> (vv. 1033, 1239, 1925, 2367; 2462; 2177), etc.; circunstancial de lugar: <grandes son los gozos (en Valencia)>

En definitiva, resulta de sumo interés observar cómo el autor castellano emplea diferentes procedimientos para ajustar a la rima el segundo hemistiquio a partir del material formular. No obstante, dichos recursos, basados en la modificación de los términos por sustitución, alteración del orden o adición de algún término, no gozan de idéntico favor del poeta. En este sentido, podemos dar cuenta de su *modus scribendi* para este tipo de situaciones, es decir, establecer una suerte de escala de preferencias, que irían, en orden decreciente (en términos absolutos y no relativos de cada clase de variante), en la disposición en que los hemos analizado y acabamos de citar.

1.3.1.4. Partición diferente del hemistiquio

El cuarto y último tipo de modificación del formulismo del *Cantar* está en cierto modo relacionado con el precedente, pues también tiene que ver con la falta de correspondencia entre la cadena léxica y el hemistiquio: si antes las secuencias se repetían literalmente, pero no llegaban a completar el hemistiquio, ahora las locuciones formulares sobrepasan una de las dos mitades y ocupan parte de la otra. Ford (2002: 207 y 213-214) defiende que estas variantes no impiden considerarlas fórmulas. Ahora bien, en esta situación, como en la anterior, no se satisfacen las condiciones métricas, de suerte que no podemos hablar de fórmulas sino de frases formulares, ya que la sucesión de unas mismas palabras en un idéntica disposición no implica la presencia de una fórmula, sino que se deben cumplir las exigencias rítmicas que marca el hemistiquio. En efecto, la cesura nos ayuda a distinguir con claridad entre dos cadenas léxicas semejantes en su forma pero no en el ritmo, elemento básico en la composición, recitación y recepción del poema épico.

Los ejemplos más cercanos al prototipo ideal (en orden decreciente) son:

de mí sean quitos e vayan   a la gracia del Criador (v. 1370)
–¡Ya vos ides Minaya,   id a la gracia del Criador! (v. 1379)

Enbiarvos quiero   a Castiella con mandado (v. 813)
enbiarvos quiero a Castiella,   do avemos heredades (v. 1271)

El paralelismo entre ambas locuciones formulares intensifica la cercanía entre estos versos. Si el razonamiento de la cantidad de palabras que se

---

(vv. 1146, 1211, 2507, 3711; 2505) y de compañía: <e ivan posar (con él)> (vv. 1762 y 2216); suplemento: <todos son pagados (de las vistas)> (vv. 536, 809; 2119); y verbos: <desí adelant (piense)> (vv. 742, 3110; 1383); y el binomio <fincaron las tiendas (e posan)> (vv. 57, 656; 1631).

sitúan en el otro hemistiquio sirve para los dos ejemplos citados y nos permite aproximarlos en mayor o menor medida al prototipo, no es este el argumento que nos autoriza a reconocer la presencia de una expresión formular. Para ello, debemos observar si el hemistiquio en el que se ubica la palabra o palabras que quedan descolgadas es a su vez una fórmula o frase formular independiente de la otra. Duggan (1973: 11-12) ha reparado en esta misma situación en la *Chanson de Roland*, donde leemos "des Francs de France" (v. 177) en el primer hemistiquio, que se podría relacionar con "pernez mil Francs | de France, nostre terre" (v. 804) pero, como el propio Duggan advierte, el segundo hemistiquio de este último verso es una locución formular de "en France, la lur terre" (v. 50) y "de France, la lur terre" (v. 808). Hallamos una coyuntura semejante en el *Cid*:

bésavos <u>los pies   e las manos</u> amas (v. 879)
<u>los pies e las manos,</u>   commo a tan buen señor (v. 1323)
<u>Los pies e las manos</u>   vos besa el Campeador (v. 2937)
cavallos <u>gruessos   e corredores</u> sin falla (v. 1968)
cient cavallos   <u>gruessos e corredores</u> (v. 1336)
¡tantos cavallos en diestro,   <u>gruessos e corredores</u> (v. 2010)
Assí commo <u>acaban   esta razón</u> (v. 3392)
en este logar   <u>se acaba esta razón</u> (v. 3730)

Aparentemente, son expresiones formulares entre sí, pero al observar todos los hemistiquios nos encontramos con que ya constituían una fórmula en el primer y segundo haz formular, o dos expresiones formulares, en el caso de <assí commo [verbo]>[57] y <(de) (aqu)esta razón>[58].

Este género de modificaciones presenta otras dos subclases que introducen, además, otra alteración (situación que veremos con más detalle en el siguiente apartado), pues en ambas se añade una o varias palabras en mitad de la secuencia, por lo que, debido a esta desmembración tanto rítmica como léxica, si se trata de expresiones formulares estas se situarán más alejadas del prototipo que los casos precedentes. El primero de estos subtipos ocupa todo un hemistiquio y parte del otro. De las ocasiones en que el poeta emplea este procedimiento, el ejemplo más cercano al núcleo es el que parte de la fórmula *las telas del coraçón* (vv. 2578 y 3260), del segundo hemistiquio. Subrayamos los términos idénticos y marcamos con cursiva las adiciones léxicas:

Partiéronsele <u>las telas</u>   *de dentro* <u>del coraçón</u> (v. 2785)

El progresivo alejamiento del prototipo se aprecia en el siguiente caso, con dos expresiones formulares, también del segundo hemistiquio:

---

[57] Vv. 153, 1875, 2414, 2518, 2606, 2927, 2931 y 3392.
[58] Vv. 3229, 3293, 3392.

"puesto en buen recabdo" (v. 1255) y "que lo ponga en buen recabdo!" (v. 2155). Con la introducción de ambas modificaciones, leemos:

> Tod esto es <u>puesto,</u>   *sabet,* <u>en gran recabdo</u> (v. 2141)

La distancia léxica y rítmica entre esta secuencia y la del v. 2155 se explica por la notable proximidad entre ambos versos, procedimiento, recordemos, caro al poeta castellano.

Por el contrario, la segunda subclase ocupa todo el verso, de manera que la distancia respecto del núcleo se amplía. Veamos un par de ejemplos. En el primero, el núcleo duro lo ocupa *llorando de los ojos* (vv. 18, 370, 374 y 2023) o *llorava de los ojos* (vv. 265 y 2863), siempre en el primer hemistiquio. A partir de estas fórmulas, el poeta introduce una variante léxica, basada en la alteración de los términos y en la inclusión del posesivo: "de los sos ojos lloravan" (v. 1600). Además, si nos acercamos al célebre primer verso, "<u>De los sos ojos</u> | *tan fuertemientre* <u>llorando</u>", observamos que se mantienen los términos de la primera fórmula citada, pero ahora se extienden del inicio al cabo del verso, desplazados, con la inserción del posesivo y, lo más llamativo, del sintagma adverbial. Más allá de que el alejamiento del núcleo es ahora mayor que en el v. 1600, cabe señalar que en la medida en que el hemistiquio o, en este caso, el verso se distancia de la fórmula (a cuyo haz formular, sin embargo, sigue perteneciendo), los elementos que provocan dicho desviamiento, "tan fuertemientre", se manifiestan reveladores, pues introducen la variación que lo diferencia y particulariza de las demás secuencias, subrayando la tristeza de la situación expresada por el primer verso.

El segundo ejemplo lo hemos escogido para, como antes, discernir a qué haz formular pertenece la expresión formular:

> <[Verbo de movimiento] con la ganancia>
> Sos cavalleros   <u>llegan con la ganancia</u> (v. 474)
> e desí arriba   <u>tórnanse con la ganancia</u> (v. 478)
> <u>Tornado</u> *es mio Cid*   <u>con</u> *toda esta* <u>ganancia</u> (v. 1231)

Esta percepción es incorrecta, pues si las tres frases formulares expresan una misma idea, el primer hemistiquio del v. 1231 se inscribe en la archifórmula <tornado es [sujeto]> (v. 387), y el segundo se aproxima más a la fórmula del primer hemistiquio *con estas ganancias* (vv. 943 y 2429) –que, además, van acompañadas del verbo "tornarse"–, y a la variante "con aquesta ganancia" (v. 800). Ahora bien, la adscripción de las diferentes secuencias a uno u otro conjunto formular no debe llevarnos a considerarlas compartimentos estancos. Al contrario, lo interesante y revelador en este sentido es concebir no solo las fórmulas y locuciones formulares pertenecientes a una archifórmula como elementos que contienen una serie de puntos en común, las llamadas zonas de intersección, sino que, además, el poeta emplea dicho procedimiento entre las diferentes archifórmulas. A este respecto, Chaplin (1976: 14) señala que las expresiones formulares están "open to various abuses, the most common being the chain of association whereby «Lo dixo el Rey» might be linked with «lo fizo el Cid», via «Lo fizo el Rey» or «lo dixo el Cid»". Esta ligazón es posible por el empleo de una misma estructura sintáctica y de un ritmo idéntico. En otros casos la unión puede establecerse a partir de criterios léxicos, como entre <bien lo saber$^+$> (vv. 124, 3018 y 3311) y "mas bien sabet verdat" (v. 2199), mediante "mas bien sabemos" (v. 3345). En el primer ejemplo, es preferible considerar que "lo dixo el Rey" y "lo dixo el Cid" son frases formulares entre sí, al igual que "lo fizo el Rey" y "lo fizo el Cid", es decir, el verbo marca el criterio. En el segundo, "mas bien sabemos" está a caballo entre la archifórmula <bien lo saber$^+$> y "mas bien sabet verdat", pero se halla más cerca de esta última, debido al molde sintáctico y a una mayor semejanza léxica. Otro modelo parecido lo constituye el hemistiquio "el bueno de Bivar" (v. 969), que se sitúa entre *mio Cid el de Bivar*, secuencia muy frecuente, con dieciséis ocurrencias entre las fórmulas y expresiones formulares, y "el bueno de mio Cid", con un caso (v. 1803) y otro precedido de la preposición "a" (v. 655).

En definitiva, mediante todos estos ejemplos podemos apreciar cómo el poeta elabora sus versos a partir de un núcleo duro o, en ausencia de fórmulas en sentido estricto, de un prototipo abstracto, al que se acerca y del que se aleja en función de sus intereses determinados, ya sea para cumplir con las exigencias prosódicas, ya sea por motivos estéticos. Asimismo, hemos advertido que conforme se introducen las distintas modificaciones, las secuencias resultantes se van distanciando del núcleo, asunto del que nos vamos a seguir ocupando en el siguiente apartado.

1.3.1.5. Combinación de dos modificaciones

La unión en una misma secuencia de dos alteraciones provoca que la pertenencia al prototipo se diluya, por lo que es de rigor ubicarlas a mayor distancia del núcleo que los casos que hemos considerado hasta ahora (con la excepción de los del último apartado, en donde, además de la partición del hemistiquio, había adiciones léxicas). Evidentemente, el lugar en que estos hemistiquios se sitúan respecto de sus respectivos núcleos varía. Así, a los criterios que hemos establecido para calibrar el grado de pertenencia al prototipo, tendremos que añadir ahora el mayor o menor cambio que conlleva la combinación de las modificaciones. Como se aprecia en la tabla 2, el *Cantar* presenta una casuística heterogénea en la presencia de dos cambios, procedimientos de los que sirve el poeta para configurar las secuencias que todavía pueden considerarse expresiones formulares. Veamos, pues, algunos de los abundantes ejemplos que nos ofrece el *Cid*.

La distancia que separa las locuciones formulares "irvos hedes sin falla" (v. 1808) y "allí iré sin falla" (v. 1963) estriba en la adición del adverbio "allí" y en un mínimo cambio morfológico, semejante a la comparación entre los hemistiquios "querríalas ensayar" (v. 2376) y "en mí la quieres ensayar" (v. 2414); o "bien los sirvié sin falla" (v. 1551), "sirvíalos sin falla" (v. 1556) y "que las sirven sin falla" (v. 2191), pudiéndose explicar la variación de los vv. 2414 y 1556 por la proximidad con sus respectivas frases formulares[59].

Las secuencias se alejan entre sí y del núcleo cuando una de las dos variaciones no pertenece a la misma categoría gramatical, ni posee la misma función sintáctica:

<(…) crece […] ondra>
creçremos en nuestra ondra (v. 1883)
ca crécevos ý ondra (v. 3413)
así·l' crece la ondra (v. 3453)

La difuminación respecto del prototipo es algo mayor cuando la segunda adición comporta un cambio sintáctico, como en este caso:

<(con estas) ganancias (que) traer+ grandes>
ganancias traen grandes (v. 943)
ganancia trae grand (v. 973)
con estas ganancias que traen grandes (v. 1153)

A la inversión del orden puede sumarse una variación léxica. Esta puede ser de muy distinta naturaleza, morfológica pero también léxica, caso en que la pertenencia al prototipo se va diluyendo. Dicha modificación puede ser de carácter desigual, y podemos hallar la ausencia de un verbo que, si bien posee un mayor peso semántico, no modifica en esencia la idea transmitida:

<El escudo + al cuello + (traer+)>
e escudos a los cuellos traen (v. 1509)
el escudo trae al cuello (v. 2450)
los escudos a los cuellos (v. 3584)

Así las cosas, el poeta castellano no emplea los cuatro tipo de modificaciones (así como la combinación de dos o tres de ellas) en una misma proporción. El siguiente cuadro refleja las diferentes variantes de expre-

---

[59] Las expresiones formulares pueden resumirse con las siguientes archifórmulas, respectivamente: <(porque) {me} ver+ {me} lidiar>, <(en mí) {la} querría{las} ensayar> y <(bien/que) {los} sirvía{los} sin falla>.

siones formulares (por tanto, no contamos las fórmulas en que eventualmente se basan). Dos precisiones son necesarias: si dentro de una archifórmula hay varias frases formulares, hemos comparado aquellas entre las que distan menos modificaciones, como en <gradéscolo a [CI] (, mio Cid)>, en donde los vv. 1856 y 2037 se cotejan con el 246 y no entre sí:

–Gradéscolo a Dios, mio Cid (246)
Gradéscolo a mio Cid (1856)
Gradéscolo a Dios del Cielo (2037)

La segunda precisión tiene que ver con la última fila (combinación de tres modificaciones), que no ha sido desglosada porque los ejemplos son mínimos respecto del conjunto de las locuciones formulares.

Tipos de EF	Subtipos EF$_1$	Subtipos EF$_2$	N° de ejs	Porcentaje[60]
Sustitución léxica	Artículos, adjetivos posesivos, demostrativos, indefinidos, adverbios, conjunciones		80	11,3%
	Preposiciones		94	13,3%
	Sustantivos	H1	235	44,1%
		H2	22	
		Final H2	56	
	Verbos	H1	75	24,3%
		H2	41	
		Final H2	56	
	Adjetivos	H1	19	7,1%
		H2	17	
		Final H2	14	
	Total		709	*40,3%*
Alteración del orden de los términos		H1	17	*2,1%*
		H2	1	
		Final H2	19	
	Total		37	
Adición o supresión	Adición	(…) secuencia	230	36,1%
		secu (…) encia	98	15,4%

---

[60] Cuando hay subtipos, ofrecemos el porcentaje respecto del conjunto de ocurrencias del tipo de expresión formular al que pertenecen, y no sobre de la totalidad de expresiones formulares (que indicamos en cursiva).

			secuencia (…) H1	46	7,2%
			secuencia (…) H2	15	2,4%
			[…] secuencia	141	22,1%
			secu […] encia	33	5,2%
			secuencia […] H1	21	3,3%
			secuencia […] H2	15	2,4%
	Supresión			39	6,1%
	Total			638	*36,2%*
Partición diferente del hemistiquio				6	*0,3%*
Combinación de dos modificaciones	variante léxica + variante léxica			48	14,1%
	variante léxica + alteración del orden			11	3,3%
	variante léxica + supresión			4	1,2%
	variante léxica + partición del hemistiquio			13	3,9%
	(…) secuencia + variante léxica			58	1,8%
	(…) secuencia + alteración del orden			23	6,9%
	(…) secuencia + […]			7	2,1%
	secuen(…)cia + variante léxica			22	6,6%
	secuen(…)cia + alteración del orden			5	1,5%
	secuencia (…) + variante léxica			7	2,1%
	secuencia (…) + alteración del orden			4	1,2%
	(…) + (…) secuencia			26	7,8%
	secuencia (…) + supresión			2	0,6%

	[...] secuencia + variante léxica		14	4,2%
	[...] secuencia + secuencia (...)		2	0,6%
	[...] + (...)		7	2,1%
	[...] + [...]		6	1,8%
	[...] + {...}		2	0,6%
	[...] + alteración del orden		3	0,9%
	{...} + {...}		59	17,7%
	supresión + alteración del orden		3	0,9%
	// + //		7	2,1%
	Total		333	*18,9%*
Combinación de tres modificaciones			38	*2,2%*
Total			1761	*100%*

Tabla 2

Del cuadro se desprenden varios datos de interés. En términos generales, se observa que la sustitución léxica, la adición y supresión, y, en menor medida, la combinación de dos modificaciones, son los procedimientos mayoritarios para la elaboración de locuciones formulares, frente a la alteración del orden de los términos, la diferente partición del hemistiquio y la suma de tres cambios, que entre las tres no alcanzan ni el 5 por ciento. Si consideramos las distintas tendencias dentro de cada clase de modificación, advertimos que en ocasiones estas son muy marcadas. Así, en la sustitución léxica destacan los cambios de sustantivos en el primer hemistiquio; en la adición y supresión, los relativos al primero y, dentro de estos, los que introducen alguna variación antes del segmento compartido, es decir, <(...) secuencia> y <[...] secuencia>; y, en los ejemplos que experimentan dos alteraciones, predominan las combinaciones de dos variantes léxicas, <(...) secuencia + variante léxica> y los términos incompatibles (señalados con {...} + {...}). En definitiva, si el poeta castellano se sirve de múltiples posibilidades para conferir al *Cantar* una cierta diversidad en sus expresiones fijas, ello no es óbice para que a su vez mantenga una serie de preferencias compositivas, unas tendencias que reflejan su *usus scribendi*.

1.3.1.6. Elementos formuloides y reiteración residual

Es fundamental establecer con precisión la frontera que separa las expresiones formulares y las unidades pseudoformulares que hemos bautizado como elementos formuloides (a partir del sufijo -*oide*, que, etimológicamente, significa 'con forma de', 'con apariencia de'), resultantes de la combinación de tres modificaciones que ya no forman parte del sistema propiamente formular[61], pues si bien, vistos en su conjunto, comparten varios lexemas, la escasa cohesión entre los mismos —aspecto esencial e indispensable de la composición formular— refleja la distancia entre los diferentes hemistiquios. Ahora bien, en algunas ocasiones entre dos o más secuencias encontramos tres cambios, pero estos afectan a categorías gramaticales sin significado léxico, de modo que la base léxico-semántica y la estructura sintáctica de las expresiones se mantiene, y, en consecuencia, es de rigor incluirlas en un mismo haz formular o archifórmula. Veamos simplemente un par de ejemplos:

<[De/por] lo que (yo) fazer$^{+/P}$> H1
    de lo que avién fecho (v. 3569)
    por lo que yo ovier a fer (v. 3312)
Modificaciones: "de"/"por", adición de "yo" y verbo conjugado/perífrasis verbal

<(...) (a/de/la) su$^+$ mugier e (a/de/las) (sus)$^+$ fijas (amas)> H1 y H2
    daldo a mi mugier e a mis fijas" (v. 823)
    de su mugier e de sus fijas!" (v. 932)
    delante su mugier e de sus fijas" (v. 1577α)
    la mugier e las fijas amas" (v. 2190)
Modificaciones (respecto del v. 2190): léxica al inicio ("la"), en el medio ("las") y adición léxica ("amas").

No obstante, de la suma de tres alteraciones —de orden, léxicas y morfosintácticas— sobre una locución formular o fórmula, por muy frecuente que sea, puede resultar, como en el ejemplo:

saliólos recebir (vv. 487, 1478, 2649, y la frase formular con una variante mínima "saliólos a recebir", v. 2882)
    recibir salién las dueñas (v. 1585)

Otra vía para crear un elemento formuloide es la alteración del orden de los términos, la adición de alguno y la diferente partición rítmica, pues si en un caso ocupa un hemistiquio, en el otro se extiende a todo el verso.

---

[61] Se trata del caso $n(A) = \{x \in E \mid \mu_A(x) = 0\}$.

Las siguientes ocurrencias de la batalla entre las tiendas dan cuenta de dicha coyuntura:

Tanta cuerda de tienda   ý veriedes quebrar (v. 1141)
veriedes quebrar tantas cuerdas   e arrancarse las estacas (v. 2400)

El uso unos mismos vocablos al final del segundo hemistiquio, en posición de rima, tampoco implica la presencia de una expresión formular, si los demás términos son manifiestamente distintos. Es lo que ocurre con el sintagma "sin falla", que funciona más bien como una suerte de apéndice para ajustar la rima *á-a*, puesto que, si en algunas ocasiones va precedido de elementos semejantes dando lugar a locuciones formulares[62], lo habitual es que las palabras que le preceden sean diferentes y que constituyan, por lo tanto, secuencias semánticamente dispares[63].

Por otra parte, el concepto de estilo reiterativo es amplio y admite diferentes gradaciones, que van desde el núcleo duro formular (la fórmula propiamente dicha) hasta una reiteración léxica o sintáctica inestables, repetición que puede llegar a ser residual. Ahora nos referiremos a estos últimos casos, que están más alejados del prototipo que los elementos formuloides, pero que es interesante considerar igualmente para advertir cómo se va diluyendo el prototipo. Este extremo del estilo reiterativo, también fuera del ámbito formular, se encuentra en las redundancias léxicas que se aprecian si comparamos dos (o más) versos en su conjunto, y no nos limitamos a un hemistiquio. El ejemplo más evidente es quizá la presencia no solo de tres vocablos, sino de tres sintagmas (cada uno de dos palabras):

<cuando sacaron + mis fijas + de Valencia>
    mas cuando sacaron mis fijas   de Valencia la mayor (v. 3151)
    cuando sacaron de Valencia   mis fijas amas a dos (v. 3203)

En este caso, además, los segundos hemistiquios son una expresión formular y una fórmula, respectivamente. La reiteración residual tampoco entiende de ritmo. Hallamos otros casos de tres vocablos repetidos (que marcamos en cursiva) en dos versos, pero su construcción sintáctica es totalmente distinta:

Cuando mio Cid el castiello quiso *quitar* (v. 851)
Cuando quitó a Alcocer   *mio Cid* el de Bivar (v. 855)

---

[62] <(Bien) {los} sirvía{los} sin falla>: "bien los sirvié sin falla" (v. 1551) y "sirvíalos sin falla" (v. 1556); y <(allí) iré/irvos hedes sin falla>: "irvos hedes sin falla" (v. 1808) y "allí iré sin falla" (v. 1963).
[63] "E Álvar Salvadórez, sin falla" (v. 443), "a Castejón sin falla" (v. 464*b*), "la meatad sin falla" (v. 514), "dados fueron sin falla" (v. 523), "amigo·l' sodes sin falla!" (v. 1528), etc.

En definitiva, según hemos observado, el sistema formular del *Cantar*, lejos de estar constituido por elementos siempre uniformes y bien delimitados, se compone de una serie de unidades que admiten cambios de muy diversa naturaleza, tanto por la clase de modificaciones como por la categoría de los términos alterados, dando lugar a conjuntos difusos[64]. Si además ampliamos nuestra perspectiva y realizamos un intento de generalización y, a la postre, de abstracción, se podría considerar todo el sistema formular del poema castellano como un conjunto difuso, en cuyo centro se situarían las fórmulas, constituyendo el núcleo duro —o, en su ausencia, los prototipos "ideales", fruto de la frecuencia o neutralización de las variantes— y, en torno a ellas, las expresiones o locuciones formulares, a una distancia acorde con las modificaciones sintácticas, léxicas, semánticas y rítmicas que el poeta ha introducido, en virtud de estos criterios: el número y naturaleza de las alteraciones, la fijación y frecuencia de los integrantes del núcleo (que atraería a sus respectivas frases formulares), y el vínculo que en no pocas ocasiones se establece entre el hemistiquio analizado y la otra mitad del verso. Estas pautas marcan el gradiente de pertenencia al conjunto y, con él, de cercanía al prototipo, la fidelidad a las expresiones cristalizadas, en definitiva, el nivel de fijación de una fórmula o expresión formular. Por ello, la distinción entre fórmula y expresión formular —en numerosas ocasiones obviada por la crítica— resulta más que necesaria, así como la percepción de que no todas las locuciones formulares se encuentran a la misma distancia del núcleo. De este modo, establecer con rigor los límites que separan ambos tipos de secuencia no constituye una labor teórica baladí, sino que adoptar este planteamiento, además de proporcionar una base cuantitativa para discriminar los diversos grados de fijación formular, permite ofrecer una conceptualización más adecuada del formulismo y de su flexibilidad, no solo como técnica que facilita la composición y la recepción (por causa de la redundancia), sino también como recurso propiamente estético.

Resulta improcedente, por lo tanto, hablar de ausencia de originalidad en base a la rigidez del formulismo, como hace Dubois (1981: 14). Si bien es cierto que las secuencias que hemos considerado y otras tantas omitidas poseen un elevado grado de fijación, ello no es óbice para que el poeta introduzca modificaciones. Las causas pueden deberse al cumplimiento de las exigencias de la rima, pero no exclusivamente, pues, por un lado, tan numerosas como las alteraciones del segundo hemistiquio son las

---

[64] Sirvan al respecto las palabras que dedica Kaufmann (1973: X) al empleo de los subconjuntos difusos en la expresión artística: "Cette théorie relativement nouvelle est utile et importante; les scientifiques de toutes disciplines devraient s'y intéresser. Mais aussi les littéraires et les artistes, eux qui construisent de la vérité et de la beauté avec du flou, avec ce flou indispensable qui permet toutes les nuances et qui est le stimulant de l'imagination, avec ce flou que l'on pourrait appeler «l'entropie mentale»".

del primero (en términos globales, ya que en determinadas clases de cambios incluso las superan, como hemos visto con la sustitución de los sustantivos en el § 1.3.1.1) y, por otro lado, no todos los cambios de la segunda mitad del verso tienen lugar al final del mismo. Por tanto, si bien es cierto que la explicación de la variabilidad por razón de la asonancia es válida para algunas modificaciones, no es su única causa. En muchos otros casos, los cambios se deben a motivos puramente estéticos, esto es, al gusto del poeta por la variación no solo entre las secuencias próximas entre sí –mudanzas que, sin duda, resultarían las más llamativas para el auditorio–, sino también entre los hemistiquios separados por una distancia más o menos considerable.

Así, dos advertencias resultan imprescindibles: por una parte, no debemos concebir el núcleo fijo y las expresiones más alejadas del mismo como dos entes distintos, casi opuestos, sino que se trata de un continuo que estéticamente actúan como procedimientos complementarios (fijación/variación), de modo que cada uno adquiere su valor semántico, intratextual y rítmico en virtud del otro, creando así una estética particular de la repetición. Y, por otra parte, el hecho de que el formulismo del *Cid* posea un carácter difuso no significa que el poeta haya improvisado durante la composición-representación, como pretenden (alegando esta pero, sobre todo, otras razones) los oralistas; al contrario, denota una habilidad considerable en la creación de reiteraciones, variaciones y nuevos ritmos. Los tipos de modificación que hemos visto, la combinación de los mismos, la maleabilidad con que el autor trata el material estereotipado, la alternancia en el acercamiento y alejamiento de los prototipos, en fin, el empleo de los múltiples recursos y procedimientos compositivos revela que, lejos de hacer uso de un mero acopio de secuencias ya dispuestas para insertarlas en el verso, esto es, de estar en cierto modo sujeto a unas cadenas léxicas inalterables, el autor demuestra una técnica que no obedece solo a las exigencias de las variables de la rima y la contextualización (mediante cambios morfológicos), sino que responde a una decisión estilística que a justo título se puede considerar estética.

2. LA RELACIÓN ENTRE FORMULISMO Y ORALIDAD

El tema de la oralidad ha llamado la atención de filólogos, lingüistas y antropólogos, principalmente[65], que desde diferentes escuelas y disciplinas han analizado las implicaciones que conlleva tanto en los aspectos literarios como en la cohesión de las sociedades orales o semiorales[66], sus diferentes modalidades, la existencia de un estilo propio y las relaciones que se establecen con la escritura, en especial cuando en la Edad Media esta comienza a adquirir una relativa extensión, a partir de los siglos XII-XIII. Es bien sabido que las distintas manifestaciones de la literatura medieval están impregnadas de oralidad. Zumthor (1987a: 36) realiza una pertinente distinción, al reconocer cuatro modos:

> – une oralité *primaire* et immédiate, ou *pure*, sans contact avec l'"écriture": j'entends par ce dernier mot tout système visuel de symbolisation exactement codée et traductible en langue;

> – une oralité existant avec l'écriture et qui, selon le mode de cette coexistence, peut fonctionner de deux manières: soit comme oralité *mixte*, quand l'influence de l'écrit y demeure externe, partielle et retardée (ainsi, de nos jours, dans les masses analphabètes du tiers monde); soit comme oralité *seconde*, qui se (re)compose à partir de l'écriture et au sein d'un milieu où celle-ci prédomine sur les valeurs de la voix dans l'usage et dans l'imaginaire;

> – une oralité mécaniquement *médiatisée*, enfin, donc différée dans le temps et/ou l'espace.

Por otro lado, si bien es cierto que la corriente mayormente aceptada considera las relaciones entre la oralidad y la escritura como un *continuum*[67], en el que ambas esferas se complementan, algunos estudiosos estiman, al contrario, que se trata de dos niveles totalmente distintos, en donde la transición entre ambos es inexistente o prácticamente imperceptible, pues están regidos por reglas diferentes y son, por ende, impermeables. En este sentido, cabe señalar la obra de Lord (1960), que sigue los

---

[65] Puede verse, desde una perspectiva amplia, la monografía de Abascal (2004). Un somero pero interesante estado de la cuestión sobre algunos de estos asuntos en la literatura medieval se encuentra en Bruña (1996). *Vid.* también Ancos (2012: 57-84).

[66] Véase, por ejemplo, el clásico estudio de Ong (1982), quien desde la antropología ha afinado el concepto de oralidad y su presencia y desarrollo en las culturas escritas.

[67] O, como señala Finnegan (1977: 272), "perhaps a complex, set of continuums". La misma autora afirma páginas atrás: "If the line between oral and written cannot be drawn with any precision, why should there be two distincts styles, differentiated by a single crucial feature? A written piece is often successfully turned into an oral one in the sense that it can be read and declaimed and owe some of its circulation to oral means" (132). Sobre las diferentes implicaciones y aplicaciones de la teoría del *continuum*, pueden verse los trabajos recogidos en el volumen editado por Rancović, Melve y Mundal (2010).

principales postulados de Parry (1928a y 1928b) aplicándolos a la épica homérica, a la poesía serbocroata y a otros textos medievales. Así, ante la posibilidad de que un mismo poeta pueda dominar la técnica de composición oral y escrita, Lord (1960: 129) afirma con rotundidad: "I believe that the answer must be in the negative, because the two techniques are, I submit, contradictory and mutually exclusive". De igual modo, para las obras medievales, Richter (2002: 186) indica que "these two kinds of culture [oral y literaria] were quite different (...). There was no easy merging between the two". Es cierto que las composiciones creadas oralmente, así como las que han sido elaboradas para una recitación oral, mantienen una serie de rasgos estilísticos particulares desde una perspectiva lingüística (DuBois 2012). No obstante, ello no implica que algunas de estas marcas propias de la oralidad (pertenezcan a la fase de composición o de recitación) estén ausentes en las obras elaboradas por escrito, como luego tendremos ocasión de comprobar.

Asimismo, la defensa de una incompatibilidad entre el universo de la escritura y la oralidad, que constituye no solo una simplificación sino un desacierto a la hora de explicar los modos compositivos medievales, se ha propuesto también para la épica románica. Por citar los dos casos más representativos, De Chasca (1972: 335-336) distingue para el *Cid* entre la creación oral y escrita, y apuesta por una composición juglaresca del poema castellano. En cuanto a la *Chanson de Roland*, Duggan (1973: 40 y 59-60) defiende que en la versión oxoniense no se aprecian rasgos estilísticos relevantes que permitan rastrear la intervención de una mano con una mínima formación, de suerte que el texto conservado sería un "oral-dictated text". Para ello, Duggan se basa en la relación directa entre la composición oral y el empleo de fórmulas y expresiones formulares, afirmación problemática que ahora pasamos a tratar.

El germen de esta hipótesis se halla en los trabajos de Parry (1928a y 1928b), aunque será Lord (1960: 30-67 y 1968: 15-46) quien defienda la teoría según la cual la utilización del lenguaje formular autoriza a establecer la composición oral. Ambos son, de hecho, los padres de la conocida "oral-formulaic theory", en donde los dos conceptos se hallan íntimamente ligados, y que ha marcado una buena parte de las investigaciones sobre la técnica de la épica homérica, al tiempo que los de Parry son estudios seminales, pues sus ideas cardinales han sido aplicadas al estudio de otras literaturas[68].

Sirvan de botón de muestra algunos ejemplos. En su análisis del *Beowulf*, Magoun (1953) afirma que "oral poetry is composed entirely of formulas (...) while lettered poetry is never formulaic" (190). Respecto de

---

[68] Una bibliografía exhaustiva al respecto, puede verse en Foley (1985), actualizada ahora en http://www.oraltradition.org/bibliography.

la épica francesa, ha sido sin duda el trabajo de Rychner (1955) el que ha marcado un punto de inflexión en los estudios formulares. Su perspectiva es tradicionalista y plenamente oralista, pues concibe las fórmulas como un indicio e incluso prueba de una etapa no solo de difusión y transmisión oral, sino también de composición, con la salvedad del *Roland*. De este modo, tanto los motivos como las fórmulas son para este autor recursos de composición y memorización. La obra de Rychner también posee un carácter fundacional, pues en ella se han inspirado estudios posteriores sobre que ligan el formulismo y la composición oral de la épica francesa[69].

De igual modo, Duggan (1973) se centra en los porcentajes de fórmulas de poemas franceses y de otras literaturas (1973: 16-61). Una vez realizado el recuento, señala la diferente proporción de secuencias fijas entre los *romans* y las *chansons de geste*, siendo la de estas últimas algo mayor, lo que probaría a su juicio la composición escrita de los *romans* frente a la oral del género épico, pues este autor tiene la "convincing evidence that formulaic style and oral composition are inseparably linked" (1973: 30). Sostiene Duggan que si una obra posee al menos un veinte por ciento de fórmulas es muy probable hablar de composición oral. Por lo tanto, la densidad formular determina el modo de composición, consecuencia directa del hecho de concebir únicamente las fórmulas dentro de la tradición oral.

En cuanto a la épica castellana, la aplicación de la "oral-formulaic theory" tampoco se dejó esperar. En este sentido, no parecen exageradas las palabras de Deyermond (1983: 351): "Albert Lord has exercised a greater and more fruitful influence on medieval Hispanic studies than any non-Hispanomedievalist since Ernst Robert Curtius". En efecto, el propio crítico inglés, conocedor como pocos de la épica castellana, había adaptado algunos de los principios de Lord apenas un lustro después de la publicación de *The Singer of Tales* (Deyermond 1965), defendiendo la combinación de elementos orales y otros que demuestran una cierta formación del poeta, y explicando que los rasgos estilísticos de la oralidad se deben no tanto a la composición como a la transmisión de los juglares. Poco antes, Harvey (1963) había sostenido que la métrica irregular del *Cantar* se debe a que el texto conservado fue dictado, a semejanza de los *guslari* de que hablaba Lord. Ambos críticos no son, ni mucho menos, los únicos que han planteado –con mayor o menor fidelidad– el empleo de la "oral-formulaic theory" en la épica hispánica. Así, a los trabajos de Aguirre (1968), De Chasca (1966-1967, 1970 y 1972: 167-218)[70], Webber (1973),

---

[69] *Vid.* Nichols (1961), Fellmann (1962), Caulfield (1965), Hitze (1965), Cromie (1966: 38-94 y 1967), Jehle (1970), Habet y Coman (1981) y Luethans (1990).
[70] Aunque su concordancia con las tesis oralistas no es absoluta. Véase, por ejemplo, De Chasca (1972: 173-174).

Herslund (1974), Adams (1976) y Monroe (2012)[71] para el *Cid*[72], Webber (1966 y 1980) para el *Roncesvalles* y las *Mocedades*[73], respectivamente, y Bailey (1993 y, con una perspectiva algo diferente, 2003 y 2010), que ofrece análisis del *Cantar*, el *Fernán González* y las *Mocedades*, hemos de añadir otros en los que se subraya la relación de causalidad entre un porcentaje determinado de fórmulas y la composición oral. En este principio se basan Jehle (1970)[74] y Duggan (1974), quienes lo aplican al *Cid*; Geary (1980), que sigue el mismo procedimiento para el *Fernán González* y las *Mocedades*; e incluso dicho método se ha empleado para el romancero (Webber 1951 y Beatie 1964).

Ahora bien, la teoría oral-formular de Parry, Lord y sus seguidores –que, evidentemente, la han ido afinando con el paso del tiempo– ha suscitado numerosos reparos[75]. Por ejemplo, ante la asimilación que Lord (1960: 101) realiza entre la "oral composition", "oral creation" y la "oral performance", Montaner (1989: 186) propone –a nuestro parecer, con criterio acertado– "separar producción oral y difusión oral, porque es obvio que las maneras en que un proceso y otro influyen en la obra literaria son esencialmente distintas, aunque complementarias"[76]. En definitiva, siguen siendo válidas las consideraciones de Zumthor (1987a: 215-216), en las que subraya la insuficiencia de la teoría oral-formular: "La «doctrine» Parry-Lord, après un quart de siècle d'usage, me semble plutôt faire figure, dans nos études, si on la réduit à son principe, d'hypothèse de départ, utile en fonction heuristique mais dénuée d'autorité universelle. Elle ne tient pas suffisamment compte de la nécessité interne du texte poétique".

Pero de todos los reparos a la teoría oral-formular, cabe detenerse, por afectar directamente a una de las cuestiones fundamentales del presente estudio, en la supuesta relación de causalidad entre la densidad de secuencias cristalizadas y la composición oral. El simple hecho de defen-

---

[71] "It has been amply demonstrated that the text of the *CMC* is based on formulaic diction, a technique that is typical of illiterate, oral improvisers" (556).
[72] Léase contra esta opinión las pertinentes páginas que dedica Deyermond (1987: 40-43).
[73] "The presence of both formulas and certain kinds of repetitive devices is characteristic of traditional, that is, orally composed and orally transmitted verse" (Webber 1980: 195-196).
[74] "Subjected to formulaic analysis, an oral text would yield a predominance of formulas, with most of the rest of the text formulaic. A literary text on the other hand would contain a predominance of nonformulaic expressions, with some formulaic expressions and a few clear formulas".
[75] Aunque cuenta con algunos años, puede verse el panorama que traza Holoka (1991).
[76] En un sentido similar, Bayo (2005) critica con sólidos argumentos la supuesta composición oral del *Cid*, y subraya la necesaria distinción entre composición oral y concepción oral (esto es, destinado para la representación). Valgan también las palabras de Corbellari (2004: 141) para las *chansons de geste*: "La *diffusion* publique, par des jongleurs rompus à l'exercice de la mémorisation, est un fait d'évidence, mais qui n'entretient aucun rapport nécessaire avec l'hypothèse d'une *composition* orale des œuvres" (la cursiva es suya).

der la existencia de tal proporción –una de las bases sobre las que se asienta la teoría oral-formular– ha recibido numerosas críticas. Estas objeciones, que comienzan en la segunda mitad de los 70 y continúan hasta hoy, censuran este axioma como tal[77], y desaprueban dicho procedimiento en diferentes literaturas o poemas[78].

Independientemente de las particularidades que presenta cada obra, existen a nuestro juicio varios puntos débiles que desautorizan la hipótesis de la relación directa entre densidad formular y composición oral. A pesar de que luego ofreceremos los porcentajes de las fórmulas y expresiones formulares (§ 5), cabe adelantar que, dentro de esta teoría, no siempre se han propuesto las mismas densidades para determinar la composición oral, de forma que la inexistencia de un mínimo consenso o, al menos, de una cifra cercana entre las distintas opiniones, debilita en gran medida esta teoría. Asimismo, el argumento que esgrimen los partidarios de realizar tal operación cuantitativa con el fin de determinar el modo creativo no deja de ser circular, pues si en algunas ocasiones se apuesta por el origen oral del poema debido a la elevada proporción formular, en otras el razonamiento se invierte.

Otro de los reproches de este procedimiento consiste en que los estudiosos no han tenido presente la interacción entre el ámbito de la oralidad y el de la escritura, y los han considerado como esferas independientes y estancas. Al contrario, se trata de dos modos que, si bien difieren en numerosos aspectos, se influyen mutuamente[79], en especial los rasgos orales de los textos compuestos por escrito (Fleischman 1990: 21). La complejidad de este proceso ha sido sintetizada por Wray de forma acertada. De acuerdo a esta autora, dicha transición es difícilmente tangible, "by the way in which texts are culturally construed in relation to each other, so that the presence or absence of formulas becomes, arguably, an unreliable measure of the oral or written origin of a work" (Wray 2008: 42)[80].

No acaban aquí las principales objeciones a la asimilación del formulismo y la composición oral. Si realizamos la operación de recuento porcentual en textos que han sido compuestos de forma escrita, advertimos que en algunos casos la densidad formular es mayor que en aquellos para

---

[77] Véanse, fundamentalmente, los trabajos editados por Stolz y Shannon (1977), así como los estudios de Finnegan (1977: 69-72), Renoir (1981: 419) y Zumthor (1982), en el que critica la concepción del estilo formular como carácter propio y definitorio de toda poesía oral.
[78] *Vid.*, verbigracia, Chaplin (1976) y Miletich (1976 y 1988: 915-916).
[79] Pueden verse, por ejemplo, Green (1990: 268-272) y Geary (2002: 111).
[80] En este mismo sentido, Paden (2001: 123) considera que el formulismo "need not imply orality; rather formulaic diction could remain vital throughout the transition from orality to writing", y va más allá, al añadir: "Formulas could even be created anew in the final, written stage".

los que se ha defendido una procedencia oral[81], e incluso la composición del sistema formular o, al menos, las tendencias mayoritarias de las secuencias fijas, difieren de los poemas coetáneos con una temática parecida[82]. Asimismo, si obviamos los porcentajes, el trasvase de fórmulas propias de las composiciones orales a los poemas creados por escrito tiene consecuencias en la configuración interna del texto. De igual modo, quienes han apostado por la densidad formular como prueba irrefutable del procedimiento compositivo no han reparado en la posibilidad de la imitación del estilo oral, sin que ello implique aceptar una composición oral, o en la preexistencia de un material compuesto oralmente (*vid.* Calin 1981: 232).

En suma, son varias las críticas y desajustes que provoca la aplicación de este procedimiento. Lo que Parry y Lord determinaron fue que los textos orales e improvisados contienen un importante número de fórmulas, pero establecer la implicación inversa, esto es, considerar que la elevada densidad formular es una prueba de la oralidad constituye una falacia del consecuente. Para poder afirmar esto, habría que tomar una muestra representativa de textos de orígenes de cuya composición oral y escrita tengamos entera seguridad, y comprobar si existe una relación de exclusividad (y, por ende, de causalidad) entre dichos porcentajes formulares y la oralidad.

Uno de los problemas fundamentales —quizá el que origina los demás conflictos— consiste en que quienes se han basado en dicha teoría se han limitado a contemplar el formulismo desde la perspectiva de la composición, esto es, desde una funcionalidad muy precisa. Por ello, hay que tener en cuenta que no se trata del único cometido de las fórmulas. Así, resulta imprescindible considerar, por un lado, las implicaciones que las secuencias fijas poseen en la ejecución del cantar de gesta[83], pues la *performance* oral no permitía a los oyentes volver atrás, de suerte que las numerosas repeticiones —no solo del nivel formular— conservan una función directamente relacionada con la interpretación del cantar[84] y la necesaria redundancia para conseguir que el auditorio alcance una plena comprensión de

---

[81] Véanse para ello los análisis de Benson (1966), Miletich (1976: 114, 120-121; 1978: 428-429; y 1988: 918-922), Spraycar y Dunlap (1982), Zumthor (1983: 125; 1987a: 233-235) y Friedman (1990: 13-14).
[82] *Vid.* Justel (2013) para la *Historia Roderici* y la *Chronica Adefonsi Imperatoris*, dos crónicas hispanolatinas medievales compuestas por escrito.
[83] A este respecto, afirma Zumthor (1987a: 218): "Le formulisme embrasse le discours comme tel, plus que son organisation langagière, et, dans sa mise pratique, concerne la performance plutôt que la composition".
[84] En este sentido, las obras que gozan de una ejecución son especialmente importantes, pues, como señala Zumthor (1987b: 239), "on pourrait (...) englober dans l'idée de performance la totalité du phénomène de *réception*, avec tout ce qu'il implique, synchroniquement et en diachronie" (el subrayado es suyo).

los hechos narrados (Leverage 2010). Y, por otro lado, la elevada utilización de secuencias cristalizadas constituye —en lo que concierne al ámbito lingüístico— uno de los principales rasgos de nuestros textos, de modo que se halla estrechamente vinculado con la estética y la constitución interna de estos poemas. En definitiva, solo desde esta triple configuración –la composición, la recepción y la estética– se puede comprender la trascendencia del formulismo en el *Cantar*, y únicamente desde tal perspectiva holística seremos capaces de ofrecer la interpretación más adecuada para explicar el funcionamiento del sistema formular, que va más allá de ser un mero recurso compositivo.

3. Formulismo y autoría simple o múltiple

La continua repetición de expresiones cristalizadas, en particular en la épica francesa –cuyo corpus es, con diferencia, mayor que el castellano– ha llevado a algunos críticos a postular la existencia de una especie de *stock* o repertorio formular[85], partiendo de la presencia de lo que han denominado fórmulas tradicionales, a saber, secuencias que aparecen en la mayoría de los poemas durante un periodo relativamente extenso, de modo que su inclusión en una *chanson* no constituye una prueba de imitación respecto de otra en la que también aparece. Ahora bien, hemos de distinguir entre la mayor fortuna de una fórmula o un determinado esquema sintáctico, común a todos o casi todos los poemas épicos, y el hecho de que exista una suerte de lista o registro (no escrito) de las expresiones más frecuentes. En este sentido, sería un error pensar en un inventario inalterable y cerrado de locuciones. Así, la variación del sistema formular de ambas épicas –aunque, por la cantidad de testimonios conservados, se aprecia mejor en la francesa– se basa no solo en la modificación de los elementos existentes, como hemos examinado más arriba (§ 1.3.1), sino también en la creación de nuevas unidades[86]. A este propósito, Rossi (1975: 183) ha señalado muy oportunamente que la flexibilidad de los modelos formulares es considerable, lo cual permite la confección del verso épico a partir de cualquier elemento (esto es, de casi todas las combinaciones de palabras, siempre y cuando mantengan una coherencia gramatical).

Más allá de los diferentes modos de generación de las fórmulas, pero también relacionado con ello, resulta de capital importancia ponderar la originalidad de los poetas en el tratamiento del material estereotipado. Ya hemos observado la maestría del autor del *Cantar* en este sentido. De igual modo, los poetas de la épica francesa no se limitan al empleo de las fórmulas mayoritarias, sino que cada uno mantiene una serie de particularidades que revelan las preferencias compositivas[87], y que se reflejan tanto en la variación a partir de los prototipos más o menos compartidos como en la creación de nuevas secuencias. Así, conservamos en no pocas ocasiones una fórmula o locución privativa de una *chanson*, escenario que se da con especial frecuencia incluso en la actualización de los motivos más

---

[85] *Vid.*, por ejemplo, Lord (1960: 49) y Herslund (1974: 71). Si Aebischer (1952: 17) no habla de forma explícita de "stock" o "repertorio", el empleo de "immense bazar" o 'énorme magasin" transmite esta misma idea. Véase también Jehle (1970: 9).

[86] Véanse las consideraciones de Heinemann (1973a: 6-7, 1973b: 27-28 y 1993: 306-319) y Boutet (1988: 135-142 y 1993: 94).

[87] *Vid.*, entre otros, Delbouille (1959: 370-371), Calin (1962: 110), Hackett (1973), Nixon (1985) y Martin (1992: 196-197).

frecuentes, como la carga de choque y el ataque con la espada, aunque no solo[88]. La asequible flexibilidad de la sintaxis, los cambios morfológicos que varían el número de sílabas y deben ser equilibradas con la inclusión de algún término, las modificaciones léxicas (normalmente, mediante sinónimos), la reordenación de los vocablos, o el juego de ritmos, entre otras alteraciones, permiten a los autores de ambas épicas configurar sus hemistiquios y la combinación de los mismos.

La creación de otras secuencias, ya sean locuciones formulares o fórmulas, puede venir a colmar un espacio narrativo, descriptivo o demarcativo que carecía de cadenas léxicas estereotipadas, en una voluntad por parte del poeta de poseer para cada necesidad expresiva un recurso compositivo. En términos de economía, esta situación es la ideal: una única secuencia para cada idea. Sin embargo, esta correspondencia no se produce en ningún poema, ya sea francés o en el *Cid*. En primer lugar, no todos los contenidos o detalles se actualizan mediante una fórmula o frase formular. Si además nos ceñimos a un criterio puramente léxico, cabe destacar que la proporción en que cada palabra forma parte de una determinada secuencia fija no es nunca la misma. Por ejemplo, en el *Cantar* la mayoría las ocurrencias con el verbo "cavalgar" se incluyen en una fórmula o frase formular[89]. Frente a ello, en otros casos, como los vocablos "fincar"[90], "adobarse"[91] o "mesnada"[92], es más frecuente que no participen en las expresiones estereotipadas.

En segundo lugar, para tratar determinados asuntos, en general los más recurrentes, un mismo autor emplea más de una secuencia fija. Se produce así una aparente contradicción entre la supuesta escasez de medios del estilo tradicional y la satisfacción de los poetas por la variación o, desde otra perspectiva, entre la redundancia debida a la presencia de unas expresiones y la novedad por el empleo de otras que vienen a com-

---

[88] Véase Justel (2015a: I, 58-605).

[89] <(E) luego cavalgar+>, <(e) cavalgar+ privado>, <privado cavalgar+>, <apriessa cavalgar+>, <(e) cavalgar+ a vigor>, *ya quieren cavalgar*, <pensar+ de cavalgar> y <cavalga, [vocativo]>, en un total de treinta y ocho ocurrencias, frente a siete hemistiquios que no poseen contenido formular (vv. 543, 2211, 2246, 2651, 2672, 2836 y 3020).

[90] *(E) yo fincaré en Valencia*, <fincar+ los inojos>, <los inojos fincar+>, <(aquí) fincar+ en la çaga>, <fincar+ la+ tienda+>, y <(e) fincar+ + [esta/la] razón>, que suman catorce ocurrencias, lo cual contrasta con las veintidós no formulares (vv. 281, 449, 462, 515, 531, 563, 837, 854, 863, 1101, 1377, 1474, 1497, 1645, 1657, 1681, 1747, 1782*b*, 2249, 2285, 2296 y 2299).

[91] <Pensar(se)+ de adobar>, <pora las vistas se adobar+>, <[sj] son adobados>, con diez ejemplos, frente a los quince no formulares (vv. 1675, 2969, 249, 1017, 1429, 1531, 1700, 1715, 2064, 2144, 2212, 3101, 3103, 3538 y 3672).

[92] <Con toda+ su+ mesnada+>, *mesnadas de mio Cid* y "–¡Oíd, mesnadas", con siete casos, mientras que los no formulares son diez (vv. 70, 745, 837, 995, 1083, 1601, 1980, 1982, 2038 y 2294).

petir con ellas, es decir, a ampliar el abanico de recursos, a dotar al poema de una considerable diversidad expresiva.

Habida cuenta de todos estos aspectos, que reflejan las prácticas formulares de cada autor, algunos estudiosos han indagado la posibilidad de discernir la presencia de dos manos en la factura de un poema[93]. Hay varios ejemplos al respecto de la épica francesa. Quizá el más conocido es el episodio de Baligant en la *Chanson de Roland*. De todos los críticos que se han ocupado de la autoría de esta parte, ha sido Duggan (1973: 63-104) quien ha prestado una mayor atención al elemento formular. Tras el análisis de las locuciones de esta sección y el resto del poema, llega a la conclusión, con convincentes argumentos, de que la autoría de ambas partes es única[94].

El *Cid* también ha sido objeto de discusión sobre la posibilidad de una doble autoría. El primero en plantearla fue Hills (1929), basándose en la sustitución de sinónimos de las dos partes del poema. Posteriormente, Menéndez Pidal (1961) insistió en la existencia de un poeta de San Esteban de Gormaz y otro de Medinaceli, apoyándose, entre otras razones, en una supuesta versificación diferente. También Jehle (1970: 55-63) defiende que el poema fue compuesto por dos autores: el primero sería el responsable del primer cantar, el segundo poeta se habría ocupado del tercer cantar, y el segundo cantar sería "a combination of versions of the same song, or similar songs, by each" (63). Los argumentos de estos estudiosos se fundamentan principalmente en dos puntos: por un lado, la variedad

---

[93] Obviamente, el hecho de que leamos dos fórmulas que aparecen únicamente en dos *chansons* no significa que hayan sido compuestas por un mismo poeta, o que el autor de la segunda conociera la primera, puesto que puede haberla leído o escuchado en otra versión (o poema) o se puede explicar por poligénesis. Por ello, debemos actuar con extrema prudencia, pues, además de la dificultad de discernir el tipo de conexión que se establece entre las fórmulas inusuales de dos o más textos, el empleo de las secuencias fijas no es ni mucho menos el único parámetro para fundar una hipótesis de tal calibre. En este sentido, Martin (2005: 355-376), al observar las numerosas semejanzas fraseológicas entre *Orson* y *Le Charroi de Nîmes*, se mantiene cauto, y afirma que dichos paralelismos se explican por "l'utilisation d'un même ensemble de patrons rythmiques et lexicaux" (359).

[94] En cuanto a las *chansons* del ciclo de Guillermo, son también varios los filólogos que se han dedicado a esta tarea. Puede verse McMillan (1964) para una visión general, y Myers-Ivey (1982: 243-244) para un breve repaso de las diferentes opiniones de las autorías del ciclo, a las que habría que añadir el estudio de Pickens (1986), quien defiende (a nuestro juicio, con argumentos endebles) la doble autoría del *Couronnement de Louis*. La de la *Chanson de Guillaume* es, sin embargo, un hecho de sobra probado por la crítica, y la distinción entre ambas partes se refleja, entre otros aspectos, en la mayor densidad formular en la primera (Wathelet-Willem 1975: I, 442-445). Asimismo, a través de sendos análisis minuciosos de diferentes clases de fórmulas del *Girart de Vienne*, Elliott (1980) y Van Emden (1982) han demostrado que Bertrand de Bar-sur-Aube se basa en un poema precedente, pero se sitúa en un punto intermedio respecto del tratamiento de las fórmulas, pues no desecha todas las que le brinda el texto que continúa, sino que asimila algunas e inserta otras que no estaban en la composición de la que parte.

del argumento y, por otro, el diferente empleo de lexemas y estructuras formulares en las partes del *Cantar*[95]. Respecto del primero, no cabe extenderse ahora en justificar la unidad de la trama –que se revela como una entidad indisoluble– y de su estructura, en la que se imbrican a la perfección los distintos bloques temáticos mediante unos sutiles procedimientos de intratextualidad[96], algunos de los cuales se basan en la repetición de fórmulas o expresiones formulares en dos puntos relacionados del argumento, configurando así los ecos, asunto del que nos ocuparemos más adelante (§ 4.2).

El segundo argumento –la desigual presencia de las estructuras formulares a lo largo del *Cantar*– ha sido aducido por Garci-Gómez (1993: 141-157) como una prueba de la doble autoría, siendo el primer poeta el responsable del primer y segundo cantar y, el segundo, de los versos restantes. Así, la proporción de algunos términos y fórmulas varía en función de su pertenencia a una u otra parte, e incluso la presencia misma de determinadas secuencias cristalizadas (que denomina "sintagmas reiterativos" y "encarecedores", pues algunas de las que cita no son locuciones formulares, sino meras repeticiones léxicas) se explica, según este crítico, por las diferentes prácticas compositivas de los autores. Si nos acercamos a los ejemplos que esgrime, observamos que la mayoría se justifican por tres causas, que no tienen que ver con la participación de dos poetas: en primer lugar, la concentración en un breve espacio de una fórmula o frase formular (situación especialmente frecuente en el *Cantar*), como *el buen rey don Alfonso* (cuatro ocurrencias entre los vv. 3001 y 3127), con ocasión de los preparativos de las Cortes y la entrada de Rodrigo. La insistencia en el epíteto en este pasaje no se debe a una segunda mano, sino que con ella el poeta pretende resaltar la bondad del monarca, que ha quedado probada con el perdón real, y preparar el episodio en el que Alfonso impartirá justicia y otorgará el valor legal a la reparación de la honra de la familia del Campeador. En segundo lugar, Garci-Gómez indica en numerosas ocasiones secuencias repetidas que única o casi exclusivamente pertenecen a una de las dos partes, pero obvia que el contenido de estas expresiones se refiere a asuntos o sentimientos que es lógico y en cierto modo hasta previsible encontrar con una frecuencia desigual en ambas secciones. Por ejemplo, *grandes yentes se le acogen* –con las variante "muchas yentes se le acogen"– se incluye tan solo en los dos primeros cantares (obra, en teoría, del primer autor)[97], pero ello tiene una explicación tan sencilla como

---

[95] La hipótesis de la doble autoría ha sido derribada con sólidos argumentos por Corbató (1941), Waltman (1973, 1974) y Myers (1977).
[96] Véanse los estudios de Deyermond (1973), Deyermond y Hook (1979), Hernando (2005) y Boix (2012).
[97] No cita Garci-Gómez "e las yentes se allegando" (v. 2344), perteneciente al tercer cantar.

evocar el argumento: el exilio del Cid y los refuerzos que recibe antes de su salida, después de algunas victorias y antes del cerco de Valencia. O, por citar un sentimiento, la tristeza predomina en los primeros cuatrocientos versos, antes de que Rodrigo deje definitivamente a su familia, hecho que se prolonga en la narración y que el autor detalla. Por ello, es más que comprensible que las fórmulas y locuciones que remiten a <llorar+ de los ojos> se concentren en el inicio del *Cantar*. En tercer lugar, y relacionado con el segundo, Garci-Gómez muestra como un argumento de la doble autoría el hecho de que determinados personajes aparezcan privativa o mayoritariamente en una de las dos partes, pero ello no es sino consecuencia de la trama y de los distintos movimientos y unidades temáticas. A todo ello debemos sumar las exigencias de la rima, que también determinan la presencia de una u otra secuencia, así como la mencionada preferencia del poeta por la diversidad expresiva. En fin, como luego observaremos (§ 5), por lo que al aspecto cuantitativo se refiere, tampoco hemos detectado una disparidad reseñable en el número de elementos formulares de las dos partes que nos permitan tener la más mínima sospecha de una autoría múltiple. Al contrario, la unidad se percibe también en el recuento de las secuencias cristalizadas.

4. FUNCIONES Y EFECTOS INTRATEXTUALES DEL FORMULISMO

4.1. Funciones del formulismo

Ya hemos señalado al inicio de esta monografía que si bien el formulismo es otro aspecto más de lo estereotipado de la épica, este posee una notable relevancia. En el presente capítulo nos ocuparemos de las distintas y al mismo tiempo compatibles funciones que poseen las secuencias fijas, así como de las consecuencias de su empleo, fruto de la reiteración de estos elementos y de las eventuales correspondencias que se establecen entre algunos de los ejemplos. Comencemos por las funciones de estas expresiones fijas y variables.

La vinculación entre estas unidades y la métrica y la rima es más que evidente, en la medida en que estos dos componentes constituyen las normas compositivas básicas del poema épico, y las fórmulas son, a su vez, las unidades estereotipadas por excelencia que vienen a cumplir estas exigencias. Ahora bien, aunque las fórmulas deben adaptarse para cumplir las exigencias métricas, ello no significa que estas secuencias posean la única función de insertarse en un hemistiquio para facilitar la composición de los poemas; es decir, en ningún caso se trata de moldes ya preparados (y que admiten algunas modificaciones) para que los poetas (o, según la concepción oralista, los juglares) los incluyan en sus cantares conforme los van componiendo. En cuanto a la rima, las fórmulas del segundo hemistiquio son de gran utilidad para satisfacer este requisito, y cuando es menester el poeta altera el final del verso para cumplir con esta condición (§ 1.3.1). Podemos, con Zumthor (1963: 114-115), ir más allá, pues, como señala el crítico suizo, la rima posee en el estilo épico, además de su valor fónico, otro que afecta a la sintaxis y al significado, ya que, de algún modo, la última palabra queda subrayada.

Algo parecido sucede con el requisito de la cesura, en el sentido de que cada hemistiquio encierra una unidad sintáctico-semántica. Esto se produce ahora en menor escala, pues el término con el que finaliza el primer hemistiquio no recibe un valor de signo tan evidente, y la esticomitia (la correspondencia del periodo rítmico y la entidad semántica) resulta más perfecta si consideramos conjuntamente ambos hemistiquios. Así, además de las exigencias de la métrica y de la rima, para las que las secuencias cristalizadas juegan un papel fundamental, estas también resultan de capital importancia en la creación del ritmo y en la armonización sonora de la materia narrada.

Todo ello nos permite afirmar que las fórmulas y las cadenas léxicas dotadas de una evidente fijación poseen una enorme trascendencia no solo para facilitar la composición de los poemas[98], sino que gracias al empleo de estas unidades los autores crean una estética particular, así como una semiótica (Watkins 1995: 43). Las causas y consecuencias de la utilización de estos componentes son varios, afectan a todos los planos de la lengua y su función es múltiple. Así, conciernen también a la recitación y la memorización. En efecto, el uso de estas unidades como recurso mnemónico ha sido apuntada por numerosos investigadores[99], y otros han indicado igualmente que la reiteración de las locuciones permite al auditorio seguir el argumento sin dificultades, facilitando su memoria auditivo-conceptual[100].

Sin embargo, por lo general, la escuela oralista ha preferido ver en las fórmulas el recurso básico que consiste en lo que se ha denominado "composition in performance", a saber, la simultaneidad de los procesos de composición —que no creación propiamente dicha de un argumento nuevo a partir de la nada— y de representación ante un auditorio. En otros términos, según esta teoría los poetas no memorizaban todas sus obras, sino que a partir de las unidades básicas de composición (las fórmulas y los motivos), eran capaces de contar una misma historia de formas distintas, ampliando o reduciendo algunos pasajes, según la voluntad del juglar —figura preferible a la del poeta para los postulados oralistas—, de modo que, de acuerdo con este procedimiento, la improvisación juega un papel esencial. Es decir, lo que permite la "composition in performance" es precisamente el empleo de estas unidades, pues a pesar de los cambios que deben introducir los juglares para cumplir con las exigencias de la rima, se trata, siempre según los oralistas, de elementos preparados para ser utilizados en la representación. El beneficio al hacer uso de estas secuencias es por lo tanto inmediato, ya que habilita a los juglares a componer rápidamente sus poemas. En contrapartida, ello provoca que no exista la posibilidad —por causas materiales: la coincidencia entre composición y *performance*— de detenerse para reflexionar sobre la elección entre dos expresiones sinónimas, ni mucho menos de elaborar con una mínima previsión una secuencia que sea original y se aleje más del núcleo duro.

El hecho de que las *chansons de geste* (y, podemos ampliar, el *Cantar* y la épica castellana) contengan rima y esta suela materializarse mediante secuencias cristalizadas no significa ni que la rima ni las fórmulas solo sean

---

[98] Los oralistas han acentuado el peso de esta función. Sirvan como ejemplo las siguientes aserciones: "Les formules épiques y jouent un rôle capital. Elles permettent à l'aède de bâtir ses vers; sans elles il serait perdu" (Bowra 1958: 28); e "in an oral poem the formulas are the basic materials with which the poet constructs" (Duggan 1966: 319).
[99] Frappier (1959 y 1967: 177-178), De Chasca (1972: 169-170), Orduna (1999: 93-95), Castillo Didier (1994: 76-87) y González (2005: 413 y 2012: 251), aunque señala que no es un mero recurso mnemónico.
[100] *Vid.* Orduna (1999: 100) para la épica española y Leverage (2010), para la francesa.

posibles en obras creadas desde la oralidad, como hemos visto más arriba (§ 2), ni que se trate de "une versification rapide, non travaillée, compatible, semble-t-il, avec l'hypothèse de l'improvisation" (Rychner 1959: 164). De igual modo, las palabras de este crítico dejan entrever una concepción mecánica en el empleo de las secuencias fijas, idea que comparten Hitze (1965) para la épica francesa, y Webber (1965) y Aguirre (1981) para la española. Este último se centra en el nombre propio, que "tiende a situarse en la posición R [rima], cuando la asonancia lo permite" (114), de forma que esta mecanización está "impuesta por la técnica de la composición oral" (117). Aguirre indica la presencia de nombres propios que siempre o casi siempre están en un mismo verso. Sin embargo, no parece haber un formulismo propiamente dicho, sino una proclividad organizativa de la narración como consecuencia de una determinada relación de los nombres propios, que pueden tener incluso una predisposición a un orden concreto. Por ello, es incorrecta la percepción de una composición mecánica y, por ende, previsible, ya que, como el mismo Aguirre afirma, lo que hay es una tendencia, a lo que añadimos que esta viene dada por la estructura sintáctica del castellano medieval y por las preferencias estilísticas del poeta[101].

Así las cosas, tras los análisis tanto de las fórmulas que componen los motivos (Justel en prensa) como de las secuencias fijas que no forman parte de estos, no cabe a nuestro juicio ninguna duda de que el empleo de estas expresiones no posee el cometido de facilitar la improvisación[102] ni, para los segundos hemistiquios, únicamente el de proporcionar la rima. Ante todo se trata de una estética, de un conjunto de unidades que contienen una función poética, y cuya presencia afecta a tres planos:

1) la composición, pues es indudable que los autores se sirven de estos elementos para crear sus poemas, lo cual se manifiesta en el desarrollo de la trama, así como en los reclamos intratextuales o ecos —que ahora analizaremos— y en la intertextualidad;
2) la representación, ya que este momento iba acompañado de la gestualidad del juglar, mediante la cual trataba de mover el ánimo del auditorio, de forma que estas secuencias poseían igualmente una fun-

---

[101] Contra el uso mecánico de las fórmulas puede verse Martin (2005: 375-375) para las *chansons*, y De Chasca (1972: 173-195) y Montaner (2016: 403 y 411-412, con bibliografía) para el *Cid*.
[102] Opinión que coincide con la de Frappier (1957: 2-3), Delbouille (1959: 361), Hackett (1973), Calin (1981a: 235), Habet y Coman (1981: 186), Martin (1986a: 136) y Balon (2012: 22-23). Rossi (1975: 203) resume a la perfección la maestría del autor de *Huon de Bordeaux* (afirmación extendible a toda la épica románica), ponderando la sutileza de la técnica formular. Así, dicho poeta practicaba "la tradition et le métier épiques (…) en littérateur, et non en jongleur".

ción emotiva y dramática[103], que también se vería reforzada por la fuerza de la voz;
3) y la recepción, en la medida en que las fórmulas y demás expresiones semejantes, así como otros elementos reiterados, insistían en determinados pasajes o motivos, lo que favorecería la comprensión por parte de los presentes.

La múltiple funcionalidad de estos elementos estereotipados no les impide estar dotados de un componente estético y estilístico que, dicho sea de paso, constituye igualmente una de las competencias de dichas unidades, quizá la más importante por su transversalidad, ya que afecta a todos los demás cometidos y niveles en que actúa el formulismo.

4.2. Efectos intratextuales del formulismo

En el presente apartado, vamos a ocuparnos de la interrelación entre los niveles estructural y formular del *Cantar*. Hasta el momento, quienes se han ocupado de uno de estos dos asuntos rara vez han fijado su atención en el otro. Por ello, lo que pretendemos mostrar en estas páginas es que, en ocasiones, el autor castellano se sirve de las unidades formulares para apuntalar aún más la estructura de la obra, ya de por sí cohesionada por la cuidada imbricación de las tramas.

Han sido varios los críticos que, desde diferentes perspectivas, han analizado la estructura del *Cid*[104]. El poema, como sabemos, está formado por dos temas: la deshonra política y la familiar. El esquema de la doble caída –que empieza con el destierro y la afrenta de Corpes, respectivamente– y la doble recuperación –el perdón real y el matrimonio de las hijas del Cid con los reyes de Navarra y Aragón– acaba con Rodrigo en una posición más elevada que en la que se inicia el poema. Para confeccionar la estructura, el autor castellano no se limita a narrar dos argumentos yuxtapuestos, sino que están conectados de diferentes maneras. La más evidente es la irrupción de los infantes –y no con buen pie– en la primera trama, cuando, en la segunda embajada, contemplan la posibilidad de contraer matrimonio con las hijas de Rodrigo, a quien envían un saludo ante la casi indiferente reacción de Minaya (vv. 1372-1390). La relación entre las dos tramas ha sido estudiada con detalle por Boix (2012), quien, a partir de los conceptos de *Doppelwegstruktur* y *epischen Doppelpunkt*, denomina a la segunda *antidestierro* (en oposición a la primera), produciéndose entre ellas una serie de antítesis. Por citar simplemente dos casos, la salida

---

[103] Véase, para el *Cantar*, West-Burdette (1987-1988), Walsh (1990), Disalvo (2007) y Rossell (en prensa).
[104] Una síntesis al respecto con la bibliografía pertinente puede verse en Montaner (2016: 347-380), a la que pueden añadirse los trabajos de Molho (1991) y Boix (2012).

al exilio y la separación de la familia en Cardeña constituiría la antítesis del (supuesto) viaje a Carrión y la despedida del Cid y sus hijas; y las hazañas del Campeador se opondrían a la afrenta de Corpes[105].

Un procedimiento si cabe más fino es el empleo de una serie de términos e imágenes relacionados entre sí (por semejanza u oposición) que contienen igualmente una función estructural, no solo por la conexión entre diferentes puntos de ambas tramas sino por su recurrencia a lo largo del poema, cohesionando así la composición. Los ejemplos, abundantes, han sido justamente comentados por Deyermond, quien ha establecido varias clases: comparación y contraste de situaciones, epítetos épicos, oposiciones verbales e identificaciones, otros recursos lingüísticos y estilísticos (principalmente irónicos), y el empleo de símbolos[106]. Existen, sin embargo, otros "patrones estructurales y estilísticos", por retomar la expresión del propio Deyermond, y son de los que nos queríamos ocupar. Se trata de ecos formulares, es decir, unas mismas fórmulas y expresiones formulares que de algún modo están conectadas entre sí y poseen, en mayor o menor medida y en virtud de los ejemplos concretos, funciones argumentales y estructurales. Aunque el *eco* (en su doble vertiente métrica y verbal) ya ha sido empleado por Heinemann en sus numerosos trabajos sobre épica francesa[107], hemos de prevenir que si utilizamos el mismo término no es con un sentido semejante, pues si este autor considera las recurrencias de un sustantivo, o incluso repeticiones rítmicas, atendiendo a las categorías sintácticas, estructuras reiteradas, patrones gramaticales y silábicos, por nuestra parte, nos hemos restringido al nivel estrictamente formular.

Salvo excepciones, como algunos trabajos consagrados a los epítetos épicos, que sí se han ocupado de aspectos estructurales[108], por lo general, no se ha atendido a las relaciones que el poeta establece a veces dentro de las ocurrencias de una misma archifórmula[109]. Como pretendemos mostrar, mediante esta sutil técnica, el autor crea una red de conexiones formulares que le permite descubrir los comportamientos de los personajes, anticipar acontecimientos —o, al menos, levantar una cierta sospecha— y relacionar diferentes escenas de la obra. Huelga decir que no siempre que se reitere una secuencia fija estaremos ante un juego especular entre las dos (o más) ocurrencias y, de hecho, los ejemplos son

---

[105] Véanse, del mismo autor, 2007a, 2007b y 2010.
[106] Deyermond (1973), y Deyermond y Hook (1979).
[107] Heinemann (1993: 221-328 —y sus trabajos de la bibliografía final—, 1993-1994, 1997, 1998, 2006 y 2011).
[108] *Vid.* principalmente Hamilton (1962) y De Chasca (1972: 182).
[109] No obstante, Montaner (2007a: 31-37) establece una comparación entre los preparativos en paralelo del rey y del Cid para las vistas del Tajo, donde incide en los aspectos formulares.

minoría respecto de la totalidad de las fórmulas. Resulta por ello necesario repasar el registro en su integridad, para observar en qué medida las repeticiones contienen una resonancia entre sí, que vendrá marcada por dos factores que confieren un sentido particular a la frase en cuestión: el contexto (o contextos) en que se insertan y los personajes que protagonizan la acción expresada.

El interés que se desprende de todo ello resulta no tanto de que una misma fórmula o frase formular, con ligeras variaciones (pero siempre perteneciente a la misma archifórmula, para que se produzca el reconocimiento), pueda emplearse en situaciones diferentes, como el hecho de que la expresión en la que se da la resonancia adquiere un nuevo significado a la luz de la que le precede o le sigue. Se trata, así, de una técnica muy elaborada, construida a partir de secuencias que se reflejan pero cuyo significado nunca llega a ser idéntico. Ilustremos todo ello con el estudio de algunos ejemplos, que hemos organizado en tres tipos: los que se focalizan en las acciones, en los sentimientos y en los personajes.

4.2.1. Acciones

En el periodo en que Rodrigo realiza la mayoría de sus conquistas, correspondiente al primer cantar, el poeta reitera ciertas expresiones formulares que dan cuenta de los desplazamientos de las huestes cidianas, de sus continuas batallas y éxitos, creando otros ecos. Es lo que sucede con <(e) por [SN de espacio] ayuso> (vv. 426 y 546), <dexado á [lugar]> (vv. 1088 y 1089) y, de una forma todavía más persistente, <(a/en) tierras de [lugar]> (vv. 936, 1093, 1186 y 1188). La constante reincidencia de estas locuciones, que varían precisamente en el topónimo (para expresar la consecución –y consecutividad– de las victorias)[110], ritma la narración, de manera que la segunda ocurrencia y, cuando hay más, también las siguientes, aluden en cierto modo a la anterior o anteriores, configurando una suerte de espiral que, desde el presente, remite al pasado y se proyecta al futuro. Asimismo, el mayor y definitivo éxito bélico del Cid, la conquista de Valencia, produce un cambio en la estrategia del Campeador, pues pasa de buscar nuevos territorios a establecerse como señor de esta ciudad, y a defenderse de los ataques exteriores[111]. Más allá de las comparaciones que podamos establecer entre ambas situaciones, nos interesa destacar la presencia de una archifórmula del segundo hemistiquio para actualizar los dos contextos, <[...] avemos (...) heredades> (vv. 1271 y 1401), precedida al final del primero por la mención de "Castiella" y "Valencia",

---

[110] Sobre el espacio, véase ahora Luongo (en prensa), y la bibliografía que incluye.
[111] *Vid.* al respecto el trabajo de Boix (2007c).

respectivamente. El paralelismo entre ambas expresiones es patente, y el eco viene a recordar las conquistas anteriores de Rodrigo.

Por otro lado, las referencias a la divinidad o a la religión pueden configurar otros ecos. Antes de que el Cid abandone su tierra, leemos en dos ocasiones *la oración fecha* (vv. 54 y 366), que enuncia el fin de las plegarias de Rodrigo y Jimena, respectivamente. Si marido y mujer presentan sus peticiones por separado, el empleo de una misma fórmula insiste en la necesidad del auxilio divino para el porvenir, al tiempo que une en cierto sentido el ruego de ambos personajes.

Otra llamada intratextual se encuentra en los siguientes versos:

la missa nos dirá,   ésta será de Santa Trinidad (v. 319)
—Oy vos dix la missa   de Santa Trinidade (v. 2370)

Distan entre ambos más de dos mil versos, en los que las batallas libradas por el Campeador y sus hombres se han saldado siempre con victoria. La segunda referencia a la misa evoca si acaso la primera, y aunque la acción es en esencia la misma, la situación ha cambiado por completo: si en el v. 319 Rodrigo no ha abandonado todavía la tierra de Alfonso, el del v. 2370 se produce antes de la batalla contra Bucar, siendo el Cid señor de Valencia. De nuevo, mediante el empleo de unas mismas expresiones, el poeta marca el contraste entre ambos escenarios; recuerda, sin referirse directamente, la situación pasada del protagonista; celebra, de forma velada, la cumbre que ha alcanzado el héroe.

El siguiente paralelismo es incluso más sutil y, a diferencia de los anteriores relacionados con el ámbito religioso, se establece entre tres ejemplos:

Dios nos valió   e venciemos la lid (v. 831)
o de amas o del una   Dios nos valdrá (v. 1697)
Si Dios non nos vale,   aquí morremos nós (v. 2795)

Los proyectos de Rodrigo siempre cuentan con el favor de Dios, como se aprecia ya desde el principio del *Cantar*, con la respuesta favorable a la oración de doña Jimena en forma de visión angelical, al tiempo que el autor va sembrando su poema de peticiones, invocaciones, agradecimientos y la constatación de la ayuda divina[112]. Así, los versos citados mantienen tres términos comunes ("Dios", "nos" y "valdrá"/"vale"), semejanza que posibilita el eco. Pero más interesantes que las analogías son las diferencias de modalidad y temporalidad entre las tres secuencias, que denotan una dispar seguridad del auxilio. Si la primera (*Dios nos valió*)

---

[112] *Vid.* Lacomba (2003). No obstante, no se incluyen aquí todas las fórmulas y locuciones formulares relacionadas con la religión. Para ello, remitimos al apartado correspondiente del presente estudio (§ 1.6).

informa del favor pasado y efectivo de la divinidad en la victoria contra Fáriz y Galve en Alcocer, la segunda (*Dios nos valdrá*), en forma futura, confía en el socorro del Señor antes comenzar la batalla contra Yúcef, rey de Marruecos, mientras que la tercera ("si Dios non nos vale") está en condicional y en forma negativa, por lo que el recelo y la tensión son mayores. Se produce así, en los tres hemistiquios, una gradación que comienza en la certeza de la acción ya pasada, sigue con la confianza en la intervención divina y culmina con la angustia que se desprende del escenario en sí y de la proposición condicional, pues de no recibir la ayuda sobrenatural el desenlace es la muerte. Pero si cada secuencia expresa una incertidumbre mayor que la anterior, ello contrasta con el hecho de que Dios ha respondido a las necesidades de quienes se encontraban en peligro, de forma que esto es garantía de que seguirá actuando en favor de Rodrigo, su familia y sus hombres.

4.2.2. Sentimientos

El segundo tipo de eco descubre los sentimientos de los personajes. Esos pueden ser tanto positivos como negativos, si bien el poeta parece mostrar una cierta preferencia por estos últimos, de modo que los elementos adversos del *Cantar* quedan no solo subrayados debido a la repetición de unas expresiones idénticas o muy parecidas sino que se conectan entre sí.

Uno de los ecos que resaltan los sentimientos positivos tiene como protagonista a Rodrigo, y describe la acogida que le brindan a su llegada al monasterio de San Pedro de Cardeña, donde dejará a su mujer e hijas, y en las Cortes, donde se impartirá justicia:

> con tan grant gozo reciben   al que en buen ora nasco (v. 245)
> a grant ondra lo reciben   al que en buen ora nació (v. 3111)

Si el recibimiento que se le dispensa al Cid hace de ambos sitios unos lugares caracterizados por la seguridad y el derecho, respectiva y complementariamente –siendo las Cortes el espacio donde tanto el Campeador como su familia ven restaurada su honra–, lo que destaca es el contraste entre los dos núcleos –no gramaticales, sino psicológicos– de la frase: *gozo* frente a *ondra*. En el primer caso, se lo recibe con alegría, pero no con honra u honor, porque el Cid, recién exiliado, carece (al menos oficialmente) de ella. En el segundo verso, aunque Rodrigo ha recibido una afrenta, su posición oficial (sobre todo respecto al rey, *fons honorum*) es la de persona "honrada / de honor"[113].

---

[113] Sobre la cuestión del honor *de facto* y *de iure*, véase Lacarra (1995). Se replantea ahora el papel de la *ondra* en el poema castellano Galván (2013).

Más frecuentes son los ejemplos de ecos con sentimientos negativos. Asimismo, casi todas las demás muestras de paralelismos de esta clase poseen al menos una mención referida al escarnio de Corpes, ya sea en la despedida del Cid y sus hijas, durante la afrenta, o cuando se conoce la vil acción de los infantes. El inicio de las dos tramas, que supone la caída de la honra del Cid y, en la segunda, también la de sus hijas, se caracteriza por la desolación que invade a los personajes. El siguiente paralelismo formular que une la primera parte con el escarnio del robledal tiene una ocurrencia en cada escenario, y lo sugerente procede, además, de lo excepcional de la fórmula, pues el poeta solo la emplea en estas dos ocasiones[114]. Este eco materializa la despedida del Cid y su familia antes del exilio, y la de las hijas y sus padres, previo a la afrenta, respectivamente, mediante una imagen desgarradora:

> así·s' parten unos d'otros   commo la uña de la carne (v. 375)
> Cuemo la uña de la carne   ellos partidos son (v. 2642)

El empleo del mismo verbo en el otro hemistiquio acentúa aún más el paralelismo. Cuando el auditorio escucha el segundo verso, ya conoce la separación del Campeador y su familia, de forma que lo más probable es que la semejanza formular no le pasara desapercibida. De este modo, si tras la primera despedida el héroe debe conquistar nuevos territorios, superar las pruebas y sobreponerse a los peligros, lo que sigue a la segunda separación es también la exposición al riesgo, aunque ahora son las hijas quienes sufrirán la vejación. El poeta ya le había descubierto al auditorio los planes de los infantes, pero la presencia de nuevo de esta imagen constituye un detalle adicional que, en virtud del efecto del eco formular, nos hace presagiar lo peor y recordar la otra despedida concretada de forma similar, pues ambas separaciones, actualizadas con sendas secuencias fijas, se sitúan en el inicio de las dos tramas. Es decir, las dos situaciones en que el poeta emplea esta archifórmula se ubican en puntos clave si nos atenemos a la estructura de la obra.

De alguna manera, los dos ecos restantes que muestran los sentimientos de los personajes también remiten al episodio de Corpes. La primera ocurrencia recuerda en cierto modo a la que acabamos de examinar, pues también ahora estamos ante una archifórmula poco extendida, que el autor reserva para una situación muy concreta:

> allá me levades   las telas del coraçón (v. 2578)
> Partiéronsele las telas   de dentro del coraçón (v. 2785)
> ¿A qué·m' descubriestes   las telas del coraçón? (v. 3260)

---

[114] Hecho en el que han reparado Montaner (2016: 162, n. 2642, y 461) y Boix (2012: 72), quienes también ligan ambas escenas.

Los verbos que preceden al sintagma "las telas del coraçón" (que, en el primer caso, se refiere a las hijas de Rodrigo), aunque diferentes, poseen un mismo significado ('quitar, arrancar'). El Cid pronuncia el primer ejemplo, y la expresión es retomada por el narrador con una ligera variación unos doscientos versos después. Ambas ocurrencias corresponden a la trama de la afrenta, pero en momentos distintos: la primera pertenece a la despedida del Cid y sus hijas que, como en la separación que abre el *Cantar*, también se demora, aunque no en un grado semejante; la segunda se refiere a Félez Muñoz, cuando encuentra a Elvira y Sol. La tercera cita, como la primera, en boca de Rodrigo, no aparece hasta las Cortes de Toledo. Una vez que los infantes han devuelto al Campeador las dos espadas y algunos de sus haberes —equivalentes a los tres mil marcos de dote que han gastado—, el Cid expone la querella criminal, y lo hace retomando la misma fórmula, si bien no es el único ejemplo de un eco en esta intervención, como lo muestra la construcción bimembre *a las bestias fieras e a las aves del mont* (v. 3267), que ya había sido empleada en los mismos términos por Muño Gustioz, en su embajada a Alfonso, cuando le transmite lo acontecido (v. 2946) y, previamente, en pleno escarnio, aunque bajo una forma levemente distinta: "e a las aves del monte e a las bestias de la fiera guisa" (v. 2751). De este modo, mediante el empleo de unos mismos paradigmas formulares, el discurso del Cid en las Cortes actualiza lo sucedido en la afrenta, es fiel a los hechos: sus palabras reflejan toda la violencia que han sufrido sus hijas.

Sin salir de la despedida de Elvira y Sol antes de su supuesto viaje a Carrión, encontramos otro eco, aunque diferente. El verso clave en el que se produce la identificación es "grandes fueron los duelos a la departición" (v. 2631), en especial su primer hemistiquio. Cabe destacar la recurrencia del esquema <grandes ser$^+$ [sujeto]>, casi siempre con un significado positivo, pues el sujeto suele estar ocupado por los términos "gozos" o "ganancias". Así, antes de que el poeta exclame con indudable tono aciago el primer hemistiquio, leemos *grand es el gozo* y *grandes son las ganancias* hasta doce veces, incluidas sus expresiones formulares[115]. El verso 2631, por lo tanto, viene a repetir la directriz compositiva, pero contrastando con la alegría de las situaciones precedentes: la insistente reiteración de la estructura que daba cuenta de la dicha acentúa si cabe el *pathos* y, con este, la sospecha.

---

[115] Vv. 1146, 1211, 1393, 1770, 2505 y 2507; y 177, 548, 877, 1014, 1149 y 1334, respectivamente.

4.2.3. Personajes

Dentro de los paralelismos formulares centrados en los personajes podemos distinguir entre los ejemplos que se refieren a uno y aquellas secuencias cristalizadas que designan a más de uno, recurso que emplea el poeta para definirlos y caracterizarlos, ya sea por sí solos o en comparación con otros. Respecto de la primera clase, la relación entre Rodrigo y su familia es uno de los aspectos más atractivos del *Cantar*, que lo distingue dentro de la tradición románica en que se inserta, e incluso de los demás testimonios épicos castellanos. De nuevo, el autor recurre a un eco que vincula la despedida en tierras burgalesas y la que se produce antes de que las hijas partan con sus maridos al robledal. En ambas ocasiones, el Cid encomienda a Dios a Elvira y Sol mediante una expresión formular ("A Dios vos acomiendo, fijas") y una fórmula (*A Dios vos acomendamos*), que está presente en dos momentos más del poema (vv. 411 y 2154):

–A Dios vos acomiendo, fijas,　e al Padre spiritual (v. 372)
–A Dios vos acomendamos,　don Elvira e doña Sol (v. 2628)

El hecho de solicitar la protección a la divinidad antes de emprender un viaje era una práctica más que común (Gerli 1980: 137), pero en este caso, en virtud de las continuas referencias intratextuales que unen ambas escenas, la que precede a la afrenta de Corpes cabe interpretarse como un eco de la primera, dándose el tipo de contraste de signo inverso que ha llevado a Boix a hablar de "antidestierro" para caracterizar la segunda trama. Se trata, en definitiva, de otro ejemplo que se añade a los precedentes y a otros más, mediante los cuales el autor prepara el episodio del escarnio ya en tierras valencianas, creando de esta suerte un clima de tensión que se origina antes de que se produzcan los violentos actos.

El poeta también se sirve de un eco para caracterizar a los infantes por sí solos. Los versos que configuran dicho paralelismo son:

podremos casar con fijas　de reyes o de enperadores (v. 2553)
deviemos casar con fijas　de reyes o de enperadores (v. 3297)

Las intervenciones tienen lugar antes de su partida al robledal –cuando los hermanos maquinan su plan– y ya en las Cortes de Toledo. La semejanza entre ambos versos es indudable, con sendas locuciones formulares y fórmulas en ambos hemistiquios. Pero, de igual modo, la variación verbal del primero resulta de enorme interés, pues resume los propósitos de los infantes, al tiempo que marca dos momentos diferentes de la segunda trama: su intención ("podremos") y su defensa ("deviemos").

Por otro lado, el contraste que se produce entre los diferentes personajes viene determinado por sus palabras, comportamientos y acciones, pero el autor castellano puede recurrir a los ecos formulares. La mayoría de los casos que hemos constatado enfrentan al Cid con los infantes, salvo algunos, que, en cualquier modo, no se alejan demasiado de la tendencia mayoritaria, pues también participan Rodrigo o los de Carrión, subrayando así el heroísmo y antiheroísmo, respectivamente. En una de estas excepciones se contraponen el obispo don Jerónimo y Fernando, uno de los hermanos:

> las feridas primeras   que las aya yo otorgadas (v. 1709)
> pedist las feridas primeras   al Canpeador leal (v. 3317)

La primera cita se refiere a la petición que el obispo traslada al Campeador para iniciar la ofensiva en el combate contra las huestes de Yúcef, voluntad que también manifiesta el infante en otra batalla. El resultado es dispar: si el ataque del obispo no se describe, ello se explica por la elipsis de algunos detalles en el *Cantar*, que en cualquier caso no dificultan su comprensión ni alteran la trama[116]. Sin embargo, la verdad sobre la actuación de Fernando, que se ha vanagloriado de su intervención en el combate, la conocemos en las Cortes, cuando la revela Pero Vermúez, que asistió a la escena (vv. 3318-3326).

El eco formular puede enfrentar a las hijas del Cid con los infantes. En ocasiones, el poeta concentra unas mismas secuencias fijas en un espacio reducido, como en el siguiente ejemplo:

> por muertas las dexaron   en el robredo de Corpes (v. 2748)
> Por muertas las dexaron,   sabed, que non por bivas (v. 2752)
> en el robredo de Corpes   por muertas las dexaron (v. 2755)

En las postrimerías del *Cantar*, con las lides concluidas, el autor afirma:

> por malos los dexaron   a los ifantes de Carrión (v. 3702)

El paralelismo entre la fórmula y la expresión formular es patente, pero tan importante como la semejanza léxica y estructural que posibilita el eco es la modificación introducida, pues concede un matiz diferente que intensifica la vileza de los infantes. Curiosamente, desde el punto de vista del lector, aunque en la primera fórmula los infantes son el sujeto y en la segunda el objeto directo —lo mismo que las hijas del Cid en la primera fórmula—, desde una perspectiva psicológica ambas caracterizan a los infantes del mismo modo: por su vileza. La diferencia no es tanto de intensidad como de planteamiento: si la primera fórmula muestra la vileza de los infantes *de facto*, la segunda la reconoce *de iure*.

Por otro lado, la distancia que separa al Cid y a los infantes es abismal, y ello se manifiesta, entre otros recursos, mediante las correspon-

---

[116] Puede verse al respecto el trabajo de Hook (2005), en el que señala este y otros ejemplos similares.

dencias formulares intratextuales. A través de este procedimiento el poeta insiste en la creación de una dualidad en la cual las virtudes del Campeador se tornan inmoralidades en los infantes. Constituye un claro ejemplo al respecto la relación de los personajes con las riquezas. Desde el principio del poema, Rodrigo promete prosperidad económica a quienes le acompañen en el destierro, compromiso que repite dos veces con una locución formular (v. 108) y una fórmula (v. 158) en el segundo hemistiquio:

> por siempre vos faré ricos, que non seades menguados (v. 108)
> mientra que vivades non seredes menguados (v. 158)

Tras la victoria frente a Bucar, los infantes se alegran por la obtención del botín. Si la expresión del v. 2470 ("nuncua serién minguados") es similar a las anteriores, la perspectiva es bien diferente, y tiene que ver con los problemas de liquidez de la nobleza del interior a la que pertenecen los hermanos. A la promesa del Campeador se opone, por lo tanto, la inquietud e incluso la avaricia de los de Carrión (vv. 2468-2470).

Por otro lado, cabe destacar que el episodio final de las Cortes, además de tener como primera función restaurar el orden familiar y judicial, sirve igualmente para seguir descubriendo los comportamientos de los personajes. A esto último contribuyen, de forma sutil, los paralelismos formulares que incluye el autor para enfrentar a Rodrigo y a los infantes. En efecto, la mayoría de los ecos que oponen a estos personajes se concentran en el pasaje de las Cortes, en el que de alguna forma los diferentes puntos del poema desembocan y confluyen. Dicho desequilibrio en la distribución de este recurso puede explicarse por una razón narrativa del ritmo argumental, ya que es en esta última parte donde se resuelven los conflictos y acaban por culminarse las divergentes cualidades de los personajes.

Citemos, para terminar, otro ejemplo de eco intratextual que confronta al Cid con los infantes. Se trata de un caso que liga la escena de Corpes y las Cortes o, para ser más exactos, la razón que mueve a los infantes a cometer la afrenta y el modo en que Rodrigo desea reparar el escarnio, dentro del marco legal y con la presencia del rey para impartir justicia:

> ¡La desondra del león assí s'irá vengando! (v. 2762)
> assí s'irán vengando don Elvira e doña Sol (v. 3187)

Se trata de la única fórmula en el poema con el verbo "vengar", lo cual facilita en cierto sentido la identificación de la correspondencia. Sin embargo, el contenido semántico del verbo no parece ser el mismo en ambas ocurrencias, fruto de la distinta concepción de la venganza que tienen los infantes y el Cid: si en la primera se respira una crueldad y violencia fruto de un plan urdido con saña, en la segunda se descubre la voluntad de reparar el agravio cometido por los cauces de la justicia[117].

Varios puntos de interés se coligen de los análisis precedentes, que nos permiten precisar el funcionamiento de este recurso. En primer lugar, este suele reposar sobre los hemistiquios cristalizados menos frecuentes, que se repiten de dos a cuatro o cinco veces. Asimismo, dentro de estas llamadas intratextuales hemos de distinguir entre las expresiones reiteradas que se encuentran a una cierta distancia entre sí y aquellas que el autor incluye de forma relativamente seguida, siendo más frecuentes las primeras. En efecto, son justamente estos casos, debido, por un lado, a lo extraordinario de su aparición y, por otro, a la separación de los ejemplos que se reclaman, los que permiten al poeta cumplir dos funciones: que el auditorio evoque la mención de una secuencia poco común ya referida y que se puedan establecer paralelismos entre las escenas donde se sitúan las ocurrencias, pues los ecos no solo unen versos distintos, sino los pasajes en que se insertan, reforzando la coherencia de la obra.

La situación que más veces inicia un eco es el destierro, las secuencias en las que se refleja el paralelismo suelen encontrarse en el episodio de Corpes y en las Cortes, y las asociaciones más frecuentes pueden pertenecer a la misma parte (destierro, batallas, Cortes) o situarse en momentos distintos (destierro-Corpes y Corpes-Cortes). Aun cuando estos dos últimos tipos constituyen ejemplos de resonancias intratextuales, no funcionan de modo similar, pues si el primero contribuye a unificar el episodio en que se insertan y a insistir en una idea precisa que vuelve como una suerte de estribillo, el segundo trata de conectar los diferentes momentos del poema, de modo que entre los distintos incidentes se crean, por un lado, una serie paralelismos en su doble vertiente de semejanzas y contrastes y, por otro, una relación de causa-consecuencia.

Queda comprobado, por tanto, que la función de las fórmulas no es simplemente completar la rima en algunos casos muy determinados, ralentizar la fluidez de los acontecimientos, expresar una acción o detalle mediante una única secuencia –o varias– gracias a una suerte de listado formular (o *stock*, como se ha venido llamando), siendo preferible hablar de procedimientos de creación de secuencias fijas y variables a partir de las ya existentes, como ha quedado analizado (§ 1.3.1). Por ello mismo, tampoco constituyen el recurso básico para la pretendida improvisación de los poemas épicos medievales. Si eran claves para la memorización y facilitaban, sin duda, la transmisión o la *performance*, no menos importante es su función narrativa, argumental y estructural, como hemos pretendido

---

[117] Véanse al respecto los trabajos de Madero (1987), Alfonso (2002) y, recientemente, Martín (2014: 157-161). Frente a la interpretación de Alfonso, *vid.* Montaner (2015: 248-256 y 2016: 242-243).

demostrar con los ejemplos de intratextualidad, amén del particular componente estético y estilístico vinculado a estas unidades. Su reiteración y el hecho de que existan ciertos patrones en la ubicación de estos ecos y en sus funciones nos hace descartar la hipótesis de una sobreinterpretación de todos estos ejemplos. En consecuencia, sirven también las fórmulas del *Cantar* para vertebrarlo, para articular su organización interna gracias a esta red de correspondencias intratextuales. De este modo, los ecos formulares son tanto retrospectivos como prospectivos, en la medida en que a la luz de una ocurrencia la otra u otras, en virtud de la desviación semántica (que va del mero matiz a la oposición), se iluminan, adquieren un nuevo significado, dotando a la obra de unidad y sentido. En este sentido, la dualidad fijación/variabilidad en el sistema formular no depende solo de la variación interna (morfológica o léxica) de la fórmula, perteneciente al plano paradigmático, sino también de la variación externa o combinatoria, esto es, la que se deriva de actualizar un mismo elemento paradigmático en contextos diferentes. De esta forma, una expresión idéntica o muy semejante o bien refuerza la afinidad entre situaciones (a veces aparentemente disímiles) o bien acentúa el contraste entre ellas (a veces aparentemente similares). Si se quiere, se trata de una prueba más de la —en nuestra opinión— inútil disputa sobre la autoría única, pero estamos, sobre todo, ante otra muestra del cuidado estilístico y de la destreza compositiva del poeta.

5. Análisis cuantitativo

El estudio del formulismo ha despertado en la crítica el interés por indagar la cantidad de secuencias fijas de un determinado poema y el porcentaje que estas representan en el conjunto del mismo. Como tendremos ocasión de comprobar en el presente apartado, el recuento de estas unidades conlleva esencialmente cuatro problemas: en primer lugar, y así lo hemos reflejado páginas atrás (§ 1.1), el concepto de fórmula (y el número de repeticiones que debe tener para considerarla como tal) carece en numerosas ocasiones de unanimidad. En segundo término, algunos estudiosos creen pertinente en este tipo de análisis tener en cuenta las expresiones formulares mientras que otros, por el contrario, le restan importancia. En tercer lugar, como hemos expuesto (§ 2), nos topamos con la implicación –no exenta de problemas– que para algunos supone un determinado porcentaje formular –que varía según los críticos– y la composición oral. Y, en cuarto y último lugar, el mero inventario de datos no posee un interés por sí solo, sino que requiere de una interpretación que explique el funcionamiento del sistema formular, distinguiendo entre los tipos de fórmulas, su grado de fijación, la ubicación en uno u otro hemistiquio o la eventual evolución o transformación a lo largo del poema.

Estos cuatro aspectos se resumen en las preguntas qué contar y qué significan los resultados obtenidos. En las páginas que siguen repasaremos cada uno de estos puntos en el *Cid*, separando las diferentes variantes que distinguen unas secuencias cristalizadas de otras (a saber, la clase de unidades según nuestra clasificación, si son fórmulas o locuciones formulares, el hemistiquio y el cantar), de suerte que ello nos permita acometer la posterior interpretación de los datos con mayor precisión. Como de alguna de estas cuestiones ya nos hemos ocupado con mayor o menor exhaustividad, en lo que sigue obviaremos el primer argumento –la heterogeneidad de propuestas y criterios para definir la fórmula–, y trataremos por encima el segundo punto, pues también ha constituido objeto de estudio previamente. Por ello, el tercer y cuarto aspectos constituirán los asuntos principales de este epígrafe, tanto por ser los que presentan una mayor originalidad –en la medida en que hasta la fecha no se ha realizado un recuento tan desglosado de las secuencias cristalizadas, fijas y variables, del *Cantar*– como los que dan lugar al análisis propiamente dicho del funcionamiento interno del sistema formular.

Por lo que concierne la supuesta causalidad entre el empleo de las fórmulas y la composición oral, el porcentaje que marca la frontera según la cual dicha relación se hace efectiva varía dependiendo de los autores y las literaturas, de modo que la disparidad de criterios constituye una de las razones que mina la solidez de esta hipótesis. Así, Lord (1968: 24) considera que un 50 o 60 por ciento formular, con un 10 o quizá 25 de fórmulas propiamente dichas, denota sin lugar a dudas una composición escrita o literaria, mientras que Duggan (1973: 29 y 1974: 267-269) defiende que a partir de un 20 por ciento hay una fuerte probabilidad de composición oral, que se incrementa conforme aumenta la proporción formular[118]. Más allá de la disparidad cuantitativa y divergencia de criterios –pues Duggan, a diferencia de Lord, no incluye en su análisis cuantitativo las expresiones formulares, según su particular distinción de fórmula y locución formular– y de que ambos análisis estudian dos literaturas diferentes –la épica francesa Duggan y la yugoslava Lord–, resulta interesante subrayar la conexión indisoluble que estos críticos establecen entre el formulismo y la composición oral, en términos de causa-efecto. No son, sin embargo, los únicos que han sostenido la íntima relación entre la ponderación formular y el modo de composición (otros, como Rychner, no han necesitado de un análisis cuantitativo preciso para defender la creación oral de las *chansons de geste*), como hemos visto. Pero antes de pasar a ofrecer los datos de quienes han realizado los recuentos en las diferentes obras, así como los que podemos aportar por nuestra parte, es necesario realizar alguna puntualización con el fin de advertir de los distintos peligros que conlleva un análisis exclusivamente cuantitativo, o las dificultades que implica una correcta interpretación de las cifras.

En primer lugar, hemos de advertir que algunos de los exámenes cuantitativos que se han llevado a cabo son parciales, esto es, solo tienen presente un mayor o menor número de versos, pero en ningún caso la obra en su completitud. Es el caso de Parry (1930), que toma únicamente los primeros veinticinco versos de la *Ilíada* y la *Odisea*, número y momento de la composición a los que también se ciñen Magoun (1953) y Jehle (1970) para el *Beowulf* y el *Cid*, respectivamente, lo cual comporta dos inconvenientes: la escasez de versos considerados y el hecho de que estos sean los que abren los poemas, donde por lo general –aunque no es el caso del *Cantar*, debido a la pérdida de los primeros versos originales– el poeta incluye más fórmulas que en otros puntos de la narración, pues es aquí donde se ubican los tópicos propios del exordio, que se suelen actualizar con secuencias fijas, por lo que los resultados no serán acordes al texto en su globalidad. Nichols (1961) amplía notablemente esta cantidad, ya que se centra en los primeros dos mil versos de la *Chanson de Roland*, pero se limita al primer hemistiquio, y desecha los del segundo, de modo que también ahora la suma está falseada pues, como luego comprobaremos, la frecuencia de las fórmulas en una u otra parte del verso no es

---

[118] Puede leerse a este propósito el capítulo dedicado al lenguaje formular y el modo de composición (Duggan 1973: 16-62).

exactamente idéntica. Por eso Duggan (1973: 18-21 y 1976: 63-65) y, ahora Hook (2013: 205-206), con razones más que justificadas, proponen que los análisis cuantitativos deben realizarse sobre la integridad del poema, como ellos mismos efectúan en varias *chansons* (también *romans*, en el caso de Duggan) y en el *Cid*.

En segundo lugar, quienes se han basado en la densidad formular para postular la composición oral de los poemas han dirigido la mirada a los estudios cuantitativos que ya se habían realizado, a saber, la *Ilíada* y la *Odisea*, aunque paulatinamente el abanico se ha ido ampliando. La inevitable búsqueda de datos previos cuando se emprende un trabajo de este corte no está exento de dificultades, pues cada época y tradición posee unas particularidades que no son trasladables a otros tiempos y literaturas, de suerte que si tal operación se lleva a cabo sin realizar las adaptaciones pertinentes, los desajustes serán insalvables. De este modo, el concepto de fórmula, así como su valor y función, difiere en virtud de la tradición considerada, e incluso dentro de la misma literatura, si los poemas pertenecen a géneros diferentes o distan de algún siglo[119]. Por otro lado, algunos de los recuentos se han realizado sin distinguir la frecuencia de la clase de fórmula, independientemente de la tipología que siguiera cada autor, o de las funciones de las mismas. La desatención a esta diversidad constituye sin duda una de las mayores inexactitudes en este tipo de análisis, puesto que, como hemos comprobado en la casuística formular y luego advertiremos, no todas las fórmulas poseen la misma frecuencia, una función semejante ni ostentan idéntico valor. O, dicho en otros términos, tan importante como el cómputo formular resulta la caracterización de cada grupo de unidades; esto es, el análisis cuantitativo debe ir acompañado de uno tipológico.

Por último, una vez obtenido el recuento, es necesaria una adecuada interpretación de los datos, pues si este último paso no se realiza con extrema minuciosidad y prudencia, el cálculo se convertirá en un arma de doble filo, ya que puede dar lugar a deducciones erróneas que tergiversen el sentido de estas unidades. Es lo que ha ocurrido, en nuestra opinión, con algunos representantes del oralismo más radical, puesto que se han servido de la densidad formular para defender la composición oral de los poemas en cuestión. Las dificultades e imprecisiones que tal razonamiento conlleva son numerosas, como hemos podido comprobar (§ 2)[120]. Sirva de muestra el hecho ya mencionado de la presencia de fórmulas en los textos que fueron compuestos por escrito, que incluso superan en ocasiones a la proporción de secuencias fijas de los poemas creados desde la oralidad.

---

[119] Pueden verse al respecto las páginas de Fry (1979), Foley (1981: 275) y Reidinger (1985: 305).
[120] Véanse, además, Russo (1976), Dembowski (1978) y Miletich (1978).

Así, la estrechez de miras de quienes defienden los porcentajes formulares como prueba irrefutable de la composición oral limita en cierto modo otras interpretaciones mucho más fundadas y, a la postre, atinadas. Por ello, si desechamos el argumento de la densidad de secuencias cristalizadas como base para afirmar una determinada modalidad compositiva (entendida esta en su binomio de escritura/oralidad, que, como hemos visto, constituye de una oposición artificial), el recuento de estas unidades nos permite comprender las diferentes tendencias con que los autores tejen sus poemas, sus preferencias estilísticas, la estética particular de la épica, que queda al mismo tiempo personalizada por las prácticas de cada autor. Por ello, el hecho de que un determinado porcentaje no conlleve una procedencia oral no resta trascendencia al análisis de los datos, sino que, en todo caso, no puede ser esgrimido como indicio seguro del tipo de composición. No obstante, las diferentes proporciones formulares nos pueden dar alguna pista sobre el origen de los materiales, que van del ámbito de lo tradicional al terreno de la cultura escrita. Así, como ha resumido Montaner (1994a: 143), basándose principalmente en los estudios de Miletich y Chaplin,

> En general, el análisis de textos recogidos directamente en su versión oral muestra una cifra entre el 75% y el 90% de componente formular, con un 50% al menos de fórmulas estrictas; textos con un 50 o 60% de formulismo, siendo en un 20% fórmulas estrictas, suelen reflejar ya influencia literaria, mientras que los textos cercanos al estilo tradicional pero con predominio del componente "culto" rara vez superan un 25% entre fórmulas y locuciones.

Siguiendo estas pautas contrastadas en varias literaturas y épocas, incluyendo la épica románica y el ámbito medieval, el conjunto de las *chansons de geste* y la épica castellana se sitúa en un estadio intermedio entre el terreno de lo tradicional popular y el influjo literario, quebrando la inoperante antítesis de oralidad y escritura.

Así las cosas, los cómputos que se han realizado se caracterizan por su heterogeneidad, ya sea por los criterios empleados como por las literaturas a que se ha aplicado esta operación, al tiempo que se puede intuir que la mayoría de quienes han emprendido un trabajo de este tipo lo han hecho con la predisposición de que constituyese un argumento del carácter plenamente oral de las composiciones, pues si en el estudio del formulismo en prácticamente todas las literaturas se dan cita diferentes escuelas, el recuento de las secuencias fijas suele proceder, con alguna salvedad (como ahora la nuestra), de la oralista. Cabe destacar –aunque sea obvio– que para los críticos que consideran que el conjunto del poema es formular, es decir, que lo formular es inherente al lenguaje épico, pues se trata de estructuras y patrones rítmicos que definen los hemistiquios y los versos, toda actividad cuantitativa carece de sentido[121]. Ahora bien, a pesar de que el formulismo posee un notable peso en las composiciones épicas, no todos los versos son formulares, por lo que el enfoque cuantitativo no es irrelevante, como comprobaremos en este capítulo.

A continuación ofrecemos de forma esquemática algunos de los datos que han obtenido los estudiosos. No es nuestro objetivo adentrarnos en cada recuento, pues nuestro trabajo se circunscribe al *Cid*, y un análisis exhaustivo de todos los cómputos nos alejaría de nuestros propósitos. Si incluimos los datos de otras obras lo hacemos con la intención de dar cuenta de la divergencia entre los poemas, que se explica tanto por su diferente naturaleza o procedimientos compositivos como por los distintos criterios que se han seguido para el recuento (esto es, la concepción de fórmula, si se incluyen también las frases formulares y el número de repeticiones que puedan ser contadas).

Obra	Crítico	Elementos formulares	Observaciones
Ilíada	Parry (1930: 118-122)	50% fórmulas, 66% con expresiones formulares	Vv. 1-25
Odisea	Parry (1930: 118-122)	55% fórmulas, 69% con expresiones formulares	Vv. 1-25
Homero[122]	Sale (1993: 91)	74,8%	Solo tiene en cuenta las fórmulas de nombres
Casida árabe	Zwettler (1978: 60-64)	56% de fórmulas léxicas y sintácticas	
Beowulf	Magoun (1953: 464-465)	74% fórmulas y frases formulares	Vv. 1-25
Beowulf	Creed (1955: 390)	19,2% fórmulas de versos completos	Íntegro
Beowulf	Watts (1969: 127 y 228)	16,6% fórmulas de versos completos	Íntegro
Épica yugoslava	Lord (1960: 47)	65% fórmulas, 100% formular	

---

[121] Así lo entienden Heinemann (1973a: 9 y 1977: 181), Montgomery (1975: 185 y 187) o Nixon (1985).
[122] *Vid.* otros muchos ejemplos de la literatura griega en Edwards (1988: 42-53).

Saint Alexis	Zumthor (1963: 147-150)	27%	
Saint Léger	Zaal (1962: 115)	12%	
Sainte Foy	Zaal (1962: 115)	12,5%	
Sancta Fides	Elliott (1980: 139)	4%	Solo tiene en cuenta las fórmulas semánticas o "straight formulas"
Boecis	Elliott (1980: 139)	10%	
Ste. Marguerite	Elliott (1980: 139)	11%	
Passion	Zaal (1962: 115)	13%	
	Elliott (1980: 139)	10%	
Saint Alexis	Elliott (1980: 139)	14%	Se trata del dodecasilábico, del siglo XIII
Saint Alexis (ms. M)	Elliott (1980: 139)	16%	
Saint Alexis (ms. L)	Elliott (1980: 139)	21%	
Saint Alexis (ms. S)	Elliott (1980: 139)	30%	
Saint Léger	Elliott (1980: 139)	21%	
Roman d'Enéas	Duggan (1973: 23)	16%	Tiene en cuenta solo las fórmulas semánticas (véase § 1.1)
Roman d'Alexandre	Duggan (1973: 23)	17%	
Buevon de Conmarchis	Duggan (1973: 23)	15%	
Pèlerinage de Charlemagne	Duggan (1973: 23)	23%	
Siège de Barbastre	Duggan (1973: 23)	23%	
Moniage Guillaume	Duggan (1973: 23)	24%	Se trata de la versión extensa
Gormont et Isembart	Zumthor (1963: 62, n. 5)	27%	
	Duggan (1973: 23)	29%	
	Luethans (1990: 162)	47,6%	26,2% fórmulas y 21,3% expresiones formulares
Le Charroi de Nîmes	Duggan (1973: 23)	29%	Ms. A
	Saccone (1987: 205)	58%	Ms. A. 21% fórmulas simples y 36% fórmulas complejas (para esta distinción, véase § 6.1)
	Paden (2001: 127)	66%	Ms. D. Incluye fórmulas y expresiones formulares
Chanson de Guillaume	Duggan (1973: 23)	31%	

Raoul de Cambrai	Duggan (1973: 23)	33%	
	Habet y Coman (1981: 186)	56%	Solo tiene presente la segunda rama del poema (vv. 5556-8726). Distingue, como lo hará Sacone, entre fórmulas simples (41,2%) y complejas (58,8%)
Chanson de Roland	Nichols (1961: 20)	58%	Cuenta únicamente los primeros hemistiquios de los dos mil versos iniciales
	Duggan (1973: 34)	35,2%	
	Sale (1993a: 91)	70,5%	Solo tiene en cuenta las fórmulas de nombres
Girart de Vienne	Elliott (1980: 134)	42%	Sigue a Duggan en la concepción de la fórmula
	Van Emden (1981: 670)	36%	
Couronnement de Louis	Duggan (1973: 23)	37%	Véase también Duggan (1966)
Prise d'Orange	Duggan (1973: 23)	39%	
	Myers-Ivey (1982: 19)	45%	Ms. *D*
	Myers-Ivey (1982: 19)	39%	Ms. *AB*
	Myers-Ivey (1982: 19)	28%	Ms. *C*
	Myers-Ivey (1982: 19-20)	21%	Ms. *E*
Enfances Guillaume	Elliott (1980: 139)	47%	
Milagros de Nuestra Señora	Chaplin (1976: 20)	26%	Cuadernas 106, 108, 110-113, 500-504 y 583-587. Oscilan del 2,5 al 15% de fórmulas y del 10 al 25% de expresiones formulares
Libro de Apolonio	Chaplin (1976: 15)	32,5%	Una muestra (cuya extensión no revela). Fórmulas (10%) y locuciones formulares (22,5%)
Libro de Alexandre	Chaplin (1976: 15)	30%	Una muestra (cuya extensión no revela). Fórmulas (12,5%) y locuciones formulares (17,5%)

Romancero	Webber (1951: 178)	10%	El corpus es *Primavera y flor de romances*, la colección de Wolf y Hofmann. Cuenta a partir de cinco ocurrencias en al menos dos tipos de romances, pero incluye los "recurrent patterns of construction that either fall within a single line or extend over a number of verses" (178)
	Beatie (1964: 110)	Entre 20 y 40% son formulares	Mismo corpus que Webber (1951)
Roncesvalles	Webber (1966: 321)	Alrededor de un 80%	Concepción laxa de lo formular
Poema de Fernán González	Chaplin (1976: 14 y 20)	17,5% – 32,5%	Cuadernas 412-416 y 498-502. Fórmulas (7,5% y 17,5%) y frases formulares (10% y 15%, respectivamente)
	Geary (1980: 25)	17%	Sigue el concepto de fórmula de Duggan (1973)
Mocedades de Rodrigo	Chaplin (1976: 14 y 19)	47,5%	Vv. 545-564. Fórmulas (17,5%) y expresiones formulares (30%)
	Miletich (1978b: 92)	19%	Miletich habla de estilo elaborado. *Vid.* nota 123
	Geary (1980: 24)	14%	
Siete infantes de Lara	Chaplin (1976: 14 y 20)	35%	Vv. 411-430 (de la reconstrucción). Fórmulas (12,5%) y locuciones formulares (22,5%)
Poema de Alfonso Onceno	Chaplin (1976: 20)	65%	Estrofas 1313-1317 y 1940-1944. Fórmulas (20% y 15%) y frases formulares (45% y 50%, respectivamente)
	Vaquero (1984: 193)	18,46%	Primeras 800 estrofas. Fórmulas propiamente dichas
Cantar de mio Cid	Jehle (1970: 121)	53,1%	Tiene en cuenta los primeros hemistiquios de los 666 versos iniciales de cada cantar (667 del segundo)
	Jehle (1970: 28-45)	72%	Primeros y últimos 25 versos de cada cantar. Concepción amplia de lo formular (*vid.* nota 20)

	De Chasca (1972: 333-334)	17%	Cuenta solo a partir de tres ocurrencias. Deyermond (1977: 31, n. 27) propone un 28,1%, siempre según el criterio de De Chasca
	Duggan (1974: 267 y 1989a: 136-138)	31,7%	Íntegro
	Chaplin (1976: 14 y 19)	47%	80 versos repartidos por todo el *Cantar*. Fórmulas (23,5%) y expresiones formulares (23,5%)
	Miletich (1978b: 92)	17%	Miletich habla de estilo elaborado (*vid.* nota 123)
	Geary (1980: 13)	31,94%	Íntegro. Sigue la definición de Duggan (1973)
	Waltman (1980: 22-23)	22%	Íntegro, pero solo expresiones formulares
	Aguirre (1981: 115)	22%	Tiene en cuenta solo los hemistiquios que incluyen nombres propios (el 22% es en relación todo el poema, no respecto de las demás secuencias con nombres propios)

Tabla 3

Centrémonos ahora en los datos del *Cid*. Frente a las demás composiciones que figuran en el cuadro, el poema castellano es –junto con las *Mocedades*– el único anisosilábico. Esto no provoca que la medición de la densidad de las unidades formulares sea "casi imposible" (Vaquero 1984: 180), sino que, en todo caso, deberemos tener en cuenta dicha particularidad, y distinguir en consecuencia –como hemos hecho (§ 1.3)– los diferentes grados de formulismo. Antes de ofrecer los datos que hemos obtenido a partir del recuento del registro formular y de entrar en el análisis que se desprende de los cálculos, querríamos insistir en la disparidad de los resultados a los que han llegado los críticos. Esto no debe sorprendernos, pues ya hemos advertido que se debe a varias razones: la diferente noción de la fórmula (el caso más claro es el de Duggan y, con él, Geary), el distinto número de ocurrencias que tales unidades deben tener para que entren en el recuento (De Chasca valora a partir de tres repeticiones, por no citar las cinco de Webber en el romancero), y las desiguales muestras que se han tomado para calcular la densidad formular (que van de los cincuenta versos de Jehle en una de sus operaciones, o el interés únicamente por los primeros hemistiquios, del mismo autor, al conjunto de la obra, en el caso de Duggan, Geary y Waltman). A ello debemos sumar, además, que no todos los autores computan lo mismo: si Miletich habla de su concepto particular de estilo elaborado[123], Waltman solo se refiere a las frases formulares, mientras Aguirre cuenta exclusivamente las secuencias fijas en que se incluye un nombre propio. Estos cuatro factores determinan, así, los porcentajes resultantes, como también lo hacen las cifras que por nuestra parte hemos obtenido.

Es necesario, por tanto, que antes de ofrecer los datos informemos de los criterios que hemos seguido. Nuestra definición de la fórmula, como queda dicho, se basa en la de Montaner (2016: 400), y consideramos esta unidad a partir de dos ocurrencias. El recuento ha sido realizado tomando la integridad del *Cantar*, y hemos computado tanto las fórmulas propiamente dichas como las locuciones formulares. Sin embargo, si el concepto de *fórmula* no plantea ninguna dificultad en cuanto a la heterogeneidad más básica de sus elementos, pues no existe una gradación que nos permita distinguir el nivel de "formularidad" más allá del número de repeticiones, la noción de *expresión formular* sí admite, como hemos visto en detalle (§§ 1.2-1.3), una amplia escala de fijación respecto del núcleo, sea este una fórmula o un prototipo que neutralice las variantes. Somos conscientes de que lo ideal habría sido discernir, dentro del recuento de las expresiones formulares, aquellas que están más cercanas del núcleo de las que se sitúan en los confines del formulismo. Ahora bien, tal operación plantea numerosos problemas, pues la ubicación de una frase formular respecto de su núcleo depende de varios factores, y su localización no puede ser exacta, debido precisamente a que estos factores no siempre desempeñan un papel semejante y al carácter difuso del sistema formular.

Ofrecemos en un primer momento los datos de la totalidad del poema y, tras comentar los aspectos más llamativos, nos centraremos en los puntos de cada cantar que merezcan una especial atención. Las cifras expresan la frecuencia absoluta o número total de ocurrencias seguida, entre paréntesis, de la frecuencia relativa o porcentaje de aparición respecto del conjunto de las unidades formulares. En términos binarios de fórmulas y expresiones formulares —con la distinción añadida de los hemistiquios—, los datos son los siguientes:

---

[123] Distingue Miletich (1981: 189-192 y 1988: 923) entre el estilo elaborado o recurrente y el estilo esencial. Mientras el primero se caracteriza por detenerse en ciertos episodios a lo largo de la composición, de modo que los autores que emplean este estilo recurren a la creación por temas y, en consecuencia, a un mayor uso de las fórmulas dispersas en todo el poema, el estilo esencial no se demora en los diferentes incidentes, y las expresiones fijas ya no se sitúan de forma relativamente uniforme en el texto, sino que se ubican en determinados puntos del mismo.

	H1	H2	H1+H2	Total
Fórmulas	691 (20,65)	894 (26,72)		1585 (47,37)
Expr. form.	917 (27,41)	831 (24,84)	13 (0,39)	1761 (52,63)
Total	1608 (48,06)	1725 (51,55)	13 (0,39)	3346

Tabla 4

Según se aprecia, existe, en términos globales, un sorprendente equilibrio entre las fórmulas propiamente dichas y las locuciones formulares, así como entre las secuencias del primer y segundo hemistiquios. Ahora bien, estos datos deben ser ponderados en relación al conjunto del *Cantar*, que está formado por 7538 hemistiquios, que no son exactamente la duplicación de los 3733 versos (sin contar el colofón, añadido posterior), ya que a lo largo del poema encontramos dos versos presentados en un mismo renglón, por lo que poseen una numeración repetida (que se distinguen con la letra *b* en las ediciones modernas), así como otros casos (menos numerosos) de hemistiquios ilegibles, que hemos descontado del cómputo final[124]. Así las cosas, el *Cid* es formular en los siguientes porcentajes:

	H1	H2	H1+H2	Total
Fórmulas	9,17	11,86		21,03
Expresiones formulares	12,17	11,02	0,17	23,36
Total	21,33	22,88	0,17	44,39

Tabla 5

Estos datos, tanto en relación con la totalidad del *Cantar* como respecto de las unidades formulares, quedan reflejados en los siguientes gráficos, respectivamente:

---

[124] Seguimos ahora, como a lo largo del estudio, la edición de Montaner (2016), que se revela especialmente fiable en este sentido por el empleo de la cámara hiperespectral.

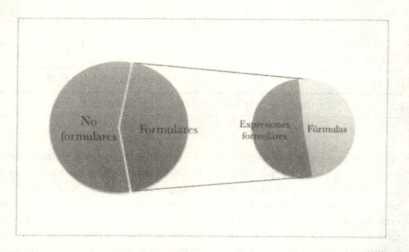

Más allá de las coincidencias o alejamientos numéricos entre los diferentes estudiosos —debiéndose estos últimos casos a la diversidad de criterios empleados—, hemos de atender a los dos porcentajes de ambos gráficos. Así, las unidades estereotipadas no llegan a la mitad del conjunto del poema y, por lo que se refiere al segundo, los porcentajes equitativos de fórmulas y frases formulares revelan, con todo, una mínima superioridad de estas últimas. Todo ello refrenda lo que ya había apuntado Lord (1968: 24) desde el oralismo en términos generales, y para el *Cantar* habían defendido, entre otros, Deyermond (1987: 40-43) y, desde una perspectiva algo diferente, Miletich (1981: 189-192 y 1988: 923), a saber, que el poema castellano contiene una notable dosis de material o estilo tradicional —que no simplemente oral—, pero la presencia de la expresión literaria sigue siendo preponderante, al menos en la proporción que la crítica ha concordado, pues, recordemos las palabras de Montaner (1994a: 143), "textos con un 50 o 60% de formulismo, siendo en un 20% fórmulas estrictas, suelen reflejar ya influencia literaria"[125], aunque en nuestro caso la suma de fórmulas y locuciones formulares ni siquiera llega al 50 por ciento[126]. Así, basándonos en el argumento de la densidad formular, el *Cantar* se sitúa en esta categoría intermedia que comparte elementos más propios de la oralidad, como las fórmulas (y otros procedimientos en los que ahora no nos detenemos), pero que la composición escrita hace suyos, de modo

---

[125] El umbral que propone Duggan (1973: 29-30 y 220-221) de un 20 por ciento de fórmulas para defender la composición oral es sin duda demasiado bajo, y más teniendo presente su particular concepción de la fórmula, que acoge abundantes casos de locuciones formulares.

[126] Incluso Jehle (1970: 54), perteneciente a la escuela oralista, afirma que "in view of the relative lack of pure formulas in the work, the *Cid* is apparently not exclusively oral, or at least shows seeds of literary style". Véase en este mismo sentido Jehle (1970: 41 y 82).

que estos rasgos de raigambre tradicional conviven con el estilo culto que refleja una influencia literaria o una creación personal propia[127]. Es decir, un nivel de redundancia relativamente reducido es indicio (aunque no prueba) de una elaboración que se aparta de los moldes tradicionales y, en particular, orales, y se vincula a un tipo de elaboración más personalizada que resulta más propio del ámbito de la composición escrita (y por lo tanto, para la Edad Media, letrada).

Antes de continuar con el estudio de los datos, hemos de establecer una tipología que aúne todas las fórmulas y que, al mismo tiempo, dé cuenta de las relaciones que se fundan entre ellas, lo cual no es sencillo, debido a que la mera e ineludible elección de un criterio conlleva prescindir de otros factores pertinentes para la clasificación de estas unidades. Los críticos que se han ocupado del formulismo en diferentes literaturas y épocas han establecido clasificaciones a partir de criterios semánticos y sintácticos, del grado de fijación, de la inclusión en un contexto determinado, de la frecuencia o de la presencia en uno o varios poemas –tipologías que no son incompatibles, sino en cualquier caso complementarias, siempre y cuando los criterios no se sobrepongan–.

En el terreno castellano, algunas de las clasificaciones conllevan ciertos inconvenientes o desajustes. Amén de considerar como fórmulas ejemplos que en realidad no lo son, Dubois (1981: 136) mezcla criterios en su clasificación, al denominar al tercer grupo "Verb-subject formulas" (del tipo *fabló Mio Cid* o *dixo Martín Antolínez*), esto es, siguiendo principios sintácticos. De igual modo, Smith (2000: 53-63) establece tres categorías: los epítetos, las introductoras o pertenecientes al diálogo y las que concretan una acción. Más allá de que trata como formulares secuencias que aparecen tan solo una vez, la distribución es, en principio, coherente, pero la inclusión de algunos hemistiquios en los distintos tipos no lo es tanto. Es el caso de las fórmulas <sonrisar+ de la boca> (57-58) y <fermoso sonrisar+> (59), contenidas en las acciones cuando su función principal es la de dar paso a las palabras de un personaje (por lo general, Rodrigo)[128].

Por nuestra parte, nos basamos fundamentalmente en la tipología tripartita que establece Montaner (2016: 405-411) en su edición del *Cantar*, clasificación que cubre la totalidad de las variadas secuencias cristalizadas, al tiempo que tiene presente tanto el contenido como la función de los hemistiquios. De este modo, distingue entre fórmulas narrativas, demarcativas y descriptivas. Las unidades del primer grupo abarcan una notable diversidad de necesidades expositivas y actanciales, como las referencias

---

[127] Concordamos con Montaner (2016: 305) en que el autor del *Cid* debió de ser un *quasi litteratus*. *Vid.* Montaner (2016: 276-279 y 302-305).
[128] Véase al respecto Justel (2015b).

espaciotemporales, la expresión de emociones, algunos gestos y alusiones a la divinidad, los desplazamientos, el combate, la simple mención de un personaje, etc. Entre las fórmulas demarcativas, Montaner distingue las de elocución –que delimitan los discursos–, las de transición –que sirven para pasar a otro asunto– y las deícticas o de presentación –que introducen un nuevo elemento que aparece en escena, o llaman la atención al auditorio sobre un aspecto del relato–. Por último, las fórmulas descriptivas (entre las que destaca el epíteto épico) caracterizan los diferentes elementos de la narración, ya sean personajes, espacios, animales u objetos.

No obstante, es conveniente realizar dos precisiones a esta clasificación. La primera afecta a un grupo de fórmulas que, si bien no es excesivamente numeroso, plantea alguna dificultad para su inclusión en una u otra clase. Nos referimos a los hemistiquios que comparten elementos narrativos y matices descriptivos, esto es, se trata de fórmulas híbridas. De este modo, si los aspectos narrativos proceden del verbo, que posee un significado léxico, el componente descriptivo resulta de un adjetivo, como en *danle grandes colpes* (vv. 713 y 2391), *grandes tuertos me tiene* (vv. 961 y 3134) o *irán buenos mandados* (vv. 783 y 2445). En virtud del componente que predomine en cada secuencia, esta se hallará más cerca de una clase, pero ello no le impedirá seguir participando –en menor medida– de la otra naturaleza. La segunda puntualización está en parte relacionada con la primera, pues las fórmulas que hemos bautizado narrativo-descriptivas no son las únicas en las que intervienen dos funciones. Tampoco en este caso son abundantes los ejemplos, pero, de cualquier modo, este hecho refleja las diversas funciones de una misma fórmula. Valga como botón de muestra el hemistiquio "e fabló tan apuesto" (v. 1320), en el que, si su primer cometido es introducir el discurso directo, la expresión formular sirve igualmente para caracterizar al personaje al que se refiere, Álvar Fáñez.

Volvamos, pues, al análisis cuantitativo. A continuación, nos centraremos en los datos a nuestro juicio más interesantes, ya sea porque mantienen un cierto equilibrio en el conjunto del *Cantar*, ya sea por la alteración de algunos cálculos. Con el fin de ofrecer una exposición clara y ordenada, hemos creído conveniente partir de las cuatro variables o parámetros que de algún modo definen el sistema formular de cualquier composición en verso: la división en partes (en nuestro caso, cantares), los tipos de fórmulas (de acuerdo a la clasificación ya referida), la fijación de las unidades contempladas (fórmulas y expresiones formulares), y el hemistiquio en que se ubican. Estos cuatro criterios nos servirán de guía en nuestro estudio, pues a partir de ellos –que seguiremos en el orden citado– iremos ofreciendo los datos del formulismo del *Cantar*. De esta forma, trataremos de ser lo más exhaustivos, pero al mismo tiempo evitaremos proporcionar recuentos redundantes (en la medida de lo posible, pues al fin y al cabo los datos remiten a un mismo sistema y deben ser interrelacionados), o carentes de interés o pertinencia con nuestra investigación, siendo conscientes de que las cifras no constituyen un fin en sí mismas, sino que conforman un medio que nos permite ahondar en el *usus scribendi* del poeta castellano.

Comencemos con los datos de cada cantar para poder establecer una comparación entre ellos:

		Cantar 1			
		H1	H2	H1+H2	Total
Narrativas	F	185 (19,9)	120 (12,9)		305 (32,8)
	EF	207 (22,3)	197 (21,2)	2 (2,2)	405 (43,5)
Demarcativas	F	20 (2,2)	7 (0,8)		27 (2,9)
	EF	22 (2,4)	12 (1,3)		34 (3,7)
Narrativo-descriptivas	F	1 (0,1)	3 (0,3)		4 (0,4)
	EF	13 (1,4)	5 (0,5)		18 (1,9)
Descriptivas	F	10 (1,1)	64 (6,9)		74 (8)
	EF	14 (1,5)	47 (5,1)	1 (0,1)	62 (6,7)
Total	F+EF	472 (50,8)	455 (48,9)	3 (0,3)	930

Tabla 6

		Cantar 2			
		H1	H2	H1+H2	Total
Narrativas	F	177 (16,2)	182 (16,7)		359 (32,8)
	EF	249 (22,8)	208 (19)	3 (0,3)	460 (42,1)
Demarcativas	F	33 (3,1)	11 (1)		44 (4)
	EF	32 (2,9)	14 (1,3)		46 (4,2)
Narrativo-descriptivas	F				
	EF	4 (0,4)	9 (0,8)		13 (1,2)
Descriptivas	F	20 (1,8)	74 (6,8)		94 (8,6)
	EF	24 (2,2)	49 (4,4)	4 (0,4)	77 (7)
Total	F+EF	539 (49,3)	547 (50)	7 (0,6)	1093

Tabla 7

Cantar 3				
		H1	H2	H1+H2	Total
Narrativas	F	202 (13,3)	298 (22,5)		500 (37,8)
	EF	289 (21,8)	208 (15,7)	3 (0,2)	500 (37,8)
Demarcativas	F	26 (2)	24 (1,8)		50 (3,8)
	EF	36 (2,7)	17 (1,3)		53 (4)
Narrativo-descriptivas	F	5 (0,4)	4 (0,3)		9 (0,7)
	EF	11 (0,8)	9 (0,7)		20 (1,5)
Descriptivas	F	12 (0,9)	107 (8,1)		119 (9)
	EF	16 (1,2)	56 (4,2)		72 (5,4)
Total	F+EF	597 (45,1)	723 (54,6)	3 (0,2)	1323

Tabla 8

Resulta igualmente interesante presentar los datos de cada cantar en términos relativos a la totalidad del poema, para ver la diferente proporción formular de cada uno, que señalamos entre corchetes:

Cantar 1 (2195 vv.)				
	H1	H2	H1+H2	Total
Fórmulas	216 [9,8]	194 [8,8]		410 [14,1]
Expr. form.	256 [11,7]	261 [11,9]	3 [0,1]	520 [23,7]
Total	472 [21,5]	455 [20,7]	3 [0,1]	930 [42,4]

Tabla 9

Cantar 2 (2415 vv.)				
	H1	H2	H1+H2	Total
Fórmulas	230 [9,5]	267 [11,1]		497 [20,6]
Expr. form.	309 [12,8]	280 [11,6]	7 [0,3]	596 [24,7]
Total	539 [22,3]	547 [22,7]	7 [0,3]	1093 [45,3]

Tabla 10

Cantar 3 (2928 vv.)				
	H1	H2	H1+H2	Total
Fórmulas	245 [8,7]	433 [14,8]		678 [23,2]
Expr. form.	352 [12]	290 [9,9]	3 [0,1]	645 [22]
Total	597 [20,4]	723 [24,7]	3 [0,1]	1323 [44,6]

Tabla 11

A la luz de todos estos datos, podemos concluir que existe un notable equilibrio de las secuencias estereotipadas a lo largo del *Cid*, pues en términos cuantitativos predominan las proporciones semejantes, ya sea en los recuentos finales del número de elementos, en la clase de unidades formulares, en la fijación de las mismas (fórmulas o frases formulares) y en su pertenencia al primer o segundo hemistiquio. No obstante, este equilibrio que recorre todo el poema se altera en parte en el tercer cantar, hecho que se aprecia en dos parámetros: el hemistiquio, por un lado, y una cierta desigualdad entre el número de fórmulas y de locuciones formulares, por otro.

Respecto del primer punto, si en los dos primeros cantares los elementos formulares son mínimamente más habituales en el primer hemistiquio o comparten idéntica frecuencia, el último cantar es el único en que la densidad de las unidades cristalizadas es mayor en la segunda mitad del verso que en la primera. En cuanto al segundo aspecto, el tercer cantar es el que incluye el mayor número de fórmulas (frente a las locuciones), ya sea en términos cuantitativos como proporcionales (un 51,9 por ciento del total de las unidades formulares, frente al 44,1 y 45,5 del primer y segundo cantar, respectivamente). La particularidad del formulismo de esta tercera parte radica en la significativa cantidad de fórmulas narrativas del segundo hemistiquio, a saber, un 22,5 por ciento del total de los elementos estereotipados de este cantar, lejos del 12,9 y del 16,7 por ciento de las otras dos partes (ver tabla 8). Es esta casilla, por remitir al cuadro del tercer cantar más detallado, la que desequilibra la balanza de las fórmulas del segundo hemistiquio, si bien no logra desnivelar el número de secuencias narrativas, pues los datos de las otras tres casillas de esta clase de unidades no son tan numerosas. La causa, como siempre, hay que buscarla en el texto mismo. En efecto, varias archifórmulas que suelen estar constituidas por fórmulas narrativas del segundo hemistiquio son especialmente recurrentes en el tercer cantar. Nos referimos a <(preposición) los del Campeador>, con doce repeticiones; <(preposición) tierras de Carrión>, con trece; *don Elvira e doña Sol*, que leemos en diecinueve ocasiones; y, muy especialmente, <(preposición) (los) ifantes de Carrión>, que si también está presente en el segundo cantar con veinticinco casos, es en el tercero, con setenta ejemplos (sesenta y siete de los cuales, en el segundo hemistiquio), donde es particularmente insistente. Ahora bien, si tal desproporción respecto de los otros dos cantares es mínima y afecta tan solo a un segmento de todo el sistema formular, dicha divergencia se explica por el empleo de fórmulas que de algún modo están exigidas por la trama del último cantar, pues este gira en torno a los infantes, sus tierras y las hijas del Campeador, todos ellos omnipresentes mediante la actualización formular.

Por otro lado, no parece que exista una discrepancia destacable en las densidades formulares de los tres cantares, pues del que contiene un mayor porcentaje (el segundo) al que posee el menor (el primero) distan tan solo tres puntos. En su estudio sobre la actualización formular de los temas (la honra, la guerra y las bodas), Waltman (1980: 22-23) llega a la conclusión de que conforme avanza el poema las expresiones formulares que actualizan los susodichos asuntos son menos frecuentes. Los datos que ofrece este crítico (25, 22 y 19 por ciento de locuciones formulares en cada cantar, respectivamente) no concuerdan con los nuestros (23,7; 24,7; 22), lo cual se debe a la divergencia de criterios en el recuento, ya que la delimitación de la expresión formular plantea más problemas que la de la fórmula. En cualquier caso, más allá de que la disparidad numérica pueda explicarse por esta causa, no suscribimos la tesis de Waltman, según la cual la densidad de expresiones formulares disminuye progresivamente debido a que el poeta "is embellishing the poem as it progresses" (23), puesto que, como acabamos de ver, la proporción de fórmulas propiamente dichas del último cantar supera a la de los otros dos.

El segundo parámetro es la clase de secuencia fija, según la división cuatripartita que hemos establecido. Entre paréntesis señalamos los porcentajes respecto de las unidades formulares de cada cantar y, en corchetes, sobre la totalidad de las unidades formulares del poema.

	Cantar 1	Cantar 2	Cantar 3	Total
Narrativas	711 (76,5)	819 (74,9)	1000 (75,6)	2530 [75,6]
Demarcativas	61 (6,6)	90 (8,2)	103 (7,8)	254 [7,6]
Narrativo-descr.	22 (2,4)	13 (1,2)	29 (2,2)	64 [1,9]
Descriptivas	136 (14,6)	171 (15,6)	191 (14,4)	498 [14,9]
Total	930	1093	1323	3346

Tabla 12

Dos resultados llaman la atención. El primero es la considerable distancia cuantitativa entre unos tipos y otros, principalmente entre los elementos formulares narrativos, que sobrepasan las tres cuartas partes del conjunto de las secuencias cristalizadas, y las unidades demarcativas, que no alcanzan la décima parte de la totalidad (siendo el primer cantar el que presenta una mayor desigualdad, de setenta puntos). Este desequilibrio se debe a las exigencias expresivas del relato, puesto que en el argumento y desarrollo del *Cid*, la necesidad de relatar sucesos —materializada mediante las secuencias narrativas— es sin duda inexcusable y, en consecuencia, más frecuente que la indicación de un cambio en el transcurso del relato, función esta que llenan las unidades demarcativas, de las cuales la mayoría son de elocución. Pero esta importante asimetría contrasta con la equilibrada proporción de tipos de secuencias estereotipadas en los tres cantares, pues si comparamos las densidades, la mayor diferencia se encuentra entre las narrativas y demarcativas del primero y del segundo, de apenas 1,6 puntos. Todo ello indica que, más allá de las particularidades expresivas de cada uno de los episodios y, por agruparlos según aparecen dispuestos en la obra, cada cantar, el poeta mantiene un sorprendente equilibrio en la clase de unidades formulares desde el inicio de la composición hasta el final, lo cual confiere unidad y cohesión al poema desde el punto de vista formular y, por extensión, estilístico.

Las siguientes tablas nos servirán de base para analizar el tercer y el cuarto factores: la distinción de las fórmulas y expresiones formulares, y los elementos situados en el primer o segundo hemistiquio.

	Unidades formulares narrativas			
	H1	H2	H1+H2	Total
F	564 (22,3)	600 (23,7)		1164 (46)
EF	745 (29,4)	613 (24,2)	8 (0,3)	1366 (54)
Total	1309 (51,7)	1213 (47,9)	8 (0,3)	2530

Tabla 13

	Unidades formulares demarcativas			
	H1	H2	H1+H2	Total
F	79 (32,4)	42 (17,2)		121 (49,6)
EF	90 (36,9)	33 (13,5)		123 (50,4)
Total	169 (69,3)	75 (30,7)		244

Tabla 14

	Unidades formulares narrativo-descriptivas			
	H1	H2	H1+H2	Total
F	6 (9,4)	7 (10,9)		13 (20,3)
EF	28 (43,8)	23 (34,9)		51 (79,7)
Total	34 (53,1)	30 (46,9)		64

Tabla 15

	Unidades formulares descriptivas			
	H1	H2	H1+H2	Total
F	42 (8,4)	245 (49,2)		287 (57,6)
EF	54 (10,8)	152 (30,5)	5 (1)	211 (42,4)
Total	96 (19,3)	397 (79,7)	5 (1)	498

Tabla 16

Con el fin de ofrecer un análisis completo de estos dos factores, procedemos a cruzar los datos con los demás parámetros. Por lo que a la primera distinción se refiere (fórmula o locución formular) y su aparición a lo largo del poema, recordemos que el tercer cantar es el único en el que son más frecuentes las expresiones fijas que las variables. Si atendemos a la clase de elementos formulares, en los últimos cuadros se aprecia que los demarcativos poseen un perfecto equilibrio, y que los narrativos también gozan (aunque en una menor dimensión) de dicha igualdad, aspecto que debemos ponderar en su justa medida, puesto que es con diferencia la clase formular más frecuente. Por ello, el hecho de que las unidades narrativo-descriptivas manifiesten un desequilibrio tan palmario se explica a nuestro juicio porque si bien la naturaleza de estos elementos es híbrida, han tomado el grado de fijación de las unidades narrativas. Asimismo, la escasez de ocurrencias de este tipo mixto respecto del total de las secuencias formulares (de las que representan tan solo un 1,9 por ciento) no debe llevarnos a extraer conclusiones generales sobre el conjunto del sistema formular. Por el contrario, los elementos descriptivos sí poseen una mayor frecuencia, al tiempo que gozan de unas características y funciones propias, y a la luz de la última tabla queda clara la preferencia del poeta por actualizar la función que cumplen estas secuencias mediante fórmulas, pues en los tres cantares es mayor la proporción de secuencias invariables que de hemistiquios algo cambiantes, tendencia a la que contribuye en gran medida la fijación del epíteto épico (y, en particular, los referidos a Rodrigo, que constituye con diferencia el grupo más numeroso).

En cuanto a la distinción del primer y segundo hemistiquios, se trata, unto con los conceptos de fórmula y expresión formular, de la discriminación que ha suscitado un mayor interés. La crítica concuerda que en las *chansons* francesas los primeros hemistiquios acogen más elementos formulares que los segundos. Así lo reflejan los cálculos que se han realizado en obras como el *Couronnement de Louis* (Duggan 1966: 340), *Le Charroi de Nîmes* (De Poerck 1970: I, 111-116 y Paden 2001: 127), la *Prise d'Orange* (Myers-Ivey 1982: 272-275) y *Raoul de Cambrai* (Habet y Coman 1981: 183 y 185). Ello se debe, según han postulado los estudiosos que han llevado a cabo los recuentos, a las exigencias de la rima que impone el segundo hemistiquio, de modo que tales condicionantes provocan que la fijación de esta mitad del verso no alcance cuantitativamente a las unidades que se insertan en la primera[129].

Para el *Cid*, sin embargo, los datos son otros, pues quienes se han preocupado de calcular los elementos formulares ubicados en uno y otro hemistiquio, con independencia de los criterios empleados, han mostrado que las secuencias cristalizadas del segundo son más abundantes que las del primero[130]. Nuestro recuento también apunta en la misma dirección, aunque más equilibrado, con un 48,1 por ciento de unidades formulares del primer hemistiquio y un 51,6 del segundo, mientras el restante 0,3 pertenece a ejemplos de una mitad del verso y parte de la otra (*vid.* § 1.3.1.4). Pero veamos los resultados que hemos obtenido partiendo de los otros tres parámetros (el cantar, la clase de unidad y su fijación). Ateniéndonos a los dos primeros de forma conjunta, señalamos en redonda las densidades respecto de cada cantar (versos formulares y no formulares) y, en cursiva, los porcentajes respecto de las unidades formulares de todo el poema.

Cantar	Hemistiquio 1				Hemistiquio 2			
	1	2	3	Total	1	2	3	Total
F	9,8	9,5	8,4	*20,7*	8,8	11,1	14,8	*26,7*
EF	11,7	12,8	12	*27,4*	11,9	11,6	9,9	*24,8*
Total	21,5	22,3	20,4	*48,1*	20,7	22,7	24,7	*51,6*

Tabla 17

---

[129] Rychner (1955: 147-148), Lord (1960: 202), Zaal (1962: 110), Duggan (1966: 318), Myers-Ivey (1982: 127), Saccone (1987: 198) y Luethans (1990: 172-173).
[130] *Vid.* Jehle (1970: 43-44), seguido por Geary (1980: 13-14) y, para los epítetos, Jehle (1970: 125) y Adams (1972: 114).

Se aprecia un equilibrio entre el primer y segundo cantar, tendencia que se quiebra en la tercera parte, donde los elementos formulares del segundo hemistiquio sobrepasan a los del primero. Por otro lado, a diferencia de lo que ocurre en la épica francesa, las secuencias plenamente fijas del *Cantar* suelen situarse con mayor asiduidad en la segunda mitad de la unidad versal (26,7 por ciento frente al 20,7, del primero), mientras que las locuciones formulares tienden a instalarse –aunque no con tamaña distancia– en el primer hemistiquio. Todos estos datos dan cuenta del modo en que el poeta compone su obra por lo que respecta al empleo de las secuencias estereotipadas, pero si contemplamos los porcentajes del hemistiquio en el que se alojan las diferentes clases de unidades formulares, las cifras son aún más valiosas para comprender el funcionamiento interno de todo este sistema. Hemos preferido que los porcentajes, entre barras oblicuas, se refieran al conjunto de los elementos formulares de esa misma clase de unidad, para apreciar con mayor nitidez las distancias entre las densidades.

	H1	H2	H1+H2
Narrativas	1309 /51,7/	1213 /47,9/	8 /0,4/
Demarcativas	169 /66,5/	85 /33,5/	
Narr-descr.	34 /53,1/	30 /46,9/	
Descriptivas	96 /19,3/	397 /79,7/	5 /1/

Tabla 18

Podemos distinguir dos grupos: en primer lugar, las clases de elementos que comparten un número parecido de ejemplos en ambos hemistiquios, a saber, las narrativas y las narrativo-descriptivas. Y, en segundo lugar, aquellas que muestran una marcada proclividad a su emplazamiento en una u otra mitad. En el caso de las demarcativas –cuya mayor parte se ubica en el primer hemistiquio–, se explica porque la expresión de la elocución (que ya hemos mencionado es la subclase más numerosa), esto es, la introducción del estilo directo, se sitúa salvo excepciones en la primera mitad, así como las secuencias deícticas o de presentación. La desigual densidad de las descriptivas es todavía mayor, pues casi ocho de cada diez se encuentran en la segunda mitad del verso. La razón es evidente: los epítetos épicos, que concentran la mayor parte de las ocurrencias de este tipo de secuencias, se acomodan en el segundo hemistiquio, encuentran aquí, por una razón de la organización sintáctica, su lugar natural, y ninguna de las fórmulas descriptivas es exclusiva del primer hemistiquio. Así, los ejemplos que se ubican en la primera mitad son, por lo general, mayoritarios en la otra, como queda constatado en el registro formular. Ligado a ello, la proporción de las fórmulas descriptivas del segundo hemistiquio es muy superior (en una proporción de 1,6/1; *vid.* tabla 16) a las locuciones formulares de esta misma mitad, pues la mayoría de los epítetos épicos (especialmente en el número de ocurrencias totales, y no tanto en el número de secuencias cristalizadas diferentes) son fórmulas en sentido estricto.

En cualquier caso, dejando a un lado las particularidades que presenta cada cantar y cada unidad formular, ya sea respecto de su mayor o menor fijación o sobre la función, los datos globales del sistema formular del *Cid* difieren de los de la épica francesa en la distribución cuantitativa de las secuencias estereotipadas en los hemistiquios: si en las *chansons* se sitúan con una mínima preponderancia en el primero, y en el segundo las fórmulas son más escasas que las locuciones formulares, debido, como se ha visto, a las constricciones de la rima, en el *Cantar* las secuencias del segundo hemistiquio poseen una mínima ventaja sobre las del primero, y las mayores densidades son las frases formulares del primer hemistiquio y las fórmulas del segundo, esto es, la situación contraria de la épica francesa (véase la tabla 4). Es verdad que los porcentajes generales del poema castellano se caracterizan por un cierto equilibrio, salvo quizá la comparación entre las fórmulas del primer hemistiquio (un 20,7 por ciento del conjunto de las unidades formulares) y las del segundo (26,7 por ciento). No obstante, lo que nos interesa destacar es que el autor del *Cantar*, conociendo las composiciones del otro lado de los Pirineos y, a pesar de basarse en algunos aspectos del sistema formular de las *chansons*[131], elabora el suyo propio.

Por otro lado, con el fin de observar la mayor o menor variedad de las secuencias estereotipadas, se erige necesario un segundo tipo de recuento que hasta ahora no se ha contemplado, en el que tendremos presente las fórmulas y frases formulares de distintos haces formulares, obviando el número de ocurrencias. Obviamente, este cálculo contiene un inconveniente indudable, pues no da cuenta de la densidad en términos cuantitativos, sino de la variedad (archi)formular, ya que hemos contado como una todas las expresiones formulares y fórmulas pertenecientes a una misma archifórmula. Así, lo que pretendemos con este balance es complementar de algún modo los recuentos precedentes. Con tan solo echar un vistazo al anexo del registro formular, observamos que los casos de secuencias acompañadas de "H1 y H2", esto es, que se encuentran —con una mayor o menor reiteración— en ambos hemistiquios no son excepcionales. Las siguientes tablas demuestran, en efecto, que una proporción nada desdeñable de las fórmulas y expresiones formulares de la obra castellana se sitúan en las dos mitades del verso. Entre paréntesis

---

[131] Baste con ver Herslund (1974), Smith (1977: 125-159, 1983: 155-179), Hook (1982, 1990), y Justel (en prensa).

señalamos los porcentajes respecto de las secuencias cristalizadas de la misma clase.

Archifórmulas narrativas diferentes						
	H1	H2	H1 (> 66%)	H2 (> 66%)	H1 y H2 (< 66%)	Total
F	59 (8,6)	69 (10,1)		1 (0,1)	13 (1,9)	142 (20,7)
EF	149 (21,8)	125 (18,2)	5 (0,7)	5 (0,7)	75 (10,9)	359 (52,4)
F y EF	64 (9,3)	49 (7,3)	19 (2,8)	13 (1,9)	39 (5,7)	184 (26,9)
Total	272 (39,7)	243 (35,5)	24 (3,5)	19 (2,8)	127 (18,5)	685
	515 (75,2)		170 (24,8)			

Tabla 19

Archifórmulas demarcativas diferentes						
	H1	H2	H1 (> 66%)	H2 (> 66%)	H1 y H2 (< 66%)	Total
F	8 (16,3)	5 (10,2)			1 (2)	14 (28,5)
EF	6 (12,2)	8 (16,3)			2 (4,1)	16 (32,7)
F y EF	6 (12,2)	5 (10,2)	4 (8,2)		4 (8,2)	19 (38,8)
Total	20 (40,8)	18 (36,7)	4 (8,2)		7 (14,3)	49
	38 (77,6)		11 (22,4)			

Tabla 20

Archifórmulas narrativo-descriptivas diferentes						
	H1	H2	H1 (> 66%)	H2 (> 66%)	H1 y H2 (< 66%)	Total
F	3 (13)	2 (8,7)				5 (21,7)
EF	6 (26,1)	5 (21,7)			3 (13)	14 (60,9)
F y EF		1 (4,3)	1 (4,3)		2 (8,7)	4 (17,4)
Total	9 (39,1)	8 (34,8)	1 (4,3)		5 (21,7)	23
	17 (77,6)		6 (26,1)			

Tabla 21

Archifórmulas descriptivas diferentes					
H1	H2	H1 (> 66%)	H2 (> 66%)	H1 y H2 (< 66%)	Total
F	4 (3,8)	18 (17,3)		1 (1)	2 (1,9)	25 (24)
EF	7 (6,7)	28 (26,9)	1 (1)	4 (3,8)	10 (9,6)	50 (48,1)
F y EF	1 (1)	17 (16,3)	2 (1,9)	6 (5,8)	3 (2,9)	29 (27,9)
Total	12 (11,5)	63 (61,5)	3 (2,9)	11 (10,6)	15 (14,4)	104
Total	75 (72,1)		29 (27,9)			104

Tabla 22

Cuatro son las preguntas que se desprenden de estas tablas. ¿Qué clase de archifórmula es más fija en la ubicación de sus unidades y cuál goza de una mayor libertad? ¿De qué suelen estar formadas las archifórmulas, de fórmulas o frases formulares exclusivamente, o, por el contrario, estas y aquellas suelen mezclarse en un mismo haz formular? ¿Cuáles tienen una mayor movilidad, las fórmulas o las locuciones formulares? Y, por último, las secuencias que se sitúan en dos hemisiquios, ¿lo hacen de una forma relativamente equitativa (cuyo umbral hemos situado en dos tercios) o predominan en una de las dos mitades?

Respecto de la primera cuestión, resulta sorprendente el equilibrio entre las cuatro clases de archifórmulas, pues de las que presentan una mayor fijación en la posición de las secuencias –demarcativas y narrativo-descriptivas– a la que menos –descriptivas– tan solo distan 5,5 puntos. En este sentido, se puede decir que el poeta emplea todos los tipos de unidades formulares por igual. Sobre el segundo asunto, constatamos que tres cuartas partes de las archifórmulas están compuestas únicamente por fórmulas o locuciones formulares, mientras que un tercio combina ambas unidades. Si observamos cada clase, advertimos que las diferencias no son llamativas, teniendo en cuenta que el grupo en el que coexiste un menor porcentaje de secuencias fijas y variables en una misma archifórmula son las narrativo-descriptivas (con un 17,4%), clase menos numerosa (con un 1,91% de las unidades formulares), siendo las demarcativas la categoría con mayor número de secuencias mezcladas (38,8%). Así, las clases que concentran un mayor número de ejemplos formulares (narrativas, con 75,6%, y descriptivas, 14,9) mantienen una sorprendente igualdad, con un 26,9 y 27,9% de archifórmulas en que coexisten las secuencias fijas y variables. En cuanto a la tercera pregunta –qué tipo de unidades se sitúan con más frecuencia en ambos hemistiquios–, las expresiones formulares, quizá por su propia naturaleza maleable –dentro de los límites ya señalados– se descubren más dúctiles que las fórmulas a la hora de instalarse en las dos mitades, si bien el número de ejemplos de frases formulares exclusivas de uno u otro hemistiquio es también mayor que el de las secuencias fijas (ambas afirmaciones se cumplen en las cuatro clases de unidades formulares). En fin, las archifórmulas cuyos elementos se ubican en ambos hemistiquios lo hacen, en una proporción de 1,5/1, con relativa equidad en las dos mitades.

Una última pregunta se impone: qué factores condicionan que las secuencias cambien de hemistiquio. Lo que marca la flexibilidad de las fórmulas y frases formulares en el asunto que estamos analizando es, por un lado, el ajuste para cumplir con la rima[132] y, por otro, la libertad del poeta en el empleo del material estereotipado, hecho que viene facilitado en parte por el anisosilabismo del *Cantar*.

De igual modo, la pertenencia de las unidades formulares a un hemistiquio (casi) exclusivo y su (casi) ausencia en el otro se aprecia con nitidez en aquellos casos en que la semejanza entre dos secuencias es patente, y sin embargo se asientan en mitades diferentes. Esta suerte de oposición que se establece entre dos unidades formulares próximas no solo semánticamente sino que comparten todos o casi todos los términos y que se localizan exclusivamente en hemistiquios distintos subraya el nivel de fijación. Como muestras de esta situación podemos citar <non ser⁺ en cuenta>, siempre en el primer hemistiquio (vv. 918, 1983 y 2257), frente a <que non ser⁺ contados>, del segundo (vv. 1723, 2491 y 2529); <levantarse⁺ en pie>, exclusivo de la primera mitad (vv. 2027, 3108, 3215, 3402 y la expresión formular del v. 3422), y <en pie levantarse⁺>, con todos los casos (nueve) de la segunda; los dos ejemplos que se desprenden de <mio Cid con los sos/suyos>, ambos del primer hemistiquio (vv. 666 y 2399) y <mio/el Cid con todos los sos>, en que las tres ocurrencias pertenecen a la segunda parte del verso (vv. 2278, 3022 y 3105); <si (esso) plazer⁺ a [SN]>, de la primera mitad (vv. 2376, 3212, 3225 y una locución formular del v. 2626) y <si plazer⁺ al Criador>, de la segunda (vv. 1665, 2741 y 3349); o las numerosas fórmulas y frases formulares demarcativas con el verbo *dezir*, siempre en el primer hemistiquio (excepto el v. 246, pospuesto al discurso directo), que se oponen en cierto sentido a la fórmula <odredes lo que dezir⁺>, que solo se aloja en el segundo (vv. 70, 1024 y 3353), y que posee un matiz diferente de llamada al público. En fin, en ocasiones parece haber una especie de distribución complementaria del hemistiquio que ocupa una misma fórmula. <(A) el conde don

---

[132] Sirva un caso claro como ejemplo: *Muño Gustioz* ocupa por defecto el primer hemistiquio, a no ser que la rima de la tirada sea en *-ó*, momento en el cual el poeta lo mueve al segundo ("e vós, Pero Vermúez, e Muño Gustioz", v. 3525), con la excepción de que esta segunda mitad de la unidad versal finalice con un término en *-ó*: "Muño Gustioz, el cavallero de pro" (v. 1995). En este caso, además, se impone la marcada tendencia de disponer los epítetos en el segundo hemistiquio.

Remont>, por ejemplo, ocupa por defecto el primer hemistiquio (vv. 987, 1009, 1018 y 1066), salvo que forme parte de una construcción bimembre, en cuyo caso pasa al segundo (vv. 3036 y 3496), con la excepción de "luego respondió el conde don Remond" (v. 3237), que se explica por la preeminencia del verbo *dicendi* en el primer hemistiquio, lo cual desplaza a la fórmula al segundo.

En definitiva, todos estos ejemplos reflejan que las diferencias entre las distintas unidades formulares no se basan únicamente en la sustitución léxica, la adición o supresión de un término, la alteración de las palabras, o la distinta partición del hemistiquio, sino que también tienen que ver con su ubicación en el verso. Cabe preguntarse, para finalizar con el asunto de la distinción —o no— entre los hemistiquios, si los elementos formulares que albergan cada uno de ellos son diferentes. Ya hemos observado que una parte de las unidades cristalizadas se instalan indistintamente en una y otra mitad, y que otras secuencias más o menos fijas pero siempre formulares, cercanas léxica y semánticamente entre sí, se sitúan cada una en un hemistiquio. Pero a pesar de ello, hemos de señalar que en términos generales las secuencias (ya sean formulares o no) del primer hemistiquio no suelen ser de la misma naturaleza que las del segundo. En otros términos, el contenido semántico de las cadenas léxicas que se ubican en ambos hemistiquios no es siempre intercambiable.

Así, partimos de la base de que lo habitual en la épica románica y, en particular, en el *Cid*, es la esticomitia —o coincidencia entre la unidad métrica y sintáctica—, de modo que el segundo hemistiquio suele depender del primero, al menos en lo que concierne a la construcción sintáctica y semántica de la oración. De esta forma, los poetas suelen concentrar la carga narrativa en la primera mitad del verso, mientras que la segunda estaría reservada para ornamentar el contenido de la precedente, complementarlo y definirlo, por lo que el segundo hemistiquio se dedica a la amplificación del primero, otorgando un matiz o tono característico de la épica[133]. Así, algunas de las secuencias propias del segundo hemistiquio son *por amor del Criador*, los epítetos épicos, o la mayor parte de las unidades formulares descriptivas (ocho de cada diez). También en la épica francesa, el empleo del alejandrino, forma métrica destinada para los poemas a partir de finales del siglo XII, provoca que la primera mitad de la unidad versal pase de cuatro a seis sílabas, y que admita todo un predicado, de suerte que el segundo hemistiquio resulta a veces inútil desde una perspectiva sintáctica (Boutet 1988: 144 y Martin 2014: 349).

---

[133] Véanse los trabajos de Rychner (1959: 171), Duggan (1973: 121-122 y 208-209), Saccone (1987: 198), Boutet (1988: 143-144), Balon (2012: 18), así como las (a veces fundadas) críticas de Heinemann (1993: 91-96).

Ahora bien, la segunda parte del verso no posee la única función de cumplir con la rima, ni constituye un mero *cliché* que no aporta contenido semántico alguno. Es cierto que a los ojos del lector moderno un buen número de segundos hemistiquios son redundantes, entorpecen la lectura y proporcionan información no siempre relevante. Sin embargo, la reiteración de algunas de las fórmulas y frases formulares de la segunda mitad del verso contribuye a subrayar un aspecto preciso, permite marcar el ritmo, la cadencia o la melodía en la representación, insistir en una idea, acción o actante, como el personaje mencionado en la unidad repetida. Un claro ejemplo al respecto son los epítetos referidos a Rodrigo, casi siempre ubicados aquí. O, en otras palabras, algunos segundos hemistiquios son elementos de relleno desde nuestra perspectiva, pero en ningún caso se produce tal apreciación de aspecto superfluo en el contexto en el que fueron y, en especial, para el que fueron compuestos. De esta forma, en la distribución de los primeros y segundos hemistiquios se da una tendencia según la cual aquellos llevan el peso narrativo y estos los completan y precisan, pero en ningún caso se trata de una directriz predefinida ni inamovible.

Para terminar este capítulo sobre el análisis cuantitativo de las unidades formulares del *Cantar*, queríamos reflejar un aspecto relacionado con este mismo asunto: el hecho de que las secuencias cristalizadas (en su modalidad fija y variable) no están repartidas a lo largo del poema de manera uniforme, sino que con relativa frecuencia hallamos el contraste entre varios hemistiquios seguidos constituidos por elementos estereotipados y un mayor o menor número de versos que carecen de tal fijación. Incluso si llevamos a cabo una división por las diferentes tramas o secciones argumentales, las proporciones formulares varían[134]. Veamos un par de ejemplos de estos polos opuestos entre una elevada y mínima densidad formular. La primera tiene lugar con ocasión de la descripción de la carga de choque y, aún más, el itinerario épico, que constituyen los motivos con una mayor concentración formular. Marcamos las fórmulas con líneas continuas, y subrayamos con discontinuas las locuciones formulares:

Cargas de choque:

> Enbraçan los escudos   delant los coraçones,
> abaxan las lanças   abueltas de los pendones,
> enclinaron las caras   de suso de los arzones,
> ívanlos ferir   de fuertes coraçones (vv. 715-718)
>
> a los primeros colpes   dos moros matava de la lança;
> el astil á quebrado   e metió mano al espada (vv. 2383-2385)

---

[134] Tarea que ha realizado Waltman (1980: 22) con expresiones las formulares.

> Abraçan los escudos   delant los coraçones,
> abaxan las lanças   abueltas con los pendones,
> enclinavan las caras   sobre los arçones,
> batién los cavallos   con los espolones (vv. 3615-3618)

Itinerarios épicos:

> La oración fecha,   luego cavalgava,
> salió por la puerta   e Arlançón passava;
> cabo essa villa   en la glera posava,
> fincava la tienda   e luego descavalgava (vv. 54-57)

> Tres mill moros cavalgan   e piensan de andar,
> ellos vinieron a la noch   en Sogorve posar.
> Otro día mañana   piensan de cavalgar,
> vinieron a la noch   a Celfa posar,
> por los de la frontera   piensan de enviar;
> non lo detienen,   vienen de todas partes.
> Ixieron de Celfa,   la que dizen de Canal,
> andidieron todo'l día,   que vagar non se dan,
> vinieron essa noche   en Calatayut posar (vv. 643-651)

Tal abundancia formular contrasta con la escasez de elementos cristalizados en otros episodios de la obra, que suelen responder a dos situaciones: la narración de un hecho que ocurre una o, como máximo, dos veces en todo el poema, y en cuya descripción el autor suele detenerse; y, por otro lado, algunas intervenciones orales de los personajes. Respecto de la primera situación, podemos citar varios casos: la imagen que pinta el poeta de los habitantes de Valencia cuando sufren el cerco, en el que en catorce hemistiquios (1777-1783) tan solo incluye una fórmula y una expresión formular; un pasaje del relato de la afrenta, cuando las hijas del Campeador suplican a sus maridos que no las maltraten, pero estos hacen caso omiso de los ruegos, en el que en veintidós versos (2725-2746) hay cinco fórmulas y otras tantas locuciones formulares; o el golpe con la espada que le propina Martín Antolínez a Diego González, momento en que el poeta incluye algunos pormenores que no actualiza con secuencias cristalizadas, pues de nueve versos (3650-3658) el autor emplea únicamente una fórmula y otra expresión formular. La densidad formular media de estos tres incidentes es de un 15,5 por ciento, muy lejos del 44,4 del *Cantar* en su conjunto.

En cuanto a la segunda coyuntura, existe una marcada tendencia según la cual el discurso de los personajes se aleja del empleado por el narrador, siendo este último más formular. No faltan ejemplos en el

Cantar, donde las palabras de los participantes no están tan sujetas a la estética reiterativa[135]. Encontramos, sin embargo, alguna intervención de los personajes en que la concentración formular es muy superior, al apropiarse estos de las locuciones fijas y variables, aunque los ejemplos al respecto son escasos. Veamos una simple muestra: cuando Álvar Fáñez se dirige al Cid para declinar la quinta y asegurarle que no recibirá nada hasta que no lo haya ganado por sus propios méritos, esto se actualiza con secuencias propias de la carga de choque y el ataque con la lanza (vv. 497-503), si bien no son los únicos elementos formulares de su intervención. La densidad formular de estos versos (71,4%) es muy superior a la media del poema.

E incluso alguna expresión formular es exclusiva del discurso de los personajes, de modo que el poeta parece conservar su uso para un contexto preciso. Nos referimos a dos epítetos, que muestran las relaciones que mantienen los participantes de la acción y, en particular, la que se establece entre Rodrigo y su mujer, y entre ese y el deuteragonista. O, para ser más precisos, estas locuciones dan cuenta de lo que Jimena y Álvar Fáñez suponen para el Campeador. El poeta ha reservado estos tratamientos al discurso del Cid, para subrayar así los vínculos que le unen a otros personajes:

e vós, mugier ondrada,   de mí seades servida! (v. 284)
Vós, mugier   querida e ondrada (v. 1604)
¡Ya mugier ondrada,   non ayades pesar! (v. 1647)
¡Grado al Criador,   vengo, mugier ondrada! (v. 2187)

¡Cavalgad, Minaya,   vós sodes el mio diestro braço! (v. 753)
Oíd, Minaya,   sodes mio diestro braço (v. 810)

Para finalizar con este apartado, ofrecemos dos tablas en las que se recogen todos los datos del formulismo del *Cantar*, a partir de la combinación de las cuatro variables: la clase de unidades, la fijación, el cantar y el hemistiquio. Los porcentajes no están tomados respecto del mismo número de versos, puesto que, de haber procedido así, ya sea sobre el conjunto del poema como sobre el total de los hemistiquios formulares, algunos de los resultados habrían sido insignificantes, lo cual dificultaría la comparación de los datos. Sin embargo, dicha disparidad de criterios viene acompañada de las pertinentes aclaraciones de los signos empleados, situadas al pie de la tabla 24.

---

[135] Los casos más llamativos son los de los vv. 72-77 (sin hemisitquios formulares), 80-98 (1F y 1EF), 123-130 (1F y 1EF), 217-225 (2EF), 228*b*-231 (sin secuencias cristalizadas), 278-284 (1F y 3EF), 829-835 (1F y 1EF), 990-999 (sin hemisitiquios fijos ni variables), 2370-2379 (5EF), y 3319-3339 (2F2EF). La densidad formular del conjunto de estos discursos directos es de 10,1 por ciento, ni siquiera una cuarta parte de la media del poema.

Clase de unidad	F/EF	Cantar	H1	H2	H1+H2		Total	
Narrativas	F	1	185 (19,9)	120 (12,9)		305 (32,8)	1164 {34,79}	2530 {75,61}
		2	177 (16,2)	182 (16,7)		359 (32,8)		
		3	202 (15,3)	298 (22,5)		500 (37,8)		
		Total	564 /22,3/	600 /23,7/				
	EF	1	207 (22,3)	197 (21,2)	2 (2,2)	406 (43,7)	1366 {40,82}	
		2	249 (22,8)	208 (19)	3 (2,7)	460 (42,1)		
		3	289 (21,8)	208 (15,7)	3 (0,2)	500 (37,8)		
		Total	745 /29,4/	613 /24,2/	8 /0,3/			
Demarcativas	F	1	20 (2,2)	7 (0,8)		27 (2,9)	121 {3,62}	254 {7,59}
		2	33 (3,1)	11 (1)		44 (4)		
		3	26 (2)	24 (1,8)		50 (3,8)		
		Total	79 /31,1/	42 /16,5/				
	EF	1	22 (2,4)	12 (1,3)		34 (3,7)	133 {3,97}	
		2	32 (2,9)	14 (1,3)		46 (4,2)		
		3	36 (2,7)	17 (1,3)		53 (4)		
		Total	90 /35,4/	43 /16,9/				

Clase de unidad	F/EF	Cantar	H1	H2	H1+H2	Total	
Narrativo-descriptivas	F	1	1 (0,1)	3 (0,3)		4 (4,3)	13 {0,39}
		2					
		3	5 (0,4)	4 (0,3)		9 (0,7)	
		Total	6 /9,4/	7 /11/			
	EF	1	13 (1,4)	5 (5,4)		18 (19,4)	51 {1,52}
		2	4 (0,4)	9 (0,8)		13 (1,2)	
		3	11 (0,8)	9 (0,7)		20 (1,5)	
		Total	28 /43,8/	23 /35,9/			
							64 {1,91}
Descriptivas	F	1	10 (1)	64 (6,9)		74 (7,8)	287 {8,58}
		2	20 (1,8)	74 (6,8)		94 (8,5)	
		3	12 (1)	107 (8,1)		119 (9)	
		Total	42 /8,4/	245 /49,2/			
	EF	1	14 (1,5)	47 (5,1)	1 (1,1)	62 (6,7)	211 {6,31}
		2	24 (2,2)	49 (4,5)	4 (3,7)	77 (7)	
		3	16 (1,2)	56 (4,2)		72 (5,4)	
		Total	54 /10,8/	152 /30,5/	5 /1/		
							498 {14,88}
Total			1608 {48,06}	1725 {51,55}	13 {3,89}		3346 [44,39]

Tabla 23

F/EF		Cantar	H1	H2	H1+H2	Total	
Total	F	1	216 (23,2)	194 (20,9)		410 (44,1)	1585 [21,03]
		2	230 (21)	267 (24,4)		497 (45,5)	
		3	245 (18,6)	433 (32,7)		678 (51,2)	
		Total	691 {20,65}	894 {26,72}			
	EF	1	256 (27,5)	261 (28,1)	3 (3)	520 (55,9)	1761 [23,36]
		2	309 (28,3)	280 (26,5)	7 (0,6)	596 (54,5)	
		3	352 (26,6)	290 (21,9)	3 (0,2)	645 (48,8)	
		Total	917 {27,41}	831 {24,84}	13 {3,89}		

Tabla 24

(Porcentaje) respecto de la totalidad de las unidades formulares de ese cantar.
/Porcentaje/ respecto del conjunto de los elementos formulares de esa misma clase de unidad.
{Porcentaje} respecto de las unidades formulares de todo el poema.
[Porcentaje] respecto de todo el *Cantar*, es decir, de la suma de las unidades formulares y no formulares.

6. CONCLUSIONES

En las páginas precedentes hemos tratado de realizar un examen exhaustivo del análisis externo e interno del formulismo del *Cantar de mio Cid*. Respecto del primero, el estudio ha gravitado en torno al aspecto cuantitativo, a la función y a los efectos de este tipo de unidades, que pueden conformar una serie de ecos, en virtud de los cuales el poeta vincula varios puntos de la narración y los distintos comportamientos de los personajes. En cuanto al análisis interno, nos hemos centrado principalmente en las clases de modificaciones que el autor emplea como un recurso que responde, no solo a las constricciones que impone el género –la rima o la métrica–, sino también a sus gustos y tendencias. De este modo, el sistema formular del *Cid* se revela como un procedimiento compositivo y, al mismo tiempo, un recurso que dota a los textos de una estética particular.

Por otro lado, las diferentes definiciones que la crítica ha ofrecido del concepto de *fórmula* van más allá de la adscripción a una u otra perspectiva o escuela, en la que se subraya un aspecto determinado, puesto que buena parte de ellas, precisamente por esto, ha desatendido otros factores que también representan un papel importante. De igual modo, la precisión con que se define a esta unidad constituye una tarea esencial, principalmente por tres razones: tratar de comprender los mecanismos compositivos; diferenciar las fórmulas de las expresiones, locuciones o frases formulares; y poder ofrecer unos datos exactos respecto de estos tipos de unidades. De esta manera, la definición rigurosa de los conceptos relativos al formulismo, como *fórmula*, *expresión formular*, *archifórmula*, *elementos formuloides* o *estilo reiterativo*, entre otros, se ha revelado una operación fundamental para comprender el funcionamiento del sistema formular (§ 1).

Por lo que a la distinción entre las fórmulas y frases formulares se refiere, la teoría de los conjuntos difusos constituye una herramienta muy provechosa a la hora de abordar el sistema formular del *Cantar de mio Cid*. Este, lejos de estar conformado por elementos siempre uniformes y bien delimitados, se compone de una serie de unidades que admiten cambios de muy diversa naturaleza, tanto por la clase de modificaciones como por la categoría de los términos alterados (§§ 1.2-1.3). En consecuencia, la concepción de un repertorio regular e inamovible se revela errónea, pues, como resultado de las distintas variaciones que experimentan las secuencias más o menos fijas, el poeta se aleja en mayor o menor medida de los prototipos de los que parte. Todo ello da lugar a conjuntos difusos, y habrá tantos como archifórmulas que aglutinen secuencias que contengan variantes. De esta forma, la distancia al núcleo será mayor cuanto mayor sea la variación que ha experimentado respecto de la fórmula o, en ausencia de esta, respecto del prototipo "ideal", que se define como el segmento más frecuente o, si ninguno se repite, como la secuencia abstracta (esto es, que no aparece tal cual en el texto) fruto de la neutralización de las oposiciones de las diferentes locuciones formulares. Así, ampliando esta perspectiva, podríamos pensar el sistema formular del poema castellano, en su totalidad, como un enorme conjunto difuso, en cuyo centro se ubicarían las fórmulas, conformando el núcleo duro, y, en torno a ellas, las expresiones formulares, a una distancia acorde con las variantes semánticas, léxicas y sintácticas. Asimismo, también deberán ser tenidos en cuenta el número y naturaleza de las alteraciones, la fijación y frecuencia del núcleo y el vínculo que puede establecerse entre el hemistiquio considerado y la otra mitad del verso. Por otro lado, dentro de los cuatro tipos de modificaciones de las expresiones o locuciones formulares (§§ 1.3.1.1-1.3.1.4), destaca la sustitución léxica, pues, además de ser la clase más frecuente (junto con la supresión de algún término), revela que la mayoría de estas variaciones no se lleva a cabo en la posición de rima, frente a lo que se esperaría de aceptar la tradicional explicación oralista –de tipo más bien mecánico– de las fórmulas como un mero apoyo de la improvisación.

De este modo, según hemos observado, el autor del *Cantar* muestra una marcada proclividad a introducir transformaciones en las secuencias cristalizadas, es decir, exhibe una complacencia por la innovación dentro de lo estereotipado, en la que, además, se pueden percibir ciertas tendencias compositivas, como la preferencia por el cumplimiento de la rima mediante la alteración del orden de los términos frente a la adición o sustitución de las palabras situadas al final del verso. Esta y otras propensiones de la disposición léxica y rítmica definen en cierto modo el *usus scribendi* del poeta castellano, pero en ningún caso provocan que su escritura sea especialmente predecible.

En resumen, la escala de la cristalización del estilo reiterativo se podría representar en una serie de anillos concéntricos –en los que, salvo entre el segundo y el tercero, hay una línea divisoria terminológica–, quedando, desde el interior al exterior:

1. Un núcleo formular duro o prototípico, constituido por las fórmulas propiamente dichas.
2. Un núcleo formular expandido, formado por las expresiones formulares.
3. Un área formular estable, compuesta por las expresiones formulares que han experimentado dos modificaciones (o tres, en algunos casos que ya hemos visto) respecto de la fórmula o de otra locución formular.

Los elementos formuloides, por su parte, se ubicarían fuera ya del sistema formular (aunque seguiría gravitando en su entorno), en un área difuminada en la que hallamos la reiteración léxica o sintáctica inestable, con tres alteraciones respecto del prototipo.

Así, se puede afirmar que la técnica del poeta no consiste tanto en almacenar un repertorio de fórmulas, lo que se ha venido llamando *stock* (aunque también es una capacidad importante), como en interiorizar el algoritmo que permite crear nuevas secuencias fijas (ya sean fórmulas o locuciones formulares). Si estos procedimientos de creación no son especialmente numerosos, sí se revelan productivos. Nos referimos, en concreto, a la sustitución léxica, la modificación en la disposición de los términos, las variaciones morfológicas o la adición o supresión de algún término. Así, la habilidad del poeta cidiano (al igual que la de la mayoría de sus congéneres épicos) no se limita a la memorización de un determinado número de expresiones fijas ni a la inserción de las mismas dentro de un motivo o fuera de él, sino que se extiende igualmente a la invención de nuevas expresiones formulares a partir de las preexistentes, o incluso alejadas de estas. En este sentido, hay que tener en cuenta que la estética tradicional, frente a la nuestra, no privilegia la originalidad, sino la maestría o virtuosismo en la repetición con variación de los modelos aceptados.

Además de estas consideraciones, es necesario distinguir entre los diferentes niveles de oralidad, siguiendo a Zumthor (1987a: 36). Ello está relacionado con la ausencia de causalidad entre un determinado porcentaje formular y la composición oral (§ 2). En efecto, el hecho de que no siempre se hayan propuesto las mismas densidades de secuencias fijas, los argumentos circulares que desde el oralismo se han esgrimido a favor de esta relación de causalidad, la falta de conciencia de la interacción entre el ámbito de la oralidad y el de la escritura, los elevados porcentajes formulares de obras que han sido compuestas de forma escrita, el trasvase de fórmulas propias de poemas orales a los creados desde la escritura (y, en ocasiones, a la inversa), o la inadvertencia de que las obras producidas por la escritura puedan imitar el estilo oral (sin que ello implique aceptar una composición oral), son algunas de las razones que nos permiten afirmar que una determinada densidad formular no indica su modo de composición, aunque sí pueden informarnos sobre el origen de los materiales en que se basa el poema. Todo ello se produce como resultado de la falacia del consecuente, por emplear la terminología de la lógica, pues lo que Parry y Lord determinaron no fue que un número importante de fórmulas sea prueba de la composición oral, sino que los textos orales e improvisados contienen un elevado número de secuencias cristalizadas, lo que no permite realizar la implicación en sentido contrario. El origen de esta operación cuantitativa para determinar el modo de creación hay que buscarlo en la perspectiva que desde el oralismo se ha tenido de las fórmulas, pues han sido consideradas única y exclusivamente unidades compositivas. Por ello, como hemos advertido, resulta imprescindible juzgar la función de estas secuencias también en la ejecución del cantar, puesto que la repetición suple la imposibilidad, en la audición, de volver atrás (frente a lo que ocurre en la lectura). Además, el elevado empleo de fórmulas constituye uno de los rasgos esenciales de la épica, de suerte que se halla vinculado a la constitución interna, a la *performance* y a la estética de estos poemas. Esta cuádruple perspectiva (composición, representación, recepción y estética) permite, así, un acercamiento íntegro al formulismo de nuestra obra. En otros términos, la relevancia del formulismo como recurso compositivo no debe ser interpretada como un indicio de la repentización.

No es de menor importancia la función estructural que poseen las fórmulas y las expresiones formulares. Ya hemos comprobado, mediante numerosos ejemplos, que el autor del *Cantar* vincula diferentes puntos de la narración, por semejanza u oposición. Estas correspondencias o ecos formulares intratextuales pueden producirse entre las acciones o episodios, los sentimientos y los personajes, de modo que el poeta crea una red de remisiones implícitas que cohesionan las diferentes partes de la composición (entre las que destacan el exilio, la afrenta de Corpes y las cortes de Toledo) y permiten caracterizar a los participantes de la acción (y, en particular, en la oposición entre el héroe y sus antagonistas, los infantes de Carrión). Más allá de la adaptabilidad de un hemistiquio determinado a dos situaciones distintas, el interés y el sentido del eco radica en que la expresión en la que se produce la resonancia adquiere un nuevo significado a la luz de la que le precede o le sigue. Así, los paralelismos entre las diferentes partes del *Cantar*, la imbricación entre las mismas, las acciones reiteradas, un determinado estilo y –centrándonos en el aspecto que nos ocupa– la repetición de las fórmulas, todo ello concede al poema castellano una concinidad estructural y estilística considerable.

Por otro lado, algunos datos del análisis cuantitativo de las fórmulas y frases formulares del *Cantar* se revelan especialmente interesantes (§ 5). En primer lugar, tenemos un 44,39 por ciento de secuencias estereotipadas fijas y variables, de las cuales menos de la mitad son fórmulas propiamente dichas. Estas cifras, como queda dicho, reflejan la elaboración literaria del *Cantar*, cuyo autor se podría calificar de *quasi litteratus* (Montaner 2016: 305). En segundo lugar, llama la atención el equilibrio de secuencias cristalizadas, que se descubre en tres parámetros: el primer y segundo hemistiquios, el número de fórmulas y expresiones formulares, y su ubicación en cada uno de los tres cantares. Más allá de las particularidades de cada escena, es cuando menos llamativa la coherencia en las diferentes densidades formulares de cada cantar, lo cual dota al poema, en el nivel de los hemistiquios cristalizados, de una notable cohesión y unidad, al tiempo que revela los rasgos de un *usus scribendi* muy definido. No hay duda, en este sentido, de que la armonía formular del poema constituye otra prueba más a favor de la autoría única. Y, en tercer lugar, el criterio que define los datos es el tipo de fórmulas, atendiendo a la clasificación que hemos propuesto: narrativas, narrativo-descriptivas, demarcativas y descriptivas. La inmensa mayoría (más de las tres cuartas partes) pertenecen a la primera clase, pero estas secuencias cristalizadas se comportan también de un modo relativamente equilibrado tanto en la fijación de los segmentos como en su ubicación dentro del verso. Las demarcativas y descriptivas, sin embargo, están más marcadas. Así, las dos terceras partes de las primeras se sitúan en el primer hemistiquio, a diferencia las descriptivas, de las que el 80,5 por ciento se inserta en el segundo. De igual modo, destaca la elevada densidad de fórmulas estrictas descriptivas (casi un 60 por ciento), debido en gran medida a la fijación de los epítetos referidos a los personajes principales (y, en particular, a Rodrigo).

En conclusión, el estudio del sistema formular del *Cid* nos ha permitido examinar de cerca el funcionamiento interno del poema. El empleo de fórmulas y frases formulares, que atañe a las diferentes etapas de la obra (y, en consecuencia, posee varias funciones), conforma uno de los niveles en que el poeta practica la reiteración. Su trascendencia es notable, en tanto en cuanto constituyen las unidades mínimas de composición, pues ocupan un hemistiquio, medida esencial que el autor utiliza para la creación del poema. Todo este entramado formular es relativamente complejo: por las diferentes clases de unidades, su desigual frecuencia, las características particulares de cada una, su ubicación —en ocasiones— en uno u otro hemistiquio, o los distintos tipos de modificaciones que aceptan estos elementos. Si bien no conservamos ninguna composición épica castellana anterior a nuestro poema, el grado de desarrollo y madurez del sistema formular del *Cid* nos permite sospechar que el poeta se inspiró en otros textos épicos castellanos (perdidos) y franceses[136] para el empleo y el funcionamiento de las secuencias cristalizadas. El autor del *Cantar*, en una combinación de influencia e innovación, domina la técnica compositiva. El artefacto literario resultante, dotado de una estética muy precisa, supone un claro ejemplo de su maestría del arte formular.

---

[136] *Vid.* nota 131.

BIBLIOGRAFÍA

ABASCAL, María Dolores. *La teoría de la oralidad*. Málaga: Universidad de Málaga, 2004.

ADAMS, Kenneth. "The metrical irregularity of the *Cantar de Mio Cid*: A restatement based on the evidence of names, epithets and some other aspects of formulaic diction". *Bulletin of Hispanic Studies* 59 (1972): 109-119.

—. "The Yugoslav model and the text of the *Poema de Mio Cid*". *Medieval Hispanic Studies presented to Rita Hamilton*. Ed. Alan D. DEYERMOND. Londres: Tamesis Books, 1976, 1-10.

—. "*Penser de*: another Old French influence on the *Poema de Mio Cid* and other mediaeval Spanish poems". *La corónica* 7.1 (1978-1979): 8-12.

—. "All the Cid men, all the Moors all the more, / yet *a fin de cuentas*, Old French knows the score". *Historicists Essays on Hispano Medieval Narrative in Memory of Roger M. Walker*. Ed. Barry TAYLOR y Geoffrey WEST. Londres: Modern Humanities Research Association, 2005, 9-40.

AEBISCHER, Paul. "«Halt sunt li pui e li port tenebrus»". *Studi medievali* 18 (1952): 1-22.

AGUIRRE, José María. "Épica oral y épica castellana: Tradición creadora y tradición repetitiva". *Romanische Forschungen* 80 (1968): 451-461.

—. "El nombre propio como fórmula oral en el *Cantar de Mio Cid*". *La corónica* 9.2 (1981): 107-119.

ALFONSO, Isabel. "Venganza y justicia en el *Cantar de Mio Cid*". *El Cid: de la materia épica a las crónicas caballerescas. Actas del Congreso Internacional "IX Centenario de la Muerte del Cid", celebrado en la Universidad de Alcalá de Henares los días 19 y 20 de septiembre de 1999*. Ed. Carlos ALVAR, Fernando GÓMEZ REDONDO y Georges MARTIN. Alcalá de Henares: Universidad de Alcalá, 2002, 41-69.

ANCOS, Pablo. *Transmisión y recepción primarias de la poesía del "mester de clerecía"*. Valencia: Universidad de Valencia, 2012.

ASPLAND, Clifford William. *A Syntactical Study of Epic Formulas and Formulaic Expressions Containing the -ant Forms in the Twelfth Century French Verse*, St. Lucia (Queensland): University of Queensland Press, 1970.

ASHBY-BEACH, Genette. "A Generative Model of the Formula in the *Chanson de Roland*". *Olifant* 7.1 (1979): 39-65.

—. "Une Analyse structurale du motif de combat dans la *Chanson de Roland*". *VIII Congreso de la Société Rencesvals*. Pamplona: Institución Príncipe de Viana/Diputación Foral de Navarra, 1981, 25-35.

—. *The Song of Roland: A Generative Study of the Formulaic Language in the Single Combat*. Amsterdam: Rodopi, 1985.

BAKKER, Egbert. *Linguistics and Formulas in Homer*. Amsterdam/Filadelfia: John Benjamins Publishing Company, 1988.

BAYO, Juan Carlos. "On the nature of the *Cantar de Mio Cid* and its place in hispanic medieval epic". *La corónica* 33.2 (2005): 13-27.

BAILEY, Matthew. *The "Poema del Cid" and the "Poema de Fernán González": The Transformation of an Epic Tradition*. Madison: HSMS, 1993.

—. "Oral Composition in the Medieval Spanish Epic". *Papers of the Modern Language Association* 118.2 (2003): 254-269.

BAILEY, Matthew. *The Poetics of Speech in the Medieval Spanish Epic*. Toronto/Buffalo/Londres: University of Toronto Press, 2010.

BALON, Laurent. "*Et poignent les chevax des esperons dorez*. La formule «éperonner le cheval», le vocabulaire et les épithètes formulaires du cheval dans *Garin de Monglane*". *La formule au Moyen Âge*. Dir. Elise LOUVIOT. Turnhout: Brepols, 2012, 15-27.

BARTHES, Roland. "The Death of the Author". *Aspen* 5+6 (1967): #3 (sin paginación): http://www.ubu.com/aspen/aspen5and6/threeEssays.html#barthes (consultado el 10/10/2016).

BEATIE, Bruce A. "Oral-traditional Composition in the Spanish *Romancero* of the Sixteenth Century". *Journal of the Folklore Institute* 1 (1964): 92-113.

BENSON, Larry. "The Literary Character of Anglo-Saxon Formulaic Poetry". *Papers of the Modern Language Association* 81.5 (1966): 334-341.

BLECUA, José Manuel. Ed. *Nueva gramática de la lengua española: Fonética y fonología*. Madrid: Real Academia Española, 2011.

BOIX, Alfonso. "El *Cantar de Mio Cid* y la inversión de los modelos narrativos folclóricos". *Hispanic Reseach Journal*, 8.2 (2007a): 99-105.

—. "Corpes como frontera en el *Cantar de Mio Cid*". *Vox Romanica* 66 (2007b): 168-173.

—. "Rodrigo Díaz, de señor de la guerra a señor de Valencia". *Olivar* 10 (2007c): 185-192.

—. "Paralelismos en los reencuentros entre el Campeador y Alfonso VI en el *Cantar de Mio Cid*". *Medievalismo en Extremadura. Estudios sobre literatura y cultura hispánicas de la Edad Media*. Ed. J. CAÑAS MURILLO, F. J. GRANDE QUEJIGO y J. ROSO DÍAZ. Cáceres: Universidad de Extremadura, 2010, 297-304.

—. *El* Cantar de Mio Cid*: adscripción genérica y estructura tripartita*. Vigo: Academia del Hispanismo, 2012.

BOUTET, Dominique. *"Jehan de Lanson". Technique et esthétique de la chanson de geste au XIIIe siècle*. París: Presses de l'École Normale Supérieure, 1988.

—. *La chanson de geste: Forme et signification d'une écriture épique au Moyen Âge*. París: PUF, 1993.

—. *Histoire de la littérature française du Moyen Âge*. París: Honoré Champion, 2003.

BOWRA, Cecil Maurice. "L'épopée orale". *La Table Ronde* 132 (1958): 18-41.

BRAVO GARCÍA, Antonio. "Las fórmulas verbales en la épica anglosajona y castellana. Un estudio contrastivo". *Homenaje a Álvaro Galmés de Fuentes*. Madrid/Oviedo: Gredos/Universidad de Oviedo, 1985, vol. 2, 39-47.

BRUÑA CUEVAS, Manuel. "Reflexiones en torno a la relación voz-escritura". *Estudios de filología francesa – Edad media y siglo XVI*. Ed. Luis GASTÓN ELDUAYEN y Jesús CASCÓN MARCOS. Granada: Universidad de Granada, 1996, 7-27.

CALIN, William C. *The Old French Epic of Revolt: "Raoul de Cambrai", "Renaud de Montauban", "Gormond et Isembard"*. Ginebra/París: Droz/Minard, 1962.

—. "L'Épopée dite vivante: Réflexions sur le prétendu caractère oral des chansons de geste". *Olifant* 8.3 (1981): 227-237.

CASTILLO DIDIER, Miguel. Ed. *Poesía heroica griega. Epopeya de "Diyenís Akritas". Cantares de "Amuris" y del "Hijo de Andrónico"*. Santiago de Chile: Edición Universitaria, 1994.

CAULFIELD, Amian Bernard. *A thematic and formulaic comparison of the "Chanson de Guillaume" and the "Chanson d'Aliscans"*. PhD, Catholic University of America. Ann Arbor: University Microfilms, 1965.

CHAPLIN, Margaret. "Oral-formulaic style in the epic: a progress report". *Medieval Hispanic Studies presented to Rita Hamilton*. Ed. Alan D. DEYERMOND. Londres: Tamesis Books, 1976, 11-20.

CHOMSKY, Noam. "Schematization of Oral-Formulaic Process in Old English Poetry". *Language and Style* 5 (1972): 204-220.

CORBATÓ, Hermenegildo. "La sinonimia y la unidad del *Poema del Cid*". *Hispanic Review* 9.3 (1941): 327-347.

CORBELLARI, Alain. "Guillaume face à ses doubles. *Le Charroi de Nîmes*, ou la naissance médiévale du héros moderne". *Poétique* 138.2 (2004): 141-157.

CREED, Robert P. *Studies in the Techniques of Composition of the "Beowulf" Poetry in the British Museum MS. Cotton Vitellius A. xv*. PhD, Harvard University. Ann Arbor: University Microfilms, 1955.

CRÉPIN, André. "Formule, motif et thème. La clarté dans la *Chanson de Roland*". *Charlemagne et l'épopée romane. Actes du VIIe Congrès international de la Société Rencesvals. Liège, 28 août-4 septembre 1976*. Ed. Madeleine TYSSENS y Claude THIRY. París: Les Belles Lettres, 1978, vol. 2, 577-594.

CROMIE, Maureen Ann. *Le style formulaire dans "Le Pèlerinage de Charlemagne"*. Thesis MA, Vancouver: The University of British Columbia, 1966.

—. "Le style formulaire dans *Le Voyage de Charlemagne à Jérusalem et à Constantinople* (le *Pèlerinage de Charlemagne*)". *Revue des langues romanes* 77 (1967): 31-54.

CULLER, Jonathan. *Literary Theory: A Very Short Introduction*. Oxford: Oxford University Press, 1997.

CURTIUS, Ernst Robert. *Literatura europea y Edad Media latina* (1948). Trad. Margit FRENK y Antonio ALATORRE. México/Madrid/Buenos Aires: FCE, 1955.

DE CHASCA, Edmund. "Composición escrita y oral en el *Poema del Cid*". *Filología* 12 (1966-1967): 77-94.

—. "Toward a redefinition of the epic formula in the light of the *Cantar de Mio Cid*". *Hispanic Review* 38 (1970): 251-263.

—. *El arte juglaresco en el "Cantar de mio Cid"* (1967). Madrid: Gredos, 1972.

DELBOUILLE, Maurice. "La chanson de geste et le livre". *La technique littéraire des chansons de geste. Actes du Colloque de Liège (septembre 1957)*. París: Les Belles Lettres, 1959, 295-407.

DEMBOWSKI, Peter F. "Review" a Duggan (1973). *Romance Philology* 31.4 (1978): 663-669.

DERRIDA, Jacques. *De la grammatologie*. París: Les Editions de Minuit, 1967.

DEYERMOND, Alan. "The *Singer of Tales* and mediaeval Spanish epic". *Bulletin of Hispanic Studies* 42 (1965): 1-8.

—. *Epic poetry and the clergy. Studies on the "Mocedades de Rodrigo"*. Londres: Tamesis Books, 1968.

—. "Structural and stylistic patterns in the *Cantar de Mio Cid*". *Medieval studies in honor of Robert White Linker*. Ed. Brian DUTTON, James Woodrow HASSELL y John Esten KELLER. Madrid: Castalia, 1973, 55-71.

DEYERMOND, Alan. "Review" a John Miles FOLEY (ed.). *Oral Traditional Literature: A Festschrift for Albert Bates Lord*. Ohio: Slavica Publishers. *La corónica* 11.2 (1983): 351-357.

—— y David HOOK. "Doors and cloaks: Two image-patterns in the *Cantar de Mio Cid*". *Modern Language Notes* 94 (1979): 366-377.

DISALVO, Santiago. "Gestualidad en el *Cantar de Mio Cid*: Gestos públicos y modestia". *Olivar* 10 (2007): 69-86.

DORFMAN, Eugene. *The Narreme in the Medieval Romance Epic. An Introduction to Narrative Structures*. Toronto: University of Toronto Press, 1969.

DUBOIS, Didier, y Henri PRADE. *Fuzzy Sets and Systems: Theory and Applications*. Boston: Academic Press, 1980.

DUBOIS, Gene Warren. *The "Poema de mio Cid" as Oral Poetry*. PhD, University of California, Riverside. Ann Arbor: University Microfilms, 1981.

DUBOIS, Thomas A. "Oral Poetics: The Linguistics and Stylistics of Orality". *Medieval Oral Literature*. Ed. Karl REICHL. Berlín/Boston: De Gruyter, 2012, 203-224.

DUGGAN, Joseph J. "Formulas in the *Couronnement de Louis*". *Romania* 87 (1966): 315-344.

——. *The Song of Roland: Formulaic Style and Poetic Craft*. Berkeley: University of California Press, 1973.

——. "Formulaic diction in the *Cantar de Mio Cid* and the Old French epic". *Forum for Modern Language Studies* 10 (1974): 260-269.

DUTTON, Brian. "The Popularization of Legal Formulæ in Medieval Spanish Literature". *Medieval, Renaissance and Folklore Studies in honor of John Esten Keller*. Ed. J. R. JONES. Newark: Juan de la Cuesta, 1980, 13-28.

ELLIOTT, Alison Goddard. "The double genesis of *Girart de Vienne*". *Olifant* 8.2 (1980): 130-160.

FELLMANN, Ferdinand. "*Style formulaire* und epische Zeit im *Rolandslied*". *Germanisch-romanische Monatsschrift* 12 (1962): 337-360.

FINNEGAN, Ruth. *Oral Poetry. Its Nature, Significance and Social Context*. Cambridge: Cambridge University Press, 1977.

FLEISCHMAN, Suzanne. "Philology, Linguistics, and the Discourse of the Medieval Text". *Speculum* 61.1 (1990): 19-37.

FOLEY, John Miles. "Tradition-dependent and -independent Features in Oral Literature: A Comparative View of the Formula". *Oral Traditional Literature: A Festschrift for Albert Bates Lord*. Ed. John Miles FOLEY. Ohio: Slavica Publishers, 1981, 262-281.

——. *Oral-Formulaic Theory and Research: An Introduction and Annotated Bibliography*. Nueva York: Garland, 1985.

FORD, John C. "A New Conception of Poetic Formulæ based on Prototype Theory and the Mental Template". *Neuphilologische Mitteilungen* 103 (2002): 205-226.

FRAPPIER, Jean. "Réflexions sur les rapports des chansons de geste et de l'histoire". *Zeitschrift für romanische Philologie* 73 (1957): 1-19.

——. "Les destriers et leurs épithètes". *La technique littéraire des chansons de geste. Actes du Colloque de Liège (septembre 1957)*. París: Les Belles Lettres, 1959, 85-104.

—. *Les chansons de geste du cycle de Guillaume d'Orange*. *Vol. II*, *"Le couronnement de Louis"*, *"Le charroi de Nîmes"*, *"La prise d'Orange"*. París: SEDES, 1967.

FRIEDMAN, Edward H. "The Writerly Edge: A Question of Structure in the *Poema de Mio Cid*". *La corónica* 18.2 (1990): 11-20.

FRY, Donald K. "Old English Formulaic Statistics". *In Geardagum III: Essays on Old English Language and Literature*. Ed. Loren C. GRUBER y Dean LOGANBILL. Denver: Society for New Language Study, 1979, 1-6.

GALVÁN, Luis. "*A todos alcança ondra*: consideraciones sobre la honra y la relación del Cid y el rey en el *Cantar de mio Cid*". *Sonando van sus nuevas allent parte del mar: El "Cantar de mio Cid" y el mundo de la épica*. Coord. Alberto MONTANER FRUTOS. Toulouse: Université de Toulouse-Le Mirail, 2013, 19-34.

GARCI-GÓMEZ, Miguel. *Dos autores en el "Cantar de Mio Cid": Aplicación de la informática*. Cáceres: Universidad de Extremadura, 1993.

GEARY, John Steven. *Formulaic Diction in the "Poema de Fernán González" and the "Mocedades de Rodrigo". A Computer-Aided Analysis*. Madrid: José Porrúa Turanzas, 1980.

GEARY, Patrick J. "Oblivion Between Orality and Textuality in the Tenth Century". *Medieval Concepts of the Past: Ritual, Memory, Historiography*. Ed. Gerd ALTHOFF, Johannes FRIED y Patrick J. GEARY. Washington/Cambridge: German Historical Institute/Cambridge University Press, 2002, 111-122.

GERLI, Michael. "The *Ordo Commendationis Animæ* and the Cid poet". *Modern Language Notes* 95 (1980): 436-441.

GIVÓN, Talmy. *Syntax. A Functional-Typological Introduction. Volume I*. Amsterdam/Filadelfia: John Benjamins Publishing Company, 1984.

GONZÁLEZ, Aurelio. "Poética del romancero: fórmulas y tópicos". *Actas del IX Congreso Internacional de la Asociación Hispánica de Literatura Medieval (A Coruña, 18-22 de septiembre de 2001)*. Ed. Carmen PARRILLA y Mercedes PAMPÍN. La Coruña: Universidad/Toxosoutos, 2005, vol. 2, 409-422.

—. "Romances caballerescos: tópicos y fórmulas". *Expresiones de la cultura y el pensamiento medievales*. Ed. Lillian VON DER WALDE MOHENO, Concepción COMPANY y Aurelio GONZÁLEZ. México: El Colegio de México/Universidad Nacional Autónoma de México/Universidad Autónoma Metropolitana, 2010, 207-218.

—. "Fórmulas, motivos y tópicos en la construcción del caballero romancístico". *Rumbos del hispanismo en el umbral del Cincuentenario de la AIH, vol. 2, Medieval*. Ed. Aviva GARRIBBA. Coord. Patrizia BOTTA. Roma: Bagatto Libri, 2012, 251-258.

GRANDE QUEJIGO, Francisco Javier. "Orígenes del castellano literario: testimonios formulares de la composición y difusión en Gonzalo de Berceo". *Actas del IV Congreso Internacional de Historia de la Lengua Española: La Rioja, 1-5 abril de 1997*. Ed. Claudio GARCÍA TURZA, Fabián GONZÁLEZ BACHILLER y José Javier MANGADO MARTÍNEZ. Logroño: Asociación de Historia de la Lengua Española/Gobierno de La Rioja/Universidad de La Rioja, 1998, vol. 2, 485-495.

GREEN, Dennis H. "Orality and Reading: The State of Research in Medieval Studies". *Speculum* 65.2 (1990): 267-280.

HABET, Elisabeta, y Lucia COMAN. "Analyse des formules épiques dans la chanson de *Raoul de Cambrai* à l'aide de l'ordinateur". *Revue Roumaine de Linguistique* 18.2 (1981): 177-186.

HACKETT, Winifred Mary. "Le style formulaire dans *Girart de Roussillon*". *Mélanges de langue et de littérature médiévales offerts à Pierre Le Gentil par ses collègues, ses élèves et ses amis.* París: SEDES/CDU, 1973, 345-352.

HAMILTON, Rita. "Epic epithets in the *Poema de Mio Cid*". *Revue de Littérature Comparée* 36 (1962): 161-178.

HARVEY, Patrick L. "The metrical irregularity of the *Cantar de Mio Cid*". *Bulletin of Hispanic Studies* 40.3 (1963): 137-143.

HEINEMANN, Edward. "Composition stylisée et technique littéraire dans la *Chanson de Roland*". *Romania* 94 (1973a): 1-28.

—. "Formulas, Motifs and the *Song of Roland*". *Olifant* 1 (1973b): 23-31.

—. "Network of Narrative Details: The Motif of the Journey in the *Chansons de Geste*". *The Epic in Medieval Society. Aesthetic and Moral Values.* Ed. Harald SCHOLLER. Tubinga: Niemeyer, 1977, 178-192.

—. *L'art métrique de la chanson de geste. Essai sur la musicalité du récit.* Ginebra: Droz, 1993.

—. "The Peculiar Echo in Laisse XXV of the *Charroi de Nîmes*". *Olifant* 18.3-4 (1993-1994): 205-219.

—. "Mapping Echoes in the *Charroi de Nîmes* with the Aid of the Computer". *Significations: Essais en l'honneur d'Henry Schogt = Essays in honour of Henry Schogt.* Ed. Parth BHATT. Toronto: Canadian Scholars' Press, 1997, 77-86.

—. "Laisse and Echo in the Opening Scene of the *Prise d'Orange* as Found in the Three Verse Versions (Toward a History of the Metric Art of the *Chanson de geste)*". *Echoes of the epic: Studies in Honor of Gerard J. Brault.* Ed. David P. SCHENCK y Mary Jane SCHENCK. Birmingham: Summa Publications, 1998, 93-112.

—. "The Art of Echo". *Approaches to Teaching the "Song of Roland".* Ed. William W. KIBLER y Leslie ZARKER MORGAN. Nueva York: The Modern Language Association of America, 2006, 156-164.

—. "L'Imbrication d'échos dans le *Charroi de Nîmes*". *Le souffle épique: l'esprit de la chanson de geste. Études en l'honneur de Bernard Guidot.* Ed. Sylvie BAZIN-TACCHELLA, Damien DE CARNÉ y Muriel OTT. Dijon: Éditions universitaires de Dijon, 2011, 71-77.

HERNANDO, Julio. "Figuración intratextual en el *Poema de mio Cid*". *La corónica* 33.2 (2005): 65-85.

HERSLUND, Michael. "Le *Cantar de Mio Cid* et la chanson de geste". *Revue Romane* 9 (1974): 69-121.

HILLS, Elijah Clarence. "The unity of the *Poem of the Cid*". *Hispania* 12.2 (1929): 113-118.

HITZE, Renate. *Studien zu Sprache und Stil der Kampfschilderungen in den Chansons de Geste.* Ginebra: Droz, 1965.

HOLOKA, James P. "Homer, Oral Poetry Theory, and Comparative Literature: Major Trends and Controversies in Twentieth-Century Criticism". *Homer: die Dichtung und ihre Deutung.* Ed. Joacquim LATACZ. Darmstadt: Wissenschaftliche Buchgesellschaft, 1991, 456-481.

HOOK, David. "On certain correspondences between the *Poema de Mio Cid* and contemporary legal instruments". *Iberoromania* 11 (1980): 31-53.

—. "The *Poema de mio Cid* and the Old French Epic: Some Reflections". *The Medieval Alexander Legend and Romance Epic. Essays in Honour of David J. A. Ross*. Ed. Peter NOBLE, Lucie POLAK y Claire ISOZ. Nueva York: Kraus International Publications, 1982, 107-118.

—. "Some problems in romance epic phraseology". *Cultures in contact in medieval Spain: Historical and literary essays presented to L. P. Harvey*. Ed. David HOOK y Barry TAYLOR. Londres: King's College, 1990, 127-150.

—. "Verbal economy and structural ecology in the *Poema de mio Cid*". *La corónica* 33.2 (2005): 97-109.

—. "Acción, descripción y narración en el *Cantar de mio Cid* en el contexto de la epopeya europea". *Sonando van sus nuevas allent parte del mar: El "Cantar de mio Cid" y el mundo de la épica*. Coord. Alberto MONTANER FRUTOS. Toulouse: Université de Toulouse-Le Mirail, 2013, 191-216.

JEHLE, Fred F. *A Study of the Formulaic Diction in the Poema de Mio Cid and in the Chanson de Roland*. PhD, Catholic University of America. Ann Arbor: University Microfilms, 1970.

JUSTEL, Pablo. "La épica francesa y el *Cantar de mio Cid*: estado de la cuestión". *Sonando van sus nuevas allent parte del mar: El "Cantar de mio Cid" y el mundo de la épica*. Coord. Alberto MONTANER FRUTOS. Toulouse: Université de Toulouse-Le Mirail, 2013a, 227-283.

—. "Estilo reiterativo, fórmulas historiográficas y fórmulas épicas". *E-spania* 15 (2013b): en línea: e-spania.revues.org/22265 (consultado el 4/11/2015).

—. *La épica medieval francesa e hispánica: Estudio comparativo de motivos y fórmulas*. Zaragoza/Lyon: Universidad de Zaragoza/École Normale Supérieure de Lyon, 2 vol., 2015a.

—. "Quelques considérations sur le (sou)rire dans l'épopée romane". *Vox Romanica* 74 (2015b): 157-181.

—. *Técnica y estética: el "Cantar de mio Cid" y la épica francesa*. Vigo: Academia del Hispanismo, en prensa.

KAY, Sarah. "The epic formula. A revised definition". *Zeitschrift für französische Sprache und Literatur* 93.2 (1983): 170-189.

KLEIBER, Georges. *La sémantique du prototype. Catégories et sens lexical*. París: PUF, 1990.

LACARRA, Eukene. "La representación del rey Alfonso en el *Poema de mio Cid* desde la *ira regia* hasta el perdón real". *Studies on Medieval Spanish Literature in Honor of Charles F. Fraker*. Ed. Mercedes VAQUERO y Alan DEYERMOND. Madison: HSMS, 1995, 183-195.

LACOMBA, Marta. "Dieu et les hommes dans le *Poema de Mío Cid*. Une relation marquée par la notion d'échange". *Mélanges de la Casa de Velázquez* 33.2 (2003): 249-274.

LAUSBERG, Heinrich. *Manual de retórica literaria. Fundamentos de una ciencia de la literatura* (1960). Madrid: Gredos, 3 vol., 1984.

LEVERAGE, Paula. *Reception and Memory. A Cognitive Approach to the* Chansons de geste. Amsterdam/Nueva York: Rodopi, 2010.

LORD, Albert Bates. *The Singer of Tales*. Cambridge: Harvard University Press, 1960.

—. "Homer as Oral Poet". *Harvard Studies in Classical Philology* 72 (1968): 1-46.

LUETHANS, Tod N. *"Gormont et Isembart"*. *The Epic as Seen in Light of the Oral Theory*. Nueva York/Londres: Garland Publishing, 1990.

LUONGO, Salvatore. "La geografía épica del *Cantar de Mio Cid*". *Cahiers d'études hispaniques médiévales* 40 (en prensa).

MADERO EGUÍA, Marta. "El riepto y su relación con la injuria, la venganza y la ordalía (Castilla y León, siglos XIII y XIV)". *Hispania* 167 (1987): 805-861.

MAGOUN, Francis P. Jr. "Oral-Formulaic Character of Anglo-Saxon Narrative Poetry". *Speculum* 28.3 (1953): 446-467.

MARTIN, Jean-Pierre. "À propos du style formulaire dans les chansons de geste. Définitions et propositions". *Lez Valenciennes. Cahiers de l'UER Froissart* 11 (1986a): 133-145.

—. "Les offres de présents dans les chansons de geste: Structures rhétoriques et conditions d'énonciation". *Romania* 107.2-3 (1986b): 183-207.

—. *Les motifs dans la chanson de geste. Définition et utilisation (Discours de l'épopée médiévale, I)*. Thèse de Doctorat du Troisième Cycle soutenue devant l'Université de Paris III. Lille: Centre d'Études Médiévales et Dialectales de Lille III, 1992.

—. *"Orson de Beauvais" et l'écriture épique à la fin du XIIe siècle: traditions et innovations*. París: Honoré Champion, 2005.

—. "Variations stylistiques dans l'épopée médiévale". *La "Variatio". L'aventure d'un principe d'écriture, de l'Antiquité au XXIe siècle*. Dir. Hélène VIAL. París: Classiques Garnier, 2014, 335-349.

Martín, Óscar. "La venganza en la tradición de los *Siete Infantes de Salas*". *Cahiers d'études hispaniques médiévales* 37 (2014): 153-169.

MCMILLAN, Duncan. "Notes sur quelques clichés formulaires dans les chansons de geste du cycle de *Guillaume d'Orange*". *Mélanges de linguistique romane et philologie médiévale offerts à Maurice Delbouille*. Gembloux: Duculot, 1964, vol. 2, 477-493.

MENÉNDEZ PIDAL, Ramón. "Dos poetas en el *Cantar de mio Cid*". *Romania* 82 (1961): 145-200.

MENÉNDEZ PIDAL, Ramón (ed.). *Cantar de mio Cid. Texto, gramática y vocabulario* (1908-1911). Madrid: Espasa-Calpe, 4ª ed., 1964-1969.

MICHAEL, Ian (ed.). *Poema de Mio Cid* 1984. Madrid: Castalia, 1991.

MILETICH, John S. "The Quest for the «formula»: A comparative reappraisal". *Modern Philology* 74.2 (1976): 11-23.

—. "Études formulaires et épopée européenne". *Charlemagne et l'épopée romane. Actes du VIIe Congrès international de la Société Rencesvals. Liège, 28 août-4 septembre 1976*. Ed. Madeleine TYSSENS y Claude THIRY. París: Les Belles Lettres, 1978, vol. 2, 423-431.

—. "Repetition and aesthetic function in the *Poema de mio Cid* and South-Slavic oral and literary epic". *Bulletin of Hispanic Studies* 58.3 (1981): 189-196.

—. "Muslim Oral Epic and Medieval Epic". *Modern Language Review* 83 (1988): 911-924.

MOLHO, Maurice. "Inversión y engaste de inversión: Notas sobre la estructura del *Cantar de Mio Cid*". *Organizaciones textuales (textos hispánicos)*. Toulouse/Madrid: Université de Toulouse-Le Mirail/Universidad Complutense, 1981, 193-208.
MONROE, James T. "Some Remarks on the Claimed Arab Authorship of the *Cantar de mio Cid*". *Al-Qantara* 33.2 (2012): 553-562.
MONTANER FRUTOS, Alberto. "El concepto de oralidad y su aplicación a la literatura española de los siglos XVI y XVII". *Criticón* 45 (1989): 183-198.
—. *Almiqdād: Una leyenda islámica árabe y aljamiada*. Tesis doctoral inédita. Madrid: Universidad Complutense, 1994a.
—. "*Emendatio*, buena forma y entropía: Reflexiones en torno a la edición de textos épicos medievales". *Actas del III Congreso de la Asociación Hispánica de Literatura Medieval (Salamanca, 3 al 6 de octubre de 1989)*. Ed. María Isabel TORO PASCUA. Salamanca: Universidad de Salamanca/Departamento de Literatura Española e Hispanoamericana, 1994b, vol. 2, 669-700.
—. "Íñigo Balboa o la voz del narrador (con algunas consideraciones metacríticas)". *Sobre héroes y libros: La obra narrativa y periodística de A. Pérez-Reverte*. Ed. J. BELMONTE SERRANO y J. M. LÓPEZ DE ABIADA. Murcia: Nausícaä, 2003, 287-315.
—. "El epitafio épico del Cid". *Actas del IX Congreso Internacional de la Asociación Hispánica de Literatura Medieval (A Coruña, 18-22 de septiembre de 2001)*. Ed. Carmen PARRILLA y Mercedes PAMPÍN. La Coruña: Universidad/Toxosoutos, 2005, vol. 3, 193-203.
—. Ed. *Cantar de mio Cid*. Clásicos y Modernos, 19. Barcelona: Crítica, 2007a.
—. "Cabalgar por matanza: Sobre un motivo épico en el *Cantar de mio Cid*". *Actas del XI Congreso Internacional de la Asociación Hispánica de Literatura Medieval (León, 20-24 de septiembre de 2005)*. Ed. Armando LÓPEZ CASTRO y María Luzdivina CUESTA TORRE. León: Universidad de León, 2007b, vol. 2, 891-911.
—. "En defensa del sentido literal: De la interpretación a la explicación en el estudio de la literatura". *Contra los mitos y sofismas de las «teorías literarias» posmodernas*. Ed. Jesús G. MAESTRO e Inger ENKVIST. Vigo: Academia del Hispanismo, 2010, 159-215.
—. "El criterio frente al dogma: Cuestiones epistemológicas al hilo de los estudios medievales y renacentistas". *Literatura medieval y renacentista en España: líneas y pautas*. Ed. Natalia FERNÁNDEZ RODRÍGUEZ y María FERNÁNDEZ FERREIRO. Salamanca, SEMYR: 2012, 143-175.
—."Acusar y defender en la Edad Media: Una aproximación conceptual". *Historia de la abogacía española*. Ed. Santiago MUÑOZ MACHADO. Madrid: Thomson/Reuters/Aranzadi, 2015, vol. 1, 245-296.
—. Ed. *Cantar de mio Cid* (1993). Biblioteca Clásica, 1. Barcelona/Madrid: Galaxia Gútenberg/Círculo de Lectores/Real Academia Española, 2016.
—. "Il Medioevo Iberico, un valore in se stesso", *Medioevo Romanzo* 40.1 (2016): 100-118.
MONTGOMERY, Thomas. "Grammatical Causality and Formulism in the *Poema de Mio Cid*". *Studies in honor of Lloyd A. Kasten*. Madison: HSMS, 1975, 185-198.
MYERS, Oliver T. "Multiple Authorship of the *Poema de Mio Cid*: a final word?". *Mio Cid Studies*. Ed. Alan DEYERMOND. Londres: Tamesis Books, 1977, 113-125.

MYERS-IVEY, Sharon Elaine. *A Thematic and Formulaic Study of the Manuscript Tradition of "La Prise d'Orange"*. Ann Arbor: University Microfilms International, 1982.

NICHOLS, Stephen G. Jr. *Formulaic diction and thematic composition in the "Chanson de Roland"*. Chapel Hill: The University of North Carolina Press, 1961.

NIXON, Nigel. "Le devenir de la formule épique et la tradition rolandienne: une étude du mot-noyau «écu» et ses épithètes". *Razo. Cahiers du Centre d'Études médiévales de l'Université de Nice* 5 (1985): 65-78.

ONG, Walter J. *Orality and Literacy: The Technologizing of the Word*. Nueva York/Londres: Routledge, 1982.

ORDUNA, Germán. "Fórmulas estructuradoras como marcas de oralidad en la sintaxis narrativa del *Poema de Mio Cid*". *La función narrativa y sus nuevas dimensiones: Primer simposio internacional del Centro de Estudios de Narratología*. Buenos Aires: Facultad de Filosofía y Letras, 1999, 92-101.

PADEN, William D. "Formulaic Diction from Orality to Writing: Evidence from Old French *Charroi de Nîmes* in Manuscript *D*". *Philologies Old and New: Essays in Honor of Peter Florian Dembowski*. Ed. Joan Tasker GRIMBERT y Carlo J. CHASE. Princeton: Edward C. Armstrong Monographs, 2001, 121-140.

PAGE, Denys Lionel. *History and the Homeric Iliad*. Berkeley/Los Angeles: University of California Press, 1959.

PARRY, Milman. *L'Épithète traditionnelle dans Homère; Essai sur un problème de style homérique*. París: Les Belles Lettres, 1928a.

—. *Les Formules et la métrique d'Homère*. París: Les Belles Lettres, 1928b.

—. "Studies in the Epic Technique of Oral Verse Making. I: Homer and the Homeric Style". *Harvard Studies in Classical Philology* 41 (1930): 73-147.

—. "Whole Formulaic Verses in Greek and Southslavic Heroic Song". *Transactions and Proceedings of the American Philological Association* 64 (1933): 179-197.

PELLEN, René. "Le modèle du vers épique espagnol, à partir de la formule cidienne [*el que en buen hora...*]. (Exploitation des concordances pour l'analyse des structures textuelles)". *Cahiers de linguistique hispanique médiévale* 10 (1985): 5-37.

PERROT, Jean-Pierre. "L'écriture épique au Moyen Âge: Imaginaire et création dans la chanson de geste (l'exemple de la *Chanson de Roland*)". *L'Épopée. Unité et diversité d'un genre*. Ed. Jean DERIVE. París: Karthala, 2002, 31-56.

PICKENS, Rupert T. "Art épique et verticalisation. Problèmes narratifs dans le *Couronnement de Louis*". *Vox Romanica* 45 (1986): 116-149.

RANCOVIĆ, Slavica, Leidulf MELVE y Else MUNDAL (ed.). *Along the Oral-Written Continuum. Types of Texts, Relations and their Implications*. Turnhout: Brepols, 2010.

REIDINGER, Anita. "The Old English Formula in Context". *Speculum* 60.2 (1985): 294-317.

RENOIR, Alain. "Oral-Formulaic Context: Implications for the Comparative Criticism of Mediaeval Texts". *Oral Traditional Literature: A Festschrift for Albert Bates Lord*. Ed. John Miles FOLEY. Ohio: Slavica Publishers, 1981, 416-439.

RICHTER, Michael. "A paradigm of oral culture". *Langages et peuples d'Europe: Cristallisation des identités romanes et germaniques (VIIe-IXe siècle)*. Ed. Michel BANNIARD. Toulouse: Université de Toulouse-Le Mirail, 2002, 179-186.

RODRÍGUEZ HERNÁNDEZ, Agustín. "Entre la oralidad y la escritura: cuadernos y repentismo en el huapango arribeño". *Revista de Literatura Mexicana Contemporánea* 50.21 (enero-marzo 2014): 87-95.

ROSSELL, Antoni. "Cantar épica románica medieval: la reconstrucción musical del repertorio épico hispánico". *Cahiers d'études hispaniques médiévales* 40 (en prensa).

ROSSI, Marguerite. Huon de Bordeaux *et l'évolution du genre épique au XIIIe siècle*. París: Honoré Champion, 1975.

RUSSO, Joseph A. "Is «Oral» or «Aural» Composition the Cause of Homer's Formulaic Style?". *Oral Literature and the Formula*. Ed. Benjamin A. STOLZ y Richard S. SHANNON. Ann Arbor: Center for the Coordination of Ancient and Modern Studies/University of Michigan, 1976, 31-71.

RYCHNER, Jean. *La chanson de geste: Essai sur l'art épique des jongleurs*. Ginebra/Lille: Droz/Giard, 1955.

—. "Observations sur la versification du *Couronnement de Louis*". *La technique littéraire des chansons de geste. Actes du Colloque de Liège (septembre 1957)*. París: Les Belles Lettres, 1959, 161-182.

SACCONE, Antonio. "Formule e produzione del testo nello «Charroi de Nîmes»". *Annali dell'Istituto Orientale di Napoli, Sezione Romanza* 29 (1987): 195-207.

SALE, William Merritt. "Homer and the *Roland*: The Shared Formular Technique, Part I". *Oral Tradition* 8.1 (1993): 87-142.

SECO, Manuel, Olimpia ANDRÉS y Gabino RAMOS. *Diccionario fraseológico documentado del español actual: locuciones y modismos españoles*. Madrid: Aguilar, 2004.

SMITH, Benjamin Thomas. *The Development of the Epic Formula in Medieval Spain*. PhD, University of Pennsylvania. Ann Arbor: University Microfilms, 2000.

SMITH, Colin. *Estudios cidianos*. Madrid: Cupsa, 1977.

—. *The making of the "Poema de mio Cid"*. Cambridge: Cambridge University Press, 1983.

—. "Some Thoughts on the Application of Oralist Principles to Medieval Spanish Epic". *A Face Not Turned to the Wall: Essays on Hispanic Themes for Gareth Alban Davies*. Leeds: University of Leeds, 1987, 9-26.

—. Ed. *Poema de Mio Cid* (1972). Madrid: Cátedra, 1993.

SPRAYCAR, Rudy S., y Lee F. DUNLAP. "Formulaic Style in Oral and Literate Epic Poetry". *Perspectives in Computing* 2.4 (1982): 24-33.

STOLZ, Benjamin A., y Richard S. SHANNON. Ed. *Oral Literature and the Formula*. Ann Arbor: Center for the Coordination of Ancient and Modern Studies/University of Michigan, 1977.

VAN DEN BOOGAARD, Nico H. J. "Note sur l'utilisation des motifs et formules dans la *Chanson de sainte Foy*". *Cahiers de civilisation médiévale* 5.2 (1962): 195-202.

VANCE, Eugene. *Reading the Song of Roland*. Englewood Cliffs: Prentice/Hall, 1970.

VAQUERO, Mercedes. *El "Poema de Alfonso XI": ¿crónica rimada o épica?* PhD, Princeton University. Ann Arbor: University Microfilms, 1984.

VAN EMDEN, Wolfgang G. "*Girart de Vienne* devant les ordinateurs". *La chanson de geste et le mythe carolingien. Mélanges René Louis, publiés par ses collègues, ses amis et ses élèves à l'occasion de son 75e anniversaire*. Saint-Père-sous-Vézelay: Musée archéologique régional, 1982, vol. 2, 663-690.

WALSH, John K. "Performance in the *Poema de mio Cid*". *Romance Philology* 44 (1990): 1-25.

WALTMAN, Franklin M. "Formulaic expression and unity of authorsphip in the *Poema de mio Cid*". *Hispania* 56.3 (1973): 569-578.
WALTMAN, Franklin M. "Synonym choice in the *Cantar de mio Cid*". *Hispania* 57.3 (1974): 452-461.
—. "Parallel expressions in the *Cantar de mio Cid*". *Bulletin of Hispanic Studies* 55 (1978): 1-3.
WATHELET-WILLEM, Jeanne. "À propos de la technique formulaire dans les plus anciennes chansons de geste". *Mélanges de linguistique romane et philologie médiévale offerts à Maurice Delbouille*. Gembloux: Duculot, 1964, vol. 2, 705-727.
—. "Considérations sur le lexique des chansons de geste françaises". *Actas del XI Congreso Internacional de Lingüística y Filología Románicas*. Coord. Antonio QUILIS MORALES, Ramón B. CARRIL y Margarita CANTARERO. Madrid: CSIC, 1968, vol. 2, 619-634.
—. *Recherches sur la "Chanson de Guillaume". Études accompagnées d'une édition*. París: Les Belles Lettres, 2 vol., 1975.
WATKINS, Calvert. *How to Kill a Dragon: Aspects of Indo-European Poetics*. Nueva York/Oxford: Oxford Universty Press, 1995.
WATTS, Ann C. *The Lyre and the Harp: a Comparative Reconsideration of Oral Tradition in Homer and Old English Epic Poetry*. New Haven: Yale University Press, 1969.
WEBBER, Ruth House. *Formulistic Diction in the Spanish Ballad*. Berkeley/Los Ángeles/Londres: University of California Press/Cambridge University Press, 1951.
—. "The Diction of the *Roncesvalles* Fragment". *Homenaje a Rodríguez-Moñino: Estudios de erudición que le ofrecen sus amigos o discípulos hispanistas norteamericanos*. Madrid: Castalia, 1966, vol. 2, 311-321.
—. "Narrative Organization of the *Cantar de Mio Cid*". *Olifant* 1.2 (1973): 21-34.
—. "Formulaic Language in the *Mocedades de Rodrigo*". *Hispanic Review* 48 (1980): 195-221.
West-Burdette, Beverly. "Gesture, concrete imagery, and spatial configuration in the *Cantar de Mio Cid*". *La corónica* 16.1 (1987-1988): 55-66.
WRAY, Alison. *Formulaic Language: Pushing the Boundaries*. Oxford/Nueva York/ Auckland/etc.: Oxford University Press, 2008.
ZAAL, Johannes Wilhelmus Bonaventura. *"A lei francesca" ("Sainte Foy", v. 20). Étude sur les chansons de saints gallo-romanes du XIe siècle*. Leiden: Brill, 1962.
ZADEH, Lofti A. "Fuzzy Sets". *Information and Control* 8 (1965): 338-353.
ZUMTHOR, Paul. *Langue et techniques poétiques à l'époque romane (XIe-XIIIe siècles)*. París: Klincksieck, 1963.
—. *Essai de poétique médiévale*. París: Seuil, 1972.
—. "La chanson de geste: état de la question". *Mélanges de langue et de littérature du Moyen Âge offerts à Teruo Sato, professeur honoraire à l'Université Waseda par ses amis et collègues. Partie I*. Nagoya: Centre d'études médiévales, 1973, 97-112.
—. "Le discours de la poésie orale". *Poétique* 52 (1982): 387-401.
—. *Introduction à la poésie orale*. París: Seuil, 1983.
—. *La lettre et la voix: de la "littérature" médiévale*. París: Seuil, 1987a.
—. "Pour une conception anthropologique du «style» médiéval". *Medioevo Romanzo* 12 (1987b): 229-240.

APÉNDICE: EL REGISTRO FORMULAR DEL *CANTAR DE MIO CID*

A continuación, presentamos la totalidad de las fórmulas y frases formulares del *Cantar de mio Cid*. Hasta el momento, ha habido dos intentos de recopilar el conjunto de estas secuencias: el emprendido por De Chasca (1972: 338-382)[137] y, más recientemente, el acometido por Smith (2000: 53-62). No obstante, en ambos casos son más numerosas las expresiones cristalizadas que faltan que las presentes, de modo que el registro que aquí ofrecemos es el primero que recoge íntegramente estas unidades.

La clasificación sigue la propuesta del § 5: secuencias narrativas, demarcativas, narrativo-descriptivas y descriptivas. Dentro de cada uno de estos tipos hemos distinguido otras subclases. Ello plantea dos problemas principalmente. El primero tiene que ver con que, en algunas ocasiones, ciertas ocurrencias pueden pertenecer a dos subclases. Obviamente, en tales casos solo han sido incluidas en una de ellas. El segundo inconveniente se produce como consecuencia de que a veces no todos los ejemplos de las fórmulas poseen la misma función. Es lo que ocurre con los gestos que introducen discurso directo (§ 5). Estos han sido insertados en las secuencias demarcativas de elocución, pero cuando no dan pie a la intervención oral de un personaje vienen marcadas por un asterisco. Como cabe esperar, en el recuento final, hemos distinguido entre aquellas ocurrencias que poseen una función demarcativa y las que carecen de la misma. Asimismo, dentro de cada subclase hemos dispuesto los ejemplos de acuerdo al lugar que ocupan en el verso: primer hemistiquio, primero y segundo, y segundo. Hemos permitido alterar este orden en las secuencias de la carga de choque y el ataque con la espada, y del itinerario épico (§§ 1.4 y 1.5), para mantener los pasos tal y como se describen en los textos.

Dentro de cada archifórmula, si hay fórmulas y frases formulares, hemos incluido primero los ejemplos fijos y luego los variables, para dar cuenta de la disolución formular (§§ 1.2-1.3). De igual modo, cuando las indicaciones en la archifórmula sean transparentes no desglosaremos las ocurrencias, para hacer una lectura menos pesada y no dar información redundante. Respecto de los hemistiquios, si las secuencias pertenecen exclusivamente a uno de los dos lo señalamos con H1 o H2, pero si se ubican en ambos –aunque sea con desigual frecuencia–, indicamos con α y β su presencia en una u otra mitad (y, si no lo anotamos, se trata del hemistiquio predominante). Igualmente, cuando las secuencias vayan seguidas o precedidas de otra fórmula o expresión formular común a, al menos, dos de dichas secuencias, lo destacaremos con un + tabulado en la línea siguiente.

---

[137] Sobre los reparos que presenta esta lista, puede verse Smith (1987: 11-16).

En los casos en que una archifórmula acoge dos variantes, estas se dispondrán en el orden en que aparecen: <Complidas quinze/tres semanas> H2 (573, 664), es decir, el ejemplo con "quinze" pertenece al v. 573 y el de "tres" al 664. En los ejemplos del tipo <(...) secuencia>, <secu(...)encia> o <secuencia (...)>, el primer verso incluirá los términos entre paréntesis y el segundo no, como en <(si non,) en todos vuestros días> (1027α, 2194β). Ambas modificaciones pueden combinarse: <grandes averes (les) dio/priso> (3440, 110), de modo que "les dio" se refiere al v. 3440 y "priso" al 110. Empleamos el punto y coma para distinguir entre las variaciones morfológicas o léxicas de varias ocurrencias. Así, en <¡Afé Dios del+ cielo+> H1 (1942, 2155; 2855), los dos primeros versos están en la forma singular (que es la que aparece en la archifórmula), mientras que el último se entiende que finaliza, en virtud del +, con el plural "de los cielos". En otros casos, empleamos el punto y coma para distinguir dos fórmulas o dos locuciones formulares (al contrario del ejemplo precedente, en el que diferenciaba dos variantes morfológicas de la misma fórmula). Es lo que sucede en <(a) recebir[lo/los] salir+> (1917, 2886; 297, 2015α), donde el punto y coma marca la separación entre la secuencia con la "a" y sin la "a", y no la variante de número "lo/los", no pertinente para la distinción entre una u otra clase de unidad. Por último, cuando hay un cambio de orden y se mantiene, no lo desglosamos. Sirva como ejemplo <de las tiendas + {los} sacan{los}> (2402β, 2403α), según lo cual se deduce "de las tiendas los sacan" (v. 2402) y "sácanlos de las tiendas" (v. 2403).

En fin, cabe recordar los signos y abreviaturas empleados:
<Archifórmula de primer orden>
≤Archifórmula de segundo orden/tercer orden≥[138]
Fórmula
"Expresión formular"
/.../ /.../: términos que se exigen
{...} {...}: términos incompatibles
[...]: términos que siempre aparecen
(...): términos que pueden aparecer o no
VL: variante léxica
VS: variante sintáctica[139]
VO: variante del orden
VSe: variante semántica
VM: variante modal
PH: partición hemistiquio
VP: variante perifrástica

---

[138] Se trata de archifórmulas que recogen tan solo una parte del paradigma formular. El grado vendrá marcado por la disposición gráfica, dependiendo de la tabulación.
[139] Obviamente, también existirá una variación léxica, pero en estos casos tiene consecuencias sintácticas.

+: variante de la forma verbal, plural, femenino-masculino[140]
P: perífrasis
PS: perífrasis (en plural)
N-D: narrativo-descriptiva
D: descriptiva
Dem: demarcativa
Prep: preposición
SN: sintagma nominal
Sj: sujeto
Vb: verbo
Pron CD: pronombre complemento directo
Pron CI: pronombre complemento indirecto

1. Secuencias narrativas
   1.1. Referencias temporales
   1.2. Referencias espaciales
   1.3. Personajes
   1.4. Contexto bélico
   1.5. Movimientos, desplazamientos
   1.6. Invocación a la divinidad, referencias religiosas
   1.7. Emociones, sentimientos
   1.8. Gestos
   1.9. Partes del cuerpo
   1.10. Compañía
   1.11. Relaciones familiares
   1.12. Agradecimiento
   1.13. Modo, manera
   1.14. Mandar, ordenar
   1.15. Riquezas
   1.16. Cantidad
   1.17. Conceder y recibir algo o a alguien
   1.18. Mensajes
   1.19. Exilio
   1.20. Honra
   1.21. Fama del Cid
   1.22. Saber
   1.23. Esperar
   1.24. Distributivos
   1.25. Saludar
   1.26. Referencias al discurso

---

[140] Estas variaciones no impiden que las secuencias afectadas sigan siendo fórmulas, ya que consideramos (como queda dicho en el § 1.1) que este tipo de alteraciones no afectan a la fijación de la cadena léxica, sino que se producen por la adecuación al contexto.

1.27. Explicativas
1.28. Otras
2. Secuencias demarcativas
    2.1. Deícticas o de presentación
    2.2. De elocución
    2.3. De transición
3. Secuencias narrativo-descriptivas
4. Secuencias descriptivas
    4.1. Epíteto épico
5. Binomios formulares
    5.1. Narrativos
    5.2. Demarcativos
    5.3. Descriptivos

1. SECUENCIAS NARRATIVAS

1.1. REFERENCIAS TEMPORALES

DÍA SIGUIENTE:
Otro día mañana H1 (682, 2062, 2651, 2878)
   + <pensar+ de cavalgar> (394, 413, 645, 2870)
   + <luego/privado cavalgan> (1555, 1816)
     VL: ≤Al/que otro día mañana≥
   + <assí commo/cuando salió el sol> (2068, 2112*a*)
(E) cras a la mañana H1 (1808)
   + *pensemos de cavalgar* (537, 949)
     VL: "cras mañana" (3050)
A la mañana H1 (316, 1489)
<(E el/en) otro día [vb de movimiento+]> H1 y H2
     "Otro día moviós" (550)
     "e el otro día vinieron" (1476)
     "en otro día van" (2880β)
En aquel día de cras H2
   + <ir+los ferir> (676, 1690)

DEL DÍA A LA NOCHE Y DE LA NOCHE AL DÍA:
<El día es ['ido']> H1
     "El día es exido" (311)
     "El día es salido" (1699)
     "El día es passado" (2061)
     VL de 311: "El ivierno es exido" (1619)
<Passar+ la noche> H1
   + <(e) venir+ la mañana> (1122, 1540)
     VL: "trocida es la noche" (3545)
<(E) venir+ la mañana> H2 (323, 425, 456, 1122, 1540)
<(...) la noch + entrar+> H2
     ≤E/ya la noch entrar+≥
     "ya la noch era entrada" (827)
     "e la noch es entrada" (1699)
     VL: "la noch querié entrar" (311)

     ≤E/que entrada es la noch≥ (2061, 2120)

NOCHE PUNTO PRECISO:
<(Ellos) vinieron [a la/essa] noch> H1
   + <en [lugar] posar> (644, 646, 651)
     "ellos vinieron a la noch en Sogorve posar" (644)
     "vinieron a la noch a Celfa posar" (646)
     "vinieron essa noche en Calatayut posar" (651)
Ý yazen essa noche H1 y H2 (2702, 2869α)
     VL: "ý yazredes una noch" (2635)

AMANECER:
A los mediados gallos H1 (324, 1701)
Ya quiebran los albores H1 y H2 (456α, 3545)
     VL: "e quieren quebrar albores" (235)
<Cuando salir+ el sol> H2 (2112, 2704, 3465)
<[...] salié el sol> H2
     "claro salié el sol" (2062)
     "assí commo salió el sol" (2068)
     "antes que saliesse el sol" (3061)
<[Ante que/ý nos] cante el gallo> H2 (169, 209)

INICIO DE UN MOMENTO:
<Assí commo [vb]> H1
     [vb] = "entraron" (153, 2931)
     "assí commo llegaron" (2518)
     "assí commo descavalga" (2927)
     "assí commo acaban" (3392)
Expresión de modo, misma estructura:
     Assí commo semeja (1875, 2414)
     VL: "assí commo yo tengo" (2606)
<Cuando (lo) oyó/vio [sj]>
     ≤Cuando lo oyó [sj]≥ H1 (636, 3019)
     [sj] = "mio Cid" (1296, 1931)

VO: "mio Cid cuando lo oyó" (976)
≤Cuando lo vio [sj]≥ H1 (1594, 3027, 3643)
≤Cuando vio [sj]≥ H1 (908)
[sj] = "mio Cid" (574, 919)
VL: "cuando vio mio Cid las gentes juntadas" (1201)
Cuando lo sopo H1 (295, 1916)
VL: "El moro, cuando lo sopo" (2648)
<Cuando los fallar+ (por cuenta)> H1 (1264, 2306)
<Cuando + (aqu)esto + aver+ + fecho> H1
"cuando esto ovo fecho" (188)
"Cuando esto fecho ovo" (915)
"Cuando ovieron aquesto fecho" (2236)
VL de 188: "mas cuando esto ovo acabado" (3252)
<Cuando (me) las demandar+> H1 (3405, 3173)
<Cuando llegó [...]> H1
"cuando llegó a San Pero" (236)
"cuando llegó Avengalvón" (1517)
<[Mio Cid/el león], cuando los+ vio (fuera)> H1 (588, 2398)
<Dont lo+ ovo a ojo> H1 y H2 (298, 2016)
VO: "dont a ojo lo ha" (1517β)
VL: "Cuando l'ovo a ojo" (3024)
<Cuando lo vieron assomar/entrar> H1 y H2 (1393α, 3107β)
<Conpeçar+ de [vb en inf.]> H2 (705, 856, 1090, 1201)
VS: "conpeçólas de pagar" (1083)
Cuando mios yernos non son H2
 + <denme mis espadas/averes> (3158, 3206)
VL: "cuando vuestros yernos son" (2123)
<(Que) [sj] querer+ entrar> H2 (1619; 311, 665)

PLAZO:
<Los+ [referencia temporal] de plazo> H1

"Los seis días de plazo" (306)
"Las tres semanas de plazo" (3533)
<A cabo de [cifra] semanas> H1 y H2 (2981α)
[cifra] = "tres" (665α, 883β, 915β, 3481α)
<(Ca) cerca viene el plazo> H1 y H2 (212β y 392α)
VO: "ca el plazo viene acerca (321α)

CONSTRUCCIONES ABSOLUTAS:
La missa dicha H1 (320, 1703)
La oración fecha H1 (54, 366)
<Conplidas quinze/tres semanas> H2 (573, 664)

"MIENTRAS":
<Mientra que vivir^{subj}> H1 (153, 409, 2542, 3358)
VL: "ca mientra que visquiessen" (173)
"mientra vós visquiéredes" (925)
<Mientra que + ir+ + por mi+ tierra+> H1 y H2
"mientra que por mi tierra fueren" (1356β)
"mientra que fuéremos por sus tierras" (1409α)

HASTA:
<Fata que (las) [vb]> H1 y H2 (2803β; 2008, 2805)
<Fata que yo [me pague/lo mande]> H1 y H2 (498α, 703β)

"ANTES":
Ante que nos retrayan H1
 + <lo que cuntió/fue del león> (2548, 2556)
<Antes d'este+ tercer/quinze día+> H1 (1533, 1665)
<Antes de la noche/manana> H1 y H2 (23α, 1701β)

OTRAS:
<Aún ver^{subj} el día/ora> H1 (205, 2868; 1857, 2338)
Al tercer día H1 (938, 1113)

◁({El rey}) una grant ora ({el rey})▷ H1
   Una grant ora (1932, 2828)
   "una grant ora el rey" (1889)
   "el rey una grand ora" (2953)
   + *pensó et comidió* (1889, 1923, 2828)
   + "calló e comidió" (2953)
◁Al salir de la missa/eclegia▷ H1 (2070, 2241)
◁(Si non,) en todos vuestros días▷ H1 y H2 (1027α, 2194β)

1.2. REFERENCIAS ESPACIALES

"DENTRO":
◁(E) (fata/de) dentro en [lugar]▷ H1 y H2
   ≤(e) dentro en [ciudad]≥ (1165β)
     [ciudad] = "Valencia" (1097, 1985)
     VL: "dentro a Valencia" (1561)
   ≤Fata dentro en [lugar]≥ (1227, 1382, 2416β, 2620β, 2925)
   ≤(De) dentro en la/mi cort≥ (962, 3227β, 3480β)
     VL: "dentro en mi coraçón" (2916β)
◁(Dentro) a/en [población] la casa▷ H2 (62, 1161, 1606)

"TIERRAS":
Por todas essas tierras H1 (564, 652)
   VL: "todas essas tierras" (913)
◁(…) (en) tierra de moros▷ H1
   "cabo del mar, tierra de moros" (1162)
   "en tierra de moros" (1167)
   "—¡Semeja que en tierra de moros" (1346)
◁{Maguer} en {estas} tierras agenas▷ H1 (1326, 1642)
◁[Prep] tierras de [lugar]▷ H1 y H2 (1186β, 1188)
   [Prep] = "a" [lugar] = Carrión H2 (2526, 2544, 2590, 2597, 2627, 2638, 3470, 3599)
   [Prep] = "en" [lugar] = Carrión H2 (2570, 2600, 2717, 3223)
   VL: "a nuestras tierras de Carrión" (2563)
   "que tierras de Carrión" (3474)
   "por tierras de Carrión" (3697)
   ≤[en begas/heredades] de Carrión≥ H2 (3481, 3715)
   ≤(que) (en) tierras de Valencia≥ H1
   "En tierras de Valencia" (1299)
   "que en tierras de Valencia" (1306)
   "Tierras de Valencia" (1308)
   VL: Sin preposición (936, 1093)
◁E las tierras [d'acá/de Montalván]▷ H2
   + ◁(e) dexado á Saragoça/Huesa▷ (1088, 1089)
◁[Por/que l' corrié] la⁺ tierra⁺ toda⁺▷ H2 (939, 958)

"PARTE(S)":
De todas partes H1 (1015, 2455, 3012)
(E) del otra part H1 (1144, 1614, 3684)
Que es del otra part H2 (635, 867)
◁Catar⁺ a todas partes▷ H2 (356, 1612)
◁Venir⁺ de todas partes▷ H2 (648, 1415)
◁Entraré (yo) del otra part▷ H2 (1696, 1132)
◁(…) a todas partes▷ H2
   "a todas partes" (954)
   "son idos a todas partes" (956)
   "sabet, a todas partes" (1197)
   "todas a todas partes" (1206)
   "salir a todas partes (2406)
◁{…} de todas partes {…}▷ H2
   "de todas partes menguados" (134)
   "essa noch de todas partes" (395)
   "yentes de todas partes" (403)

"CORT":
◁De/en toda esta cort▷ H1 y H2 (3427β, 3432α)
   VL: "a vós e a tod esta cort" (2090β)

"ca en esta cort" (3459α)
<(Que) + cort + fazié + en Toledo>
H1 y H2
    "que cort fazié en Toledo" (2980α)
    "en Toledo fazié cort" (2986β)
Por medio de la cort H2 (2283, 2931)
<Querer+ ir a la cort> H2 (3000, 3078)

"ADERREDOR":
<Que están/andan aderredor> H2 (2038, 2699)
    VL de 2038: "los que están aderredor" (3622)
<[Vb(los)] aderredor> H2
    "posan aderredor" (3122)
    "violos aderredor" (3341)
    "fártaslos aderredor" (3385)
    "esconbraron aderredor" (3608)

OTRAS:
(E) desí adelante H1 (742, 3110)
    VL: "e desí arriba" (478)
    "desí adelant piense" (1383)
<A/en Sant Estevan> H1 (2813, 2845; 2818)
<Fata [lugar]> H1 (446*b*, 777, 1148, 2424, 2872)
    VL de 777 ("fata Calatayud"): "para Calatayut" (775)
    [lugar] = "en Valencia" (1485, 1556)
<Que curiar+ a Valencia> H1 (1261, 2000*b*)
(E) yo fincaré en Valencia H1 (1470, 1472)
<Desí a [lugar]> H1 (867, 1109)
A Saragoça H1 (905, 914)
<A la puerta de [lugar]> H1
    "A la puerta de Valencia" (1576)
    "a la puerta de la eclegia" (2239)
    "a la puerta de fuera" (3104)
    VL de 1576: "A la salida de Valencia" (3261)
<(E) por [lugar] ayuso> H1 (426, 546)
<Delant el Campeador/rey> H1 (1759, 2934)

<Que lo sepan en Castiella/Gallizia>
H1 (1767, 2579)
<[Prep] el robredo de Corpes> H1 y H2
    [prep] = "a" (2697β)
    [prep] = "en" (3156β)
        + *por muertas las dexaron* (2748β, 2755α)
        + <desenparadas/solas las dexar+> (2945α, 3266α)
    [prep] = "por" (2809β)
<Fata/a cabo del albergada> H1 y H2 (1067α, 2384β)
<De/a la casa de Bivar/Berlanga>
H1 y H2 (1268β, 2877α)
<(Aquí) en este logar> H1 y H2 (702α, 3730β)
<En Valencia folgar+/P> H1 y H2
    "en Valencia está folgando" (1243β)
    "en Valencia folgad" (2335α)
Que va por es logar H2
    + *grand es el gozo* (1146, 1211)
Delant estando vós/yo H2 (3174, 3482)
<(A) el puerto de Alucant> H2 (951, 1087)
<En/a Valencia, do [ser+/estar+]>
H2
    "en Valencia, do son" (947)
    "a Valencia, do está" (1406)
    "en Valencia do estava" (1537)
<Allí avié fincança/poblado> H2 (563, 565)
<[{Do}/que] avemos {por} heredad+> H2 (1271, 1401)

1.3. PERSONAJES

RODRIGO:
Mio Cid Ruy Díaz H1 (15, 470, 734, 828, 846, 870, 1024, 2151, 2433, 3054, 3301)
    + *el que en buen ora cinxo espada* (58, 875)
    + <el que en buen hora nascer+> (759, 2054)
        VS: *que mio Cid Ruy Díaz* (784, 958)

VS: "que a mio Cid Ruy Díaz" (25)
VS: ≤de/con mio Cid Ruy Díaz≥ (942, 1237)
Mio Cid don Rodrigo H1 (467, 556, 973, 1202, 1216, 1243, 2300, 2331)
 + *el que en buen ora nasco*" (1797, 2253)
El Campeador H1 (31, 109, 117, 464, 776, 837 –con "e"–, 923, 2063, 2219)
  VL: "Campeador" (1128)
  VS: "por el Campeador" (3314)
<[Prep] mio Cid don Rodrigo> H1 y H2 (1622, 3356)
  [Prep] = "a" (1017α, 1628)
    VL: "a vós, Cid don Rodrigo" (1706α)

EL REY ALFONSO:
Al rey Alfonso H1 (815, 1272)
  VL: "el rey Alfonso" (508)
  "ant'el rey Alfonso" (1843)
  "al rey Alfonso de Castiella" (2900)
<¡Merced, /ya/ rey /don/ Alfonso> H1
 + <(vós) sodes mio+ señor!> (3171, 3403)
El rey don Alfonso H1 y H2 (22, 1840, 1895, 1979, 2013β, 2026β, 3572β)
  VS: "ý es el rey don Alfonso" (3553)
<[Prep] el rey don Alfonso> H1 y H2 (1825α, 3166, 3397, 3423)
  [Prep] = "ante" (2093, 3239)
    VL: "aquí ant'el rey don Alfonso!" (3344)
    "ant'el rey Alfonso" (1843)
    VL: "e a aquel rey don Alfonso" (3452)
<Al/del rey so señor> H2 (3017, 3176)

INFANTES DE CARRIÓN:
<(...) de natura ser+> H1
  "nós de natura somos" (2549)
  "ca de natura somos" (2554)

≤de natura ser+≥ (3296, 3354, 3443)
 + *de condes de Carrión* (2549, 2554, 3296)
Diego Gonçález H1 (2288, 3353)
<(Prep) (los) ifantes de Carrión> H1 y H2
los ifantes de Carrión (1372, 1385α, 1835α, 1901, 1975α, 1981α, 2052, 2084, 2091, 2101, 2246α, 2279, 2309, 2510, 2515, 2583, 2644, 2689, 2708, 2713, 2735, 2754α, 2763, 2771, 2781, 2793, 2824, 2831, 2833, 2906, 2995, 2999, 3232, 3241, 3256α, 3552, 3577, 3591)
ifantes de Carrión (2332, 2496, 2587, 2646, 2701, 2942, 2965, 3080, 3127, 3144, 3161, 3207, 3209, 3217, 3219, 3258, 3467, 3485, 3562, 3568, 3596)
≤[Prep] los ifantes de Carrión≥ (1906, 2210α)
  [Prep] = "a" (1928, 2076, 2098, 2174, 2178, 2225α, 2229α, 2317, 2655, 2670, 2985, 3428, 3603, 3612, 3613α, 3702)
  [Prep] = "de" (1879α, 2162, 2171)
  [Prep] = "pora" (1937, 2096)
≤[Prep] ifantes de Carrión≥
  [Prep] = "a" (3148, 3537)
  [Prep] = "con" (2939, 2956, 3007)
  [Prep] = "de" (2915, 2952, 3113, 3133, 3202, 3437, 3705, 3708)
<(E) a/de los de Carrión> H1 y H2
  "de los de Carrión" (2683β)
  "e a los de Carrión" (2979)
  "Los de Carrión" (3275)
De condes de Carrión H2
 + <(...) de natura ser+> (2549, 2554, 3296)

ÁLVAR FÁÑEZ:
<[...] Minaya Álbar Fáñez> H1
  "que Minaya Álbar Fáñez" (927)
  "oíd, Minaya Álbar Fáñez" (1297)
  "vós, Minaya Álbar Fáñez" (3063)

<(Prep) Minaya Álbar Fáñez> H1 y H2
Minaya Álbar Fáñez (438β, 735, 826, 894β, 1127β, 1309β, 1314β, 1367, 1378, 1405β, 1414β, 1439β, 1442β, 1520β, 1527β, 1772, 1991, 2361β, 2449, 2624, 3429)
   VO: "Álbar Fáñez Minaya" (871β)
A Minaya Álbar Fáñez (744, 752, 778, 1385*b*β, 1894, 2561 –con "e"–)
   VL: "a vós, Minaya Álbar Fáñez" (1870)
Con Minaya Álbar Fáñez (1256, 1467β)
   VS: "con él Minaya Álbar Fáñez" (1244)
<[...] Álbar Fáñez> H1 y H2
   [...] = vb (389, 616, 1144β, 1417β, 3456)
   (e) a Álbar Fáñez (2835*b*, 3016)
   VL: "e mucho a Álbar Fáñez" (945β)
   VL: "que Álbar Fáñez" (931)
   "ya Álbar Fáñez" (934)

MARTÍN ANTOLÍNEZ:
(E) Martín Antolínez H1 (79, 96, 148, 160, 293, 765, 3361, 3648, 3667*b*)
   + <el burgalés [epíteto]> (65, 1500)
      [epíteto] = "de pro" (736, 1992*b*, 2837, 3066)
         VL: "mio vassallo de pro" (3193)
   + <un burgalés contado/leal> (193, 1459)
<[...] Martín Antolínez> H1 (3660)
   + *el burgalés de pro* (3191, 3524)

DON JERÓNIMO:
(E) el obispo don Jerónimo H1 y H2 (1289, 1546, 1579, 1689, 1702, 2069, 2238, 2383, 2512β, 3064β)
   + <coronado [epíteto]> (1460, 1501, 1993)
      VL: "caboso coronado" (1793)
   VS: "del obispo don Jerónimo" (1667β)

MUÑO GUSTIOZ:
(E) Muño Gustioz H1 (737, 1499*b*, 1995, 2917)
   + <[a/e vós] Pero Vermúez> (2169, 3525)
Tú, Muño Gustioz H1 y H2 (1458α, 2955β)
<(E) a (don) Muño Gustioz> H1 y H2 (3675β, 2177α)
Aquel Muño Gustioz H2 (2324, 2927, 2935)
   VL: "e aqueste Muño Gustioz" (3065)

PERO VERMÚEZ:
(E) Pero Vermúez H1 (2864, 3065, 3306, 3623)
   VS: "a Pero Vermúez" (2169)
   VL: "ala, Pero Vermúez" (2351)
E vós, Pero Vermúez H1 y H2 (689α, 3525α)
   + <Oídme/venides, Minaya> (1897β, 1919β)
<(E) [...] Pero Vermúez> H1 y H2
   [...] = "aquel" (704α, 1991)
   [...] = vb (611α, 1815α)
   [...] = ≤a/con≥ (1894, 2836)
   VL: "e a Pero Vermúez aquí" (1870)
(E) Pero Vermúez delant H2 (1458, 1499)

FÉLEZ MUÑOZ:
<(Tú) Félez Muñoz> H1 y H2
   Félez Muñoz H1 y H2 (741α, 3069β)
Tú Félez Muñoz H2 (2618, 2634)
<Tornós'/vino Félez Muñoz> H2 (2776, 2813)

OTROS INDIVIDUALES:
(E) Álbar Álbarez H1
   e Álbar Salvadórez (739, 1994, 3067)
Ferrán Gonçález H1 (2286, 3391)
   VL: "con Ferrán Gonçález" (3624)
(E) Galín García H1 (443*b*, 740)
   VL: "e Galind Garcíez" (3071)
   + *el bueno de Aragón* (740, 3071)

(E) Martín Muñoz H1 (3068)
    + *el que mandó a Mont Mayor* (738, 1592)
(E) Asur Gonçález H1 (3008, 3373, 3074)
    VL: "con Assur Gonçález" (3672)
    "e va ý Asur Gonçález" (2172)
(E) el conde don García H1 (1836, 2997, 3007, 3270)
    VS: "pesó al conde don García" (2859)
<(Pora) los ifantes> H1
    + *de Navarra e de Aragón* (3420, 3448)
<(...) mugier doña Ximena> H1
    "por su mugier doña Ximena" (1352)
    "ya mugier doña Ximena" (1763)
    "mugier doña Ximena" (2196)
    "mi mugier doña Ximena" (3039)
<Al rey Fáriz/Yúcef> H1
    + <tres colpes le dar+> (760, 1725)
<(E) (prep) el conde don Remont> H1 y H2
    El conde don Remont (987, 1018, 1066, 3237β)
        VS: "porque el conde don Remont" (1059)
        [Prep] = "a" (1009, 3036β, 3496β)
        "del conde don Remont" (975)
El moro Avengalvón H1 y H2 (1477, 1551, 2636β, 2662β, 2671)
    VS: <a/con el moro Avengalvón> (2647β, 2881)
(E) Álbar Salvadórez H1 y H2 (1681α, 1999α)
    + (e) *Álbar Álbarez* (739β, 1994β, 3067β)
El abbat don Sancho H1 y H2 (237α, 243)
    VL: "a vós, abbat don Sancho" (256)
    VS: "al abbat don Sancho" (1286)
Del conde don Gonçalo H2
    + <estos/amos ser+ hijos> (2268, 2441)
Vid. también Apéndice § 5.1.

COLECTIVO:
Grandes yentes se le acogen H1 (395, 1199)
    VL: "muchas yentes se le acogen" (1440)
Los vassallos de mio Cid H1 (604, 2258)
    VL: "vassallos de mio Cid" (2532)
<(Gracias,) varones de Sant Estevan> H1 (2851, 2847)
<E (todas) las otras dueñas> H1 (1802, 2005)
<E (a) todas las/sus dueñas> H1
    "e a todas sus dueñas" (385)
    "e a todas las dueñas" (2264)
    "e todas las dueñas" (2191)
        VL: "y todas las dueñas con ellas" (1412)
<Con/e todos sus parientes> H1 (3162, 3539)
<Los de [lugar o pertenencia]> H1 y H2 (36, 570, 1110, 3717)
    [lugar] = "Sant Estevan" (2820, 2871)
    [lugar] = "Valencia" (1119)
        VS: "a los de Valencia" (1170)
    [lugar] = "Teca" (571)
        VS: "entre los de Teca" (842)
        + *e los de Terrer la casa* (571, 842)
    [lugar] = "Terrer la casa" H2
    (E) a los de Calatayut (626, 572)
        VL: "e los de Calatayut" (843)
        "e a los de Calatayut más" (860β)
    [lugar] = "la frontera"
        VS: "con los de la frontera" (640)
        "por los de la frontera" (647)
    [pertenencia] = "mio Cid" (35, 772)
        VL: "a los de mio Cid" (661)
        "los de mio Cid a los de Bucar" (2402)
        ≤[...] los de mio Cid≥
        "esta albergada los de mio Cid" (794)
        "todos los de mio Cid" (2217)

"desí vinién los de mio Cid" (3612)
"el rey a los de mio Cid" (3698)
VSe: "los de criazón" (2707)
<Todos tres [...]> H1 y H2
"todos tres señeros" (2809)
"todos tres por tres" (3621)
[...] = vb
"todos tres se apartaron" (105β)
"todos tres se acuerdan" (3551)
[...] = ≤son armados/acordados≥
+ *los del Campeador* (3571, 3589)
(E) a todos sus varones H1 y H2 (2848β, 561α)
VS: "e todos sus varones" (2315β)
<[...] todos los sos> H1 y H2 (1915β)
[...] = ≤(e) prep≥ (849α, 2017α, 2506β)
<E/de todos los otros> H1 y H2 (1998, 2768)
VL: "sabet, todos los otros" (3110β)
<(E) todos los/sus cavalleros> H1 y H2 (616β, 2209α)
<El+ que querer+ [vb en inf.]> H1 y H2 (421α, 1369)
VS: "los que lo quisieren far" (891)
<(Prep) los del Campeador> H2
los del Campeador (2284, 3534, 3556, 3573, 3712)
+ <todos tres son armados/acordados> (3571, 3589)
VL: "tienen los del Canpeador" (3469)
a los del Campeador (3540, 3561, 3613)
VS: "por los del Campeador" (3564)
Con moros en el campo H2 (499, 1293, 2461)
VS: "pora arrancar moros del canpo" (3519α)
Cuantos ha en la cort H2 (3123, 3495)
<(Assí) parientes commo son> H2

+ <prenden (so) consejo> (2988, 2996)
<[Ca muchos/sos] parientes son> H2 (3592, 3724)
<E a dos/los fijosdalgo> H2 (1034, 2264)
<E/de los buenos que ý ha/son> H2 (3058, 3072)
<Entre (todos) essos cristianos> H2
+ <grand alegría es/va> (1236, 797)

1.4. CONTEXTO BÉLICO

"CAVALLEROS":
<Con [cifra] cavalleros> H1 (1957)
 [cifra] = "ciento" (1483, 1743)
  VL: "con otros ciento cavalleros" (1465)
 [cifra] = "dozientos" (2652, 2838)
  VL: "Con estos dos cavalleros" (1057)
Sos cavalleros H1 (474, 512)
Con él dos cavalleros H1 (2918, 2930)
<Con estos/los cavalleros> H1 (234, 1051)
<Estos (mis) tres cavalleros> H1 (3487, 3598)
<({A mí}) dad({me}) [cifra/posesivo] cavalleros> H1
 "a mí dedes ciento cavalleros" (1129)
 "dio tres cavalleros" (1405)
 "dadme ciento e treinta cavalleros" (1695)
 "dadme vuestros cavalleros" (3476)

"VENCER":
<(Si/ý) vencer+ la/esta batalla> H1 y H2
 "si venciéremos la batalla" (688)
 "vencido á esta batalla" (1008)
 "ý benció esta batalla," (1011)
 ≤Vencer+ la batalla≥ (2427, 3669β)
<(E) vencer+ la/esta lid> H1 y H2 (831β, 3696α)

<(Que/e yo) vencer⁺ el campo> H1 y H2
   "que vencieron el canpo" (1740)
   "e yo vencí el campo" (1749)
   "¡Vençudo es el campo" (3691α)
<Vencer⁺ moros/reyes del/en campo> H1 y H2
   "se vencen moros del campo" (1753)
   "vencer reyes del campo" (1863)
   "venciemos moros en campo" (2522α)

"Lid", "lidiar":
<Esto(·t') lidiaré> H1 (3344, 3359b)
<(Cras) sea la/esta lid> H1 (3465, 3472)
<(Guisados) pora huebos de lidiar> H2 (1461, 1695)
<(Porque) {me} ver⁺{me} lidiar> H2 (1653, 1641)
<{Que una} lid {campal} á arrancado> H2 (1849, 784)

"Ferir":
¡Feridlos, cavalleros H1 (597, 720, 1139)
<(E) ir⁺los ferir> H1 y H2 (676, 718, 1690, 2384, 2395)
   VL: "vanlos ferir de grado" (1718β)

"Ganar":
<Mio Cid gañó a [lugar]> H1 (610, 1092)
   VS: "cuando mio Cid gañó a Valencia" (1212)
<(E) gañó a [objeto o población]> H1 (463, 2426)
   VL: "Ý gañó a Colada" (1010)
   "ganaron Peña Cadiella" (1163)
<Con afán {la} gané {a Valencia} (yo)> H1 y H2 (3507β, 1635α)

Carga de choque y golpe con la espada:
<Enbraçar⁺ el⁺ escudo⁺> H1 (715, 2393)
   VL: "Abraçan los escudos" (3615)
   "enbraçan los mantos" (2284)

   + *delant los coraçones* (715, 3615)
Abaxan las lanças H1
   + <abueltas de/con los pendones> (716, 3616)
   VL: "e abaxó el asta" (2393)
<Enclinar⁺ las caras> H1
   + <[de suso de/sobre] los arzones> (717, 3617)
<Ferir⁺(se) en el⁺ escudo⁺> H1 (3625, 3675)
<Que/mio Cid enplear⁺ la lança> H1 (500, 1722)
<(E) ir⁺los ferir> H1(*vid. supra*, en este mismo apartado)
<La lança/el astil quebrar⁺> H1 (746, 2387)
   VL de 2387: "el astil le quebró" (3628)
<{Dia Gonçález} espada tener⁺ {desnuda} en mano> H1 (2413, 3662-3663)
(E) por el cobdo ayuso H1
   + *la sangre destellando* (501, 781, 1723, 2454)
   VL: "por la loriga ayuso" (762)
   "corrió por el astil ayuso" (352)
Tras el escudo H1
   + *falsóle la guarnizón* (3676, 3679)
<[A/de] (tod) el⁺ primer⁺ colpe⁺> H1
   "a tod el primer colpe" (184)
   "a los primeros colpes" (2386)
   "de los primeros colpes" (3321)
Las carbonclas del yelmo H1 (766, 2422)
   VL: "las moncluras del yelmo" (3652)
Cortól' el yelmo H1 (767, 2423)
<A/de los que alcançar⁺> H1 y H2 (758α, 472β)
(E) al espada metió mano H2 (500, 746, 1722)
   VO: "e metió mano al espada" (2387)
   "e mano al espada metió" (3642)
   "mano metió al espada" (3648)
La sangre destellando H2
   + *(e) por el cobdo ayuso* (501, 781, 1724, 2454)

<El+ espada en la mano> H2 (756, 790, 1745)
<Tres colpes le dar+> H2
 + <al rey Fáriz/Yúcef> (760, 1725)
Falsóle la guarnizón H2 (3681)
 + *tras el escudo* (3676, 3679)
<Apart + ge lo+ echar+> H2 (3631, 3651)
 VO: "echógelas aparte" (766)
En tierra lo echó H2 (3640, 3686)
<(Ca) en carne no·l' tomó> H2 (3677, 3672)
<Abueltas de/con los pendones> H2 (716, 3616)
<[De suso de/sobre] los arzones> H2 (717, 3617)
<Mas no·l' [pueden falsar/falsan las armas]> H2
 + <dar+le grandes colpes> (713, 2391)

"ESPADAS":
<Dar+[vos/les] dos espadas> H1
 + *a Colada e a Tizón* (2575, 3153)
<Sacar+ las espadas> H1 (3137, 3177)
<{Por esso le} dar+{le} sus espadas> H1 (3210, 3167)

"ARMAS":
<Armas + ir+ + teniendo> H1
 Armas iva teniendo (2673, 2887)
  ≤Teniendo ir+ armas≥ (2687, 2896)
  VL: "teniendo salién armas" (2613)
<{Tú non} entrar+ en {las} armas> H1 y H2 (3305β, 1640α)
<{Ya} meterse+ en {las} armas> H1 y H2 (3350α, 986β)

OTRAS:
<D'(aqu)esta arrancada> H1 (2508; 2448, 2469)
D'esta batalla H1
 + <que arrancar+> (814, 2485)
  VL: "cuando tal batalla avemos arrancado!" (793)
<(Que) a menos de batalla/lid> H1

"que a menos de batalla" (984)
"a menos de batalla" (989)
"a menos de lid" (1106)
 + <no lo+ puedo dexar> (1646, 3257)
<(D') ({aqu})esta ({mi}) quinta> H1
 "d'aquesta quinta" (494)
 "esta quinta" (519)
 "d'esta mi quinta" (1806)
  VL: "de toda la su quinta" (1798)
<(Pedist) las feridas primeras> H1 (3317, 1709)
<[De suso/sobre] las lorigas> H1 (3074, 3075)
<{Notó} trezientas lanzas {son}> H1 (419, 723)
<El+/e + escudo+ + al+ cuello+ + (traer+)> H1 y H2
 "e escudos a los cuellos traen" (1509β)
 "el escudo trae al cuello" (2450)
 "los escudos a los cuellos" (3584)
<Robar+ el canpo> H1 y H2 (1151α, 1736, 2430)
<(E con) señas espadas> H1 y H2 (1810β, 818α)
<Priso a Murviedro/Almenar> H1 y H2 (1095β, 1328α)
<De las tiendas + {los} sacan{los}> H1 y H2 (2402β, 2403α)
<Cercar (quiere) a Valencia> H1 y H2 (1191α, 1192β)
<(Por) sacar+(los) a celada> H1 y H2
 "sacaremos a celada" (441)
 "por sacarlos a celada" (579)
 "sacólos a celada" (631α)
<Que arrancar+> H2
 + *d'esta batalla* (814, 2485)
Duró el segudar H2 (2407)
 + <fasta [lugar]> (777, 1148)
  VL: "fata dentro en Xátiva duró el arrancada" (1227)
La seña de Minaya H2 (477*b*, 482)
<Sabet, las peonadas/castellanas> H2
 + *non son en cuenta* (918, 1983)
<(Aquí) fincar+ en la çaga> H2 (449, 455)
<[Vb] en alcaz> H2 (772, 776)

[vb] = caer⁺[l'/los] (2408, 2403)
VL: "mataron en es alcaz" (1147)
<Ir⁺[l'/los] ensayar> H2 (3318, 2381)
<Ca/e fazer⁺ el/esta arrancada> H2 (609, 1158)
<La (mi) seña tomar⁺> H2 (689, 692)
<En mí) {la} querer⁺{las} ensayar> H2 (2414, 2376)
VL de 2376: "querríalas ondrar" (2373)

1.5. MOVIMIENTOS, DESPLAZAMIENTOS

"ESPEDIRSE":
<Ya espedirse⁺ (mio Cid)> H1 (2156, 1448)
<Espidiós' [sj]> H1 (226, 1384, 2974)
<Espedirse⁺ a/de [SN]> H1 y H2 (200β, 1914, 2263, 2612, 3531)
VL: "d'allent se espidieron d'ellos" (2873)

"SALTO":
<({De}) fuera ({un}) salto dar⁺> H2
  "de fuera salto davan" (459)
  "fuera salto davan" (591)
  "fuera un salto dan" (693)
<(El rey) fuera dar⁺ salto> H2 (1833, 2242)
<[...] dieron salto> H2
  "al corral dieron salto" (244)
  "de Valencia dieron salto" (1716)
  "aparte davan salto" (1860)

"DEXAR", "QUITAR":
<(E) dexado á Saragoça/Huesa> H1 + <e las tierras d'acá/Montalván> (1088, 1089)
<Quitar⁺(me á) el/mio reino> H1 y H2 (3141, 2994)
VL: "e quitaremos el reinado" (211β)
<{El castiello} querer⁺{las} quitar> H2 (851, 534)

"SALIR":
<Salir⁺ de [lugar]> H1 (587, 1185, 1542)
  [lugar] = "Valencia" (1821, 2009)
Essora salién aparte H1 + *ifantes de Carrión* (3161, 3217)
<Salir⁺ + por la puerta> H1 y H2 (55, 3364; 2288β)
<(A) recebir[lo/los] salir⁺> H1 y H2 (1917, 2886; 297, 2015α)
VL: "recibir salién las dueñas" (1585α)
<Aparte salir⁺> H2 (2319, 2768)

"RIENDAS":
<Soltar⁺ las riendas> H1 y H2 (227, 390, 1984)
VL: "allí sueltan las riendas" (10β)
+ <(e) piensan de aguijar/andar> (227, 390)
<Bolvió la rienda (al cavallo)> H1 y H2 (763, 3659)
VL de 3659: "tovo la rienda al cavallo" (1747β)

"CAVALGAR":
<[Adverbio] + cavalgar⁺> H1 y H2
≤Apriessa cavalgar⁺≥ (297, 1817, 1979β, 2842, 3102)
VL y VO: "mandó cavalgar apriessa" (1832)
≤Privado cavalgar⁺≥ (1816β, 2886, 2917β)
VO: <(E) cavalgar⁺ privado> H2 (1059, 148)
VL: "cavalgaron tan privado" H2 (2241)
≤(E) luego cavalgar⁺≥ H2 (1541; 55, 1555)
Ya quieren cavalgar H1 y H2 (367β, 2591α)
<(E) cavalgan a vigor> H2 (2589, 3583; 1671)

"AGUIJAR":
<Aguijó [sj]> H1 (1077)
  [sj] = "mio Cid" (37, 862)

Aguijan a espolón H2 (2009, 2693, 2775)

"Adeliñar":
<Adeliñar+ pora [lugar]> H1 y H2 (1309, 1315β, 1392, 2297β, 2929)
  [lugar] = "Valencia" (1203, 2167)
    VL: "e irién pora Valencia" (1354)
  VL de 2929 ("adeliñó pora·l' palacio"): "adeliñavan al palacio" (2211)
  VL de 1315β ("adeliñó pora allá"): "enbió pora allá" (976β)
<A [la puerta/ellas] adeliñar+> H2 (467, 2779)

"Andar":
<Andidieron [de noch/todo'l día]> H1
  + *que vagar non se dan* (434, 650)
Andan los días e las noches H1 y H2 (1823α, 2842β)
  VL: "andan días e noches" (3700β)
  "que andidiessen de día e de noch" (2839β)
<(E) aguijan/andan cuanto pueden> H1 y H2 (2646α, 2920β)
<Cuanto pueden andar/espolear> H2 (542, 546; 233)

"Pensar de" + infinitivo:
<(E) pensar+ de [vb en inf.]> H1 y H2[141] (324, 380α, 1028, 1135, 1493, 2644α)
  [vb] = "cavalgar" (320, 376, 432, 1440, 1448, 1473, 1489, 1688)
    + *otro día mañana* (394, 413, 645, 2870)
    + *cras a la mañana* (538, 949)
    VL: "pensar quiere de cavalgar" (1430)

---

[141] Aunque no todos los ejemplos poseen un significado de desplazamiento, los hemos incluido en este punto porque la mayoría de las ocurrencias sí se emplean con este sentido y todas ellas se basan en una misma estructura.

VO: "de cavalgar pensavan" (2609)
[vb] = "andar" (389, 391, 426, 643, 970, 1077, 1821)
  VL: "métense a andar" (2878)
[vb] = "adobar" (2205α; VM "piénsanse": 681, 1282)
  VS: "pensólas de adobar" (1426)
[vb] = "tornar" (VM "piénsanse": 1152, 1680, 2873)
[vb] = "aguijar" (227)
  VL: "Allí piensan de aguijar" (10α)

"Passar":
<(E) passar+/P + (a) + [CD]> H1 y H2
  Sin "a" (545, 1491)
    [CD] = "la sierra" (442, 1824)
      VL: "De noch passan la sierra" (425)
    Perífrasis: <Passando va [CD]> (323, 1826)
    VO: <E Arlançón passar+> H2 (55, 201)
  Con "a" (551, 552)
    PH: "passaron Mata de Toranz" (1492)
<Ellos/vós passar^PS> H2
  "ellos passando van" (544)
  "vós vayades passar" (1462)

"Tornar(se)":
<Tornado es [don Sancho/mio Cid]> H1 (387, 1231)
<(E) tornarse+ a [lugar]> H1 y H2 (1091β, 1196, 1313, 2303, 3181)
<Tórnanse con [la ganancia/las dueñas]> H1 y H2 (478β, 2247α)
<E/ya tornarse+ pora [lugar]> H1 y H2 (49β, 2643α)
<A [mio Cid/Molina] tornarse+> H2 (1964, 2974; 2688)
<Tornar+ a [lugar]> H2 (215, 3170)
  VL: "e el otro tornó a Álbar Fáñez" (1497)
<A [SN] irse+ tornar> H2 (694, 1395)
<Tornados + son + amos> H2

"tornados son amos" (2339)
"amos tornados son" (2557)

"LLEGAR":
<(E) llegar⁺ a [lugar]> H1 y H2 (52, 974, 1160, 1160β, 1630, 1827, 2656β)
<(Assí/essora) llegar⁺> H2 (927, 2449, 2431)
<Adelant llegar(se)⁺> H2 (1841, 2511)
　VO: "e llegando delant" (1513)

"ENTRAR":
<A Valencia entrar⁺> H2 (1743, 1792, 2247)
　VL: "a Valencia son llegadas" (2465)
<(E) (de) entrar⁺ en/a la cibdad> H2
　"e entró en la cibdad" (1212)
　"de entrar a la cibdad" (3046)
　"entraré a la cibdad" (3050)
　VL: "entráronse a la cibdad" (2896)
<Entraron al/por el palacio> H2 (1761, 3373)
　VL de 3373: "entraron por la cort" (3393)

'DESCABALGAR':
<Ferirse⁺ a tierra> H1 (1842, 3025)
<(E) luego descavalgar⁺> H2 (57; 52, 2778)

"POSAR":
<E ivan posar (con él)> H1
　+ <en un⁺ precioso⁺ escaño⁺> (1762, 2216)
<A/en [lugar] posar> H1 y H2 (56, 1576)
　+ <(ellos) vinieron [a la/essa] noch> (644, 646, 651)
　VO de 56 ("en la glera posava"): "posó en la glera" (59α)
<[Mio Cid/ellos] ir⁺ posar> H2 (402, 553; 415)
<Posar⁺ a/en San Serván> H2 (3047, 3054)
<(Mio Cid) ir⁺ albergar> H2 (547, 2879)

<E/{en él} prender⁺ {las} posadas> H2 (656, 900)

DARSE PRISA:
<Non lo tardó (el rey)> H1 (2071, 935)
<Non lo/s' detener⁺ (por nada)> H1
　"non lo detienen" (648)
　"non lo detiene por nada" (2976)
　"no·s' detiene por nada" (3084)
<Non lo detardar⁺> H1 y H2 (96β, 105, 575β, 638, 1584β, 1964, 1986, 2841)
　VL: "esto non detardan" (1496)
<(Sabed,) no·l'/se dar⁺ vagar> H1 y H2 (3308β, 2921α)
<Non lo querer⁺ detardar> H2 (1198, 1202, 1693)
　VL: "non quiso tardar" (2898)
　VL y VS: "que no·s' quieren detardar" (1506)
Apriessa demandava H2
　+ *por Rachel e Vidas* (97, 99)
Que vagar non se dan H2 (1823)
　+ <andidieron [de noch/todo'l día]> (434, 650)
<(E) ir(se)⁺ privado> H2 (89, 208)

OTRAS:
<Abrir⁺ las puertas> H1
　+ <{de} fuera {un} salto dar⁺> (459, 693)
　VS: "non se abre la puerta" (39)
Saliólos recebir H1 (487, 1478, 2649)
　VL: "saliólos a recebir" (2882)
Cojós' Salón ayuso H1 (577, 589)
　VL: "pasó Salón ayuso" (858)
<Por/pora Santa María> H1 (1462, 2237)
<Dexar⁺(vos) las/estas posadas> H1 (1310, 950)
<Trocir⁺ (a) [lugar]> H1 (1475; 543, 2656, 2875)
　VP: "Ivan trocir los montes" (2653)
<A siniestro/diestro dexan (a) [lugar]> H1 y H2 (2694, 2691; 2696, 2875β)

<Todos⁺ {se} levantaron{se}> H1 y H2 (458β, 1769α)
<E ir⁺ adelant> H2 (543, 950, 1883)
<Iva(s') cabadelant> H2 (862, 2874)
  VL: "aguijó cabadelant" (858)
<Dó/ý lo podrié fallar> H2 (1311, 1313)
<A la puerta [vb de mov.]> H2 (37, 467, 608)

1.6. INVOCACIÓN A LA DIVINIDAD, REFERENCIAS RELIGIOSAS

"CRIADOR":
En el nombre del Criador H1 (675, 1138, 1690*b*)
<Sí + el Criador + vos salve/vala>
  ≤Sí el Criador vos salve/vala≥ H1 y H2 (420, 1115, 1646, 3045; 880)
    VL: *el Criador vos vala* (706α, 2277α)
    "mas el Criador vos vala" (48α)
    "d'aquí el Criador vos vala" (2603)
  Sí vos vala el Criador H1 y H2 (1324, 1442α, 2081, 2328, 2559α, 2594, 2798, 3128)
    VL: "no·l' vala el Criador" (3520)
    "sí vos vala Dios, Minaya" (874)
    "sí me vala Sant Esidro" (1342α)
<(E) valer[me/nos] á [Dios/el Criador]> H1 y H2 (2045α, 2330β)
Por amor del Criador H2 (720, 1321, 3490, 3504, 3580)
  + <[¡Despertedes/Esforçadvos], primas> (2787, 2792)
  VL: "por amor de Santa María" (273)
<(Id) a la gracia del Criador> H2 (1379, 1370) PH
Yo al Criador H2
  + *esto gradesco* (3404, 3446)
  VL: "Esto gradesco al Criador" (2043*b*)

"DIOS":
<¡Afé Dios del⁺ cielo⁺> H1 (1942, 2155; 2855)
<{Aún,} si Dios quisiere {que d'ésta}> H1 (2342, 3461)
<{Yo} {commo (yo)} fío por Dios> H1
  "yo fío por Dios" (1112)
  "commo fío por Dios" (1133)
  "commo yo fío por Dios" (2447)
<Dios nos valer⁺> H1 y H2 (831α, 1697β)
  VS: "si Dios non nos vale" (2795α)
<A Dios vos acomendar⁺> H1 y H2 (2154α, 2628α)
  VL: "a Dios vos acomiendo, fijas" (372β)
  VS: "a Dios se acomendó" (411β)
<(Que) Dios le/vos curiar⁺ de mal> H2 (329, 364, 1407; 1396, 2890)
  VS: "si Dios nos curiare de mal" (1410)

"PLAZER"[142]:
<Plazer⁺ a [referencia divina]> H1 (282, 2274)
  VL y VO: "¡A Dios plega e a Santa María" (2782)
  [referencia divina] = "el Criador" (1721, 2149, 2892)
  VO: "al Criador plega" (2100)
<Si (esso) plazer⁺ a [SN]> H1 y H2
  [SN] = "el Criador", sin "esso" (1665β, 2741β[143], 3349β)
  "si ploguiesse a Dios" (2376)
  "—Si ploguiere al rey" (3212)

---

[142] *Vid.* apéndice § 1.7.2.
[143] Menéndez Pidal (1964-1969: III, 989), Smith (1993: 235) y Michael (1990: 258) transcriben el *si* condicional –lo cual concuerda con las otras ocurrencias formulares–, mientras que Montaner (2016: 168) edita con el *sí* optativo (en el sentido de 'ojalá'), decisión que, en cualquier caso, tiene sentido con la puntuación: "¡Cuál ventura serié ésta, | sí ploguiesse al Criador, /que assomasse essora | el Cid Campeador!".

"—Si esso ploguiere al Cid" (3225)
VL y VO de 2376: "que si a Dios ploguiere" (2626)

"MANDAR":
<[Referencia divina] lo mande> H1 y H2
    [referencia divina] = "el Criador" H2 (1404, 1437)
    [referencia divina] = "Dios" H1 (3032)
        VL: "Dios lo quiera e lo mande" (2684)
<Assí lo mande [referencia divina]> H1 y H2 (2055, 2074α)
    [referencia divina] = "Dios" (2630, 3491)

"ROGAR":
<(E) rogar+ a [CI]> H1 y H2 (1417β, 2989)
    VL: "yo ruego a Dios" (300)
    [CI] = "el Criador" (328, 1754, 2928β, 3544β)
        VO: "al Criador rogando" (3057)
    [CI] = "San Pero" (240, 363)

OTRAS:
<(Juro) par Sant Esidro> H1 (3140, 3028)
<Yo/oy vos canté/dix la missa> H1 (1707, 2370)
<Salvest a [SN]> H1 (339, 340, 342)
<(Oy) + la misa + vos/nos dezir+> H1
    + <(ésta será) de Santa Trinidade> (2370, 319)
<Con la merced de [referencia divina]> H1 y H2 (1654)
    [referencia divina] = "el Criador" (598, 2337β)
<[E al señor/par] Sant Esidro el de León> H1 y H2 (1867, 3509)
    VL de 3509: "par Sant Esidro" (2028α)
<(E) [prep] todos los sos santos> H2 (614, 2447)

[Prep] = "con" (94, 1750, 2149, 2277)
<(E) [prep] Santa María Madre> H2 (333, 1654)
    [Prep] = "a" (1267, 1637)
<La misa cantar+> H2 (2069, 2240)
    VS: "la missa les cantava" (1702)
    + *el obispo don Jerónimo* (1702, 2069)
<(...) sí·n' salve [referencia divina]> H2 (2960)
    [referencia divina] = "Dios"
        "sí·n' salve Dios" (2990)
        "¡Sí fago, sí·n' salve Dios!" (3042)
        "lidiarán, sí·n' salve Dios" (3391)
<[Con todas/e a las] sus vertudes santas> H2 (48, 924)
<(Esta será) de Santa Trinidade> H2
    + <(Oy) + la misa + nos/vos dezir+> (319, 2370)

1.7. EMOCIONES, SENTIMIENTOS

1.7.1. NEGATIVOS

"PESAR":
Ya les va pesando H1
    + *a los ifantes de Carrión* (2985, 3603)
<Pesó(l) a [CI]> H1 (1622, 1859, 2042, 2835)
    VL: "mucho pesó a Garcí Ordóñez" (1345β)
<Pesar+ a los de [ciudad]> H1 (861, 1098)
    VL: "mucho pesa a los de Teca" (625)
<(...) [por/de] cuer {/le/} pesó (/mal/) {esto}> H1 y H2
    "por cuer le pesó mal" (636β)
    "de cuer pesó esto" (2825)
    "mas, sabed, de cuer les pesa" (2317)
<{Sabet,} mal les pesa {en Xátiva}> H1 y H2 (572β, 1165α)
<Pesar+[pron CI] de coraçón> H2 (2815, 2825, 2959)

VS: "que me pesa de coraçón" (2954)
(E) non vos caya en pesar H2 (1270, 313)

"LLORAR":
<Llorar+ de los ojos> H1 y H2 (265, 277, 2863)
   llorando de los ojos (18, 370, 374, 2023)
   VO: "de los sos ojos lloravan" (1600β)
   VO y PH: "de los sos ojos tan fuertemientre llorando" (1)

"NON PLAZER":
<(Mas) non plaze> H1 y H2 (3428α, 626β)
<(E) a los [de Terrer/infantes] non plaze> H2 (625, 2674)

OTRAS:
<[Otra/ca grand] rencura he> H1
   + *de ifantes de Carrión* (3202, 3437, N-D)
<(Que) por miedo de [SN]> H1 (448, 33)
<Meterse+ so/tras el escaño> H1 (2287, 3333)
Commo la uña de la carne H1 y H2 (375β, 2642α)
<Non/nin aver+ pavor> H1 y H2 (1653α, 3699β)
<E/que el rey me/le á airado> H2 (90, 115)
   VL: "que me á airado" (815)
Las telas del coraçón H2 (2578, 3260)
   VL y PH: "partiéronsele las telas de dentro del coraçón" (2785)

1.7.2. POSITIVOS

"PLAZER":
<Esto plogo a [SN]> H1 (1858, 2164)
<(E) plogo a [SN]> H1 y H2 (305, 1302, 1907β, 2398)
   [SN] = "mio Cid" (304, 522, 945, 1016, 2341)
   VS: "Maguer plogo al rey" (1345)

<Plazer+[me/l'] de coraçón> H1 y H2 (1342, 1355, 1947, 3434; 1455α, 2648, 3019)
   VL: "¡Plazme de veluntad!" (3052)
   "al rey plogo de coraçón" (3120)
<Plazer+ a los de [ciudad]> H1 y H2 (860α, 941β)
<Si vos ploguiere, [mio Cid/señor]> H1 y H2 (1060α, 2046β)
<Lo que {vos} ploguiere {a vós}> H1 y H2 (2107α, 2050β)
De coraçón le plaz H2 (1184, 2881)

"AMOR":
<Por amor de [SN]> H1 y H2 (1240, 1811, 3253β)
   [SN] = "mio Cid" (2883, 2971)
      VL: "por el amor de mio Cid" (3132)
         "por el amor del Cid Campeador" (2658β)
Por amor del Criador H2[144]
<E da(r)vos su amor> H2 (1945, 1924)

"MARAVILLA":
<A maravilla lo haber+> H1 (2302, 2346)
<Maravíllanse de [mio Cid/ellas]> H1 (2060, 3179)

OTRAS[145]:
<Alabándos' [ivan/seían]> H1
   + *los ifantes de Carrión* (2763, 2824)
<Alegrávas' el/mio Cid> H1 (2315, 2442)
   VL: "Alegrávas' mio Cid e dixo" (1659)
<(Mas) lo que él/el rey quisiere> H1 (1953, 1958)
<Yo d'esso/esto me pago> H2 (141, 146)
<[Que/tanto·l'] querié de coraçón> H2 (2018, 2058)
<(Nós) pagarse^PS> H2

---

[144] *Vid.* apéndice § 1.6.
[145] Las archifórmulas del tipo <alegre ser+ [sj]> se consideran descriptivas.

"irnos hemos pagando" (1046)
"nós iremos pagados" (2448)

18. GESTOS

"BESAR":
<Besar+[vos/le] los pies> H1 (879, 2935)
<(Desí,) por mí besar+le la mano> H1 (1275, 2904)
<(...) beso vuestra+ mano+> H1
  "Cid, beso vuestra mano" (179)
  "agora besaredes sus manos" (3450)
  "beso vuestras manos" (3506)
<Besar+ + (pron CI) + la+ mano+> H1 y H2
≤Besar+(pron CI) la+ mano+≥ H1 y H2 (894, 1320, 1322, 1338, 1769β, 1854β, 1858β, 1877, 2028, 2051, 2159, 2190, 2895, 3034, 3040, 3198, 3397, 3423, 3574)
  VL: "por esto vos besa las manos (2948)
  VS: "que besasse las manos" (3017)
  VP: "fue besar la mano" (3512)
≤Ir+ (l') besar+ la+ mano+≥ H1 y H2
  Van besar las manos (2092α, 2235)
  VS: "ba·l' besar la mano" (174)
≤La mano·l' ir+ besar≥ H2 (298*b*, 369)
≤Las manos [le/les] besar+≥ H2 (1367, 1443, 1608, 2039, 2108, 3180, 3414, 3486; 2607)
  VS: "que las manos le besava" (1818)
<Al Cid/a mio Cid besar+(le) la+ mano+> H1 y H2
  "al Cid besáronle las manos" (153)
  "a mio Cid besáronle las manos" (159)
  "al Cid besó la mano" (692α)

  VL: "quísol' besar las manos" (265)
<E besar+ vuestras manos> H2 (1755, 2146)

"ABRAÇAR":
<Abraçó[las/los] mio Cid/tan bien> H1 (2599, 3497)
<Ir+[pron CD] abraçar> H2 (368, 2888)
  VS: "ívalo a abraçar" (1518)
  VL: "valo abraçar sin falla" (920)
<(E) bien [los/las] abraçar+> H2 (1918, 1599)

ARRODILLARSE:
Hinojos fitos H1 (2030, 2039)
<Fincar+ los inojos> H1 y H2 (53, 1318, 2593, 2934β)
  VL: "fincó los inojos amos" (264β)
<Los inojos fincar+> H2 (1759, 1843)

OTRAS[146]:
<A vós + {me} omillo{me} + (dueñas)> H1
  "a vós me omillo, dueñas" (1748)
  "omíllom' a vós" (3036)
<Omillarse+, doña Ximena/Cid> H1 (1396, 2053)
<Tornar+/P la cabeça> H1 (2, 1078)
  VO de 1078: "la cabeça tornando va" (377)
<A los pies le caer+> H2 (1431, 2025)
<E prender+(la) con el cordón> H2 + </a/ la barba /que/ avié luenga> (3097, 3124)

---

[146] El poeta del *Cantar* emplea otras fórmulas en las que menciona partes del cuerpo, pero poseen una función demarcativa. *Vid.* apéndice § 2.2.

1.9. PARTES DEL CUERPO

"Mano":
<Prended(las) con vuestra⁺ mano⁺>
H1 y H2 (2136α, 812β)
<(Que) la seña tiene en mano> H1 y H2 (611β, 705α)
(E) darvos é de mano H2 (1035*b*, 1040)
<Vb[lo/las] en vuestra mano> H2
 "dexarlas ha en vuestra mano" (117)
 "afelo en vuestra mano" (505)
 "métolas en vuestra mano" (2222)
 VS: "e metiógelas en mano" (2228)
<En vuestra⁺ mano⁺ son> H2 (3407, 3487)

"Ojos":
<Abrir⁺ los ojos> H1 (356, 2791)
<Alçar⁺ los/sos ojos> H1 (1645, 2439)
<(E) los ojos de la⁺ cara⁺> H2 (921, 46)
 VL: "e más los ojos de la cara" (27)
 "con los ojos de las caras!" (2186)

Otras:
<Vb[pron CI] los cuerpos> H1 (893, 1035, 1365, 1871)
 [vb] = "riébto" (3343, 3442)
Par aquesta barba H1
 + *que nadi non messó* (2832, 3186)
<Llególas [al coraçón/a la faz]> H1 y H2 (276α, 355β)

1.10. Compañía

"Compaña":
<(Lievan) en su conpaña> H1 y H2 (1817β, 16α)
<[Prep/e] toda⁺ su⁺ compaña⁺> H1 y H2
 [Prep] = "de" (2612, 2506α)
 [Prep] = "con" (524, 1221)
  + <alegre es/va mio Cid> (2466, 2614)
 "pora toda mi compaña" (83)
 "e todas sus compañas" (1157)

"Vassallos":
<Mio Cid con/a los sos vassallos> H1 (376, 1712)
<[Prep/e] todos sus vassallos> H2
 [Prep] = "a" (806, 2341, precedido de "e")
 [Prep] = "con" (568, 803, 1784, 2214)
 E todos sus vasallos
  + <alegre era mio/el Cid> (1739, 2273)
 VL: "todos los sos vassallos" (1853)
<(E) [prep] (prep) (aqu)estos mios vassallos> H2
 "e pora estos mios vassallos" (1044)
 "a aquestos mios vassallos" (1260*b*)
 "con de aquestos mios vassallos" (1765)
 VL: "de los sos vassallos" (1252)
 "e de vuestros vassallos" (2459)

"Mesnada":
Mesnadas de mio Cid H1 (662, 1736)
<Con toda⁺ su⁺ mesnada⁺> H2 (528, 509)
 VL: "con esta su mesnada" (487)

Otras:
<(E) yo/vós con los míos/vuestros> H1 (3047, 2358; 2359)
<(E) yo/vós con los [numeral]> H1 (442)
 (E) yo con los ciento H1 (449, 1132)
 VL: "vós con ciento" (440)
 "vós con los otros" (1130)
<Mio Cid con los suyos/sos> H1 (666, 2399)
<[A/por a] mio Cid e a los suyos/sos> H1 (66, 701)
<Yo/ellos ir⁺ convusco> H1 (168, 2102)
<[Cuando vos/non] juntarse⁺ comigo> H1 (2139, 2416)

<(…) ir⁺ comigo> H1
   "quien quiere ir comigo" (1192)
   "d'aquend vaya comigo" (2130)
   "vós iredes comigo" (3064)
   "vayan comigo" (3477)
Todos juntados son H2 (291, 1113, 2070)
   VL: "allí juntados son" (3012)
   "ya juntados son" (3621)
<Mio/el Cid con todos los sos> H2 (2278, 3105; 3022)

1.11. RELACIONES FAMILIARES

HIJAS – HIJOS:
A las fijas del Cid H1 (2654, 2822)
<E amas (las) mis fijas> H1 (2520, 1605)
   VL: "afé amas mis fijas" (2222)
<(Por) fijas del Cid> H1 (3345, 3368)
<(E) (de las) fijas de mio Cid> H1
   + <(de) don Elvira e doña Sol> (2163, 3419)
<Estos/amos ser⁺ fijos> H1
   + *del conde don Gonçalo* (2268, 2441)
<Cuando/porque dexar⁺ mis⁺ fijas> H1 (3156, 3357)
<[…] las dexar⁺> H1
   "cuando las han dexadas" (2909)
   "por cuanto las dexastes" (3346)
   "ellos las han dexadas" (3441)
≤Porque las dexar⁺≥ H1 y H2 (3278β, 3299)
   VL: "que porque las dexamos" (3360)
Mios fijos sodes amos H1 y H2 (2443β, 2577α)
<E (prep) sus fijas amas (a dos)> H2
   E sus fijas amas (1801, 2184)
   VL: "yo e vuestras fijas amas" (1597)
   + "a dos" (1352, 2003, 3040, 3203 –sin "e"–)
      VL: "e a sus fijas amas a dos" (1661)
      "con sus fijas amas a dos" (1902)
      "fijas amas a dos" (2203)

≤E a/de sus/mis fijas amas≥ (1593, 1811)
A ellas amas a dos H2 (2738, 2783)
   VL: "nós amas a dos" (2599)
<(E) saludólas/amortecidas amas a dos> H2 (2601, 2777)
<(Las) fijas del Campeador> H2 (2551, 2584; 1887, 2323, 2661)
   VL: "a las fijas del Campeador" (2555)
<E {a} sus fijas que {él} ha> H2 (1424, 1411)
<(E) {las} prender⁺{las} + en (los) braços > H2 (255, 275)

"YERNOS":
Mios yernos amos a dos H1 y H2 (2353α, 2479, 2580)
   VL: "de sus yernos amos a dos" (2507)
   VO y VL: "amos los mios yernos" (2343α)
<[…] amos a dos> H2
   "ganaron amos a dos" (2509)
   "ellos amos a dos" (2745)
   "ý son amos a dos" (3009)

"CASAR":
<(…) casar⁺ sus⁺ fijas> H1 (2132)
   + *con ifantes de Carrión* (2939, 2956)
   (…) = [vós/él]
      + <ca non ge las dar⁺ yo> (2110, 2908)
<(Ca) vós las casastes(,) rey/antes> H1 (3150, 3406)
<Podremos/deviemos casar con fijas> H1
   + *de reyes o de enperadores* (2553, 3297)
<(Ca) bien vos he casadas> H2 (2189, 2606)

"CASAMIENTO":
<Del/d'este casamiento> H1
   + <non (sé si s') aver⁺ sabor> (1892, 1939)
<Este⁺ casamiento⁺> H1 (3412, 3418; 3355)

VS: "que estos casamientos" (2616)
<D'este⁺ vuestro⁺ casamiento⁺> H1 (2198, 2525)
    VL: "d'aqueste casamiento" (2685)
    "de nuestros casamientos" (2758)
Por consagrar H1 (1906, 3356)
<Non (sé si s') aver⁺ sabor> H2

    + <del/d'este casamiento> (1892, 1939)

OTRAS:
<Amos⁺ hermanos⁺> H1 (2319, 2592)
    VL: "entramos hermanos" (2660)
<{Ya} {mi} (mugier) doña Ximena> H1
    "—¡Ya doña Ximena" (278)
    "—Ya mugier doña Ximena" (1763)
    "—Mugier doña Ximena" (2196)
    "mi mugier doña Ximena" (3039)
<Pidamos/dadnos nuestras mugieres> H1 (2543, 2562)
Llamando: —¡*Primas, primas* H1 (incluidas en § 2.2)
<(Por) sus primas amas a dos> H2 (2846, 2770)

1.12. AGRADECIMIENTO

"GRADESCER":
Esto gradesco H1 (1933)
    + *yo al Criador* (2043*b*, 3404, 3446)
<Mucho vos lo gradescer⁺> H1 (493)
    + *commo a rey e a señor* (2109, 3146)
    VL: "mucho vos lo gradece, allá do está" (2853)
    "atanto vos lo gradimos" (2860)
<A [ti/{Dios}] lo gradesco, {Dios}> H1 (217, 1936)
<Gradéscolo a [CI] (, mio Cid)> H1
    "—Gradéscolo a Dios, mio Cid" (246)
    "gradéscolo a mio Cid" (1856)
    "gradéscolo a Dios del cielo" (2037)

<Gradescer⁺(me)lo, [mis fijas/rey]> H1 (2189, 2125)
<(E) [sj] (bien/non) ge lo gradecer⁺> H1 y H2
    "nós bien ge lo gradescamos" (1298β)
    "e él non ge lo gradece" (1624)
    "todos ge lo gradecen" (2856)

"GRADO":
<Grado a [referencia divina]> H1 y H2 (1102*b*, 2524, 3714)
    [referencia divina] = "el Criador" (1633, 1637, 1867, 1925β, 2187, 2192, 2196β, 2316β, 2528, 3200, 3696β)
    [referencia divina] = "Dios" (792, 924, 1118, 2456, 2493, 3035, 3281)
    + "del Cielo" (614, 3452)
    VL: "Grado al rey del cielo" (3714)
    [referencia divina] = "Christus"
    + *que del mundo es señor* (2477, 2830)
    VL: + vocativo al final (8, 1267)

1.13. MODO, MANERA

"GUISA":
En todas guisas H1 (3348, 3369, 3454)
    VS: "que en todas guisas" (1349)
De aquesta guisa H1 (2025, 3078)
<De tal guisa (los paga)> H1 (1492*b*, 2065)
<A mi⁺ guisa (fablastes)> H1 y H2 (677β, 812α)
Lo que sea (a)guisado H2 (132, 118)
    VS: "por lo que fuere guisado" (92)

"SABOR":
<{A} tan {a} grand sabor (están)> H1 y H2
    "a tan grand sabor" (378α)
    "tan a grand sabor están" (1618β)
<A todo so⁺ sabor> H2 (2335, 2586, 2650, 2711)
<Lo que aver⁺ sabor> H2 (1909, 2478, 3435)

<Cuanto aver+ sabor> H2 (3498, 3503)
<{Que l'/las} servir+{las} a so sabor> H2 (234, 2005, 2918; 1381, 2369)
<[...] aver+ dend/ende sabor> H2
"si oviesse dent sabor" (1899)
"que ayades ende sabor (2100)
"non avría dend sabor" (3029)
"ca avién ende sabor" (3547)
<(E/ca) d'[esto/él/ellas] (non) aver+ sabor> H2
"d'esto avién sabor" (2041)
"ca d'él non he sabor" (2994)
"e d'ellas ha sabor" (3173)
"d'esto non he sabor" (3516)
<[Don ellas/mucho] an mal sabor> H2 (2737, 3709)
<{El rey} non aver+ {buena} sabor> H2 (3014, 3602)

"RECABDO":
Con grand recabdo H1
  + *e fuertemientre sellada* (24, 43)
<Non aver+ recabdo> H2 (1738, 2451)
  VL: "avié poco recabdo" (3376)
<(Que lo) poner+ en buen recabdo> H2 (2155, 1255)
  VL y PH: "tod esto es puesto, sabet, en gran recabdo" (2141)
<[Prep/vb/prep + vb] todo (buen) recabdo> H2
  "con todo buen recabdo" (206)
  "fagades todo recabdo" (257)
  "trae todo recabdo" (1567)
  "por saber todo recabdo" (1742)
<[Que non saben/quiero saber] recabdo> H2 (799, 1257)

"VOLUNTAD":
Commo fue tu voluntad H2 (334, 338, 359)
  VL: "ca fue tu voluntad" (346)
De buena voluntad H2 (1282, 1698, 2882)
Ferlo he de veluntad H2 (1447, 1487)
  VL: "esto feré de veluntad" (1418)

"SALVO":
<E [vb]las en vuestro salvo> H2 (167)
  [vb] = "meter+"
  + <[(por) vb] las arcas> (119, 144)
<(Do) ser+ en vuestro+ salvo> H2 (1576, 1074)
<Que /lo nuestro/₁ /lo/₂ tener+/lo/₁ en /so/₂ salvo> H2 (2531, 2469)

OTRAS:
Assí commo semeja H1 (1875, 2414)
  VL: "assí commo yo tengo" (2606)
Con vuestro consejo H1 (85, 1886)
<A (una) grand priessa> H1 (1658, 2794)
<Assí lo fazer+ todos/yo> H1 (2488, 2854)
Esto faré yo de grado H2 (819, 2227)
<Tan bien los [vb]> H2 (1712, 2933, 3523)
<(Bien/que) {los/las} servir+{los} sin falla> H2
  "bien los sirvié sin falla" (1551)
  "sirvíalos sin falla" (1556)
  "que las sirven sin falla" (2191)
<(Allí) ir+ sin falla> H2 (1963, 1808)

1.14. MANDAR, ORDENAR

"MERCED":
<—¡Merced, (ya) [vocativo]> H1
  ≤—¡Merced, [vocativo]≥ (1432)
  [vocativo] = "rey Alfonso" (1845, 2403, 2936)
    VL: "—¡Merced, señor Alfonso" (1321)
  [vocativo] = "Campeador" (266, 1595)
  ≤—Merced, ya [vocativo]≥ (268)
  [vocativo] = "rey" (3045, 3271)
    "—Merced, ya rey don Alfonso" (3171)
    "—Merced, ya rey e señor" (3253)
<—¡Merced, vos pedir+ (...)> H1

≤—Merced vos pedir⁺≥
    + <commo a rey e a señor (natural)> (1885, 3430)
    VL: "—Merced vos sea" (2160)
≤—Merced vos pedir⁺ [...]≥
    "—Merced vos pide el Cid (1351)
    "—Merced vos pido a vós" (2031)
    "—Merced vos pedimos, padre" (2594)
    "—Merced vos pido, rey" (3504)

"MANDAR":
<Mandó [sj]> H1 (308)
    [sj] = "mio Cid" (802, 1570, 2484)
    VL: "Esto mandó mio Cid" (1251)
    "mandó mio Cid Ruy Díaz" (1787)
<Mandar⁺ coger/fincar la tienda> H1 (208, 2701)
<Madar⁺{nos}los ferir {mio Cid}> H1 (1004, 2364)
<Mandólos (...) todos (los) juntar> H1+H2 y H2 (PH)
    "mandólos todos juntar" (312)
    "Mandólos venir a la cort e a todos los juntar" (1263)
<(Que) ({yo}) assí (vos/ge) lo mandar⁺ ({yo/nós})> H1 y H2
    "yo assí vos lo mando" (259)
    "que assí vos lo mando yo" (2179)
    "assí ge lo he mandado" (2223)
    "assí lo mandaron" (2708α)
    "assí lo mandamos nós" (3226)
<(Yo) les/nos + mandar⁺ dar + conducho> H1 y H2
    + <mientra que + ir⁺ + por mi⁺ tierra> (1356α, 1409β)
Que les mandó so señor H2
    + <[cunplir querer⁺/cunplir⁺] el debdo> (3535, 3703)
<Quitar(ge)[lo/las] mandava> H2 (1536, 1553)
<(De) lo que {el Cid/el rey} mandar⁺ {vós}> H2

    "lo que el Cid mandó" (2585)
    "lo que mandáredes vós" (2598)
    "de lo que el rey avié mandado" (2984)

"OÍR":
<—Oír⁺(me), [vocativo]> H1 y H2 (313, 529β, 616, 1297, 1685, 2361b, 2634, 3255)
    [vocativo] = "Minaya" (810, 1897)
    [vocativo] = "mesnadas"
        + <sí + el Criador + vos salve/vala> (1115, 3128)
    [vocativo] = <(las) escuelas> (2027, 1360)

"YA":
<—Ya, [vocativo]> H1
    [vocativo] = "Campeador" (71)
        + *en buen ora cinxiestes espada* (41, 175)
    [vocativo] = "don Rachel e Vidas" (155, 189)
    [vocativo] = "cavalleros" (947, 985)
    [vocativo] = <(mugier) doña Ximena> (1763, 278)

OTRAS:
<[Cunplir querer⁺/cunplir⁺] el debdo> H1
    + *que les mandó so señor* (3535, 3703)
<Denme mis espadas/averes> H1
    + *cuando mios yernos non son* (3158, 3206)
<Dezid(le) a [CI]> H1 (1910)
    [CI] = "el Campeador" (1407, 2968)
    + <(el) que en buen ora nascer⁺> (1910, 2968)
<—¡Venides, [vocativo]> H1 (204, 489, 1479, 1919, 2185, 2443, 2890)
<Ya vos ides, conde/Minaya> H1 (1068, 1379)
    VL y VO de 1379: "—¡Ídesvos, Minaya" (829)
<—Cavalgad, Cid/Minaya> H1 (407, 753)

VL de 407: "Cavalgad, Cid, si non" (3029)
<—¿Ó ser+, [vocativo]> H1 (103, 1804, 2618, 2901)
<[¡Despertedes/Esforçadvos],primas> H1
 + *por el amor del Criador* (2787, 2792)
<—({...}) Comed, conde ({...})> H1 y H2
 "—Comed, conde, d'este pan" (1025)
 "—Comed, conde, algo" (1033β)
 "—Pues comed, conde" (1039)
<(E) aduzir+(me)[lo/las] (a)deland> H2
 "e adúzenlas adelant" (263)
 "aduzídmelo deland" (641)
 "aduzídmelas delant" (1469)
<—¡[Non sea/valelde], por caridad!> H2
 + *Dixo el Campeador* (709, 714)

1.15. RIQUEZAS

"GANANCIA":
<De estas+ (mis) ganancias> H1 (1273, 1617)
 VL: "de las otras ganancias" (1738)
 "de la ganancia que an fecha" (1084)
<Toda+ [las/(aqu)esta+] ganancia+> H1 y H2
 todas las ganancias (447β, 2465)
 ≤Toda+ (aqu)esta+ ganancia+≥ (510β; 1733, 2492)
Con estas ganancias H1 y H2 (943, 2429)
 VL: "con aquesta ganancia" (800)
 "con toda esta ganancia" (1231β)
<(Que) {les} crecer+{les} la ganancia> H1 y H2 (2316β, 1977α)
<Llegan/tórnanse con la ganancia> H2 (474, 478)

"AVERES":
<Tantos aver+ de averes> H1 (1800, 2529)
<De [(aqu)estos/vuestros] averes> H1 (2552, 3216, 3294)
<(...) averes monedados> H1 y H2
 "con averes monedados" (172β)
 "en el aver monedado" (1217α)
 "los averes monedados" (2257β)
 "—Averes monedados" (3236bα)

"MARCOS":
<Los quinientos/dozientos marcos> H1 (1422, 3502)
<[Cifra] marcos de plata> H1 y H2
 [Cifra] = "tres mill" (521)
  VS: "por tres mill marcos de plata" (845)
 "trezientos marcos de plata" (2103α)
 "seiscientos marcos de plata" (2467)
<(Que) [vb] [cifra] marcos de plata> H1 y H2
 "que más vale de mill marcos de plata" (1010, N-D)
 "e mandó mill marcos de plata" (1285α)
 "echaron trezientos marcos de plata" (184)
 ≤Caer+ ciento marcos de plata≥ H2 (513, 1234)
<Dar+[pron CI] [cifra] marcos> H2
 "darle ien seiscientos marcos" (161)
 "dóvos cincuaenta marcos" (250)
 "dóvos ciento marcos" (253)
 "doles dozientos marcos" (1766)

OTRAS:
<(E) essos/muchos gañados> H1 (466, 481)
<Con/d'aquestas+ riquezas+ (tantas)> H1 (1792, 811)

1.16. CANTIDAD

"CUANTO":
<E/de cuanto que pueden/quisieron> H1 (1474, 1552)
<Con cuantos que él [vb]> H1 y H2
  "con cuantos que él ha" (683β)
  "con cuantos que él puede" (1581)
  "con cuantos que ellos traen" (2702)
<Por cuanto fazer⁺> H1 y H2 (1684β, 3669)
  VS: "¡Por cuanto les fiziestes" (3268)
  VL de 3268: "por cuanto las dexastes" (3346)
<Cuanto ella/él mejor sabe/puede> H1 y H2 (328β, 2819α)
Cuantos que ý son H2 (742, 2060, 2119, 2302, 3100)
  VS: <pora/e a cuantos que ý son> (2064, 3037)
<Cuanto lo poder⁺ far> H2 (1388, 1466)
<(E a) cuantos (que) aquí son> H2
  "cuantos aquí son" (2032*b*)
  "cuantos que aquí son" (2079)
  "e a cuantos aquí son" (2561)
  VL: "cuantos que allí ha" (1215)
<E/todos cuantos con él están> H2 (305, 2428)

"CUENTA", "CONTAR":
<Non ser⁺ en cuenta> H1 (2257)
  + <sabet, las peonadas/castellanas> (918, 1983)
  VL: "non tiene en cuenta" (1795)
Sepades que non más H2 (307, 414)
<Que non ser⁺ contados> H2 (1723, 2491, 2529)

1.17. CONCEDER Y RECIBIR ALGO O A ALGUIEN

"OTORGAR":
<Assí lo otorgar⁺ [don Pero/yo]> H1 y H2 (2340α, 3214β)

<Otórgar[pron CI + pron CD] [sj]> H1 y H2
  "otórgovosle yo" (3418β)
  [sj] = "los fieles" (3645α, 3670α)
  VL y VS: "otórgolo yo, señor" (3415β)

"RECIBIR":
<Recibir⁺[lo/los] [sj]> H1
  "recibiénlo las dueñas" (1746)
  "recibiólo doña Ximena" (2184)
  "recibiólos Minaya" (2516)
  [sj] = "mio Cid" (2214, 3245)
    VL: "recibiólo el Cid" (203)
<(Que) recibir⁺ a Minaya> H1 y H2 (1565α; 488β, 1568β, 2848α)

"DON":
<Dar⁺[le/vos] en/buen don> H1 (196, 192 N-D)
<(O) recibir⁺ [...] don> H1 y H2
  "o recibió el don?" (1922)
  "o recebir mi don" (2129)
  "recibo este don" (2148α)
<[...] (pron CI) (pron CD) dar⁺ en don> H1 y H2
  "que non ge los dieran en don!" (2011)
  "sessaenta dio en don" (2118)
  "yo vos le dó en don" (3515α)
  VL: "que·m' diestes vós en don" (3115)
<(El moro) sus donas dar⁺> H2 (2654, 2259)
<[A quien quiere prender/e prendo] so⁺ don> H2 (2115, 2125)

"PRESENTAJA":
<D'/con (aqu)esta presentaja> H1 y H2 (522β, 1315α)
<(Le) enbiar⁺ [...] presentaja> H2
  "enbía esta presentaja" (878)
  "le enbiava en presentaja" (1819*b*)
  "envía su presentaja" (1830)
<Plazme/prendo (d')esta presentaja> H2 (1532, 884)

OTRAS:
Tendió el braço H1
   + <el/la espada Tizón/Colada le dio> (3189, 3192)
Estos dozientos cavallos H1 (1813, 1868)
<La/el espada Tizón/Colada le dio> H2
   + *tendió el braço* (3189, 3192)

1.18. MENSAJES

'MANDADOS":
<Ir⁺ aquestos mandados> H1 (2718, 2826)
<Ir⁺ los mandados> H1 y H2 (564β, 954, 1107)
   VL: "ya va el mandado" (939)
   "los mandados" (956)
   + <por + todas + (las) + (essas) + tierras> (564, 939)
<Llevar⁺(le) el mandado> H1 y H2 (1561β, 2903α)
   VL: "levaredes buenos mandados" (1301β, N-D)
<El mandado llegar⁺> H2 (1222, 2845)

ENVIAR:
<Enbiar⁺[vos/la] quiero> H1 (813, 1790)
   VO: "quiérol' enbiar" (816)
   VL: "enbiarvos quiero a Castiella" (1271, PH)
<Pensar⁺ de enviar> H2 (647, 2900)

OTRAS:
<[En Burgos/anoch] d'él entró su carta> H2 (23, 42)
<E los otros a Alucad/Almenar> H2 (1108, 1109)

1.19. EXILIO

<(Yo/ya) ({me}) echar⁺({le}) de tierra> H1
   "ya me exco de tierra" (156)
   "echástesle de tierra" (1325)
   "yo eché de tierra" (1890)
<[...] irse⁺ de tierra> H1
"mas, porque me vo de tierra" (250)
"cómmo se va de tierra" (288)
<(Ca) echado⁺ ser⁺ de tierra> H1 y H2 (14β, 1934α)
<(E) de tierra ser⁺ echado> H2 (1048, 267)
<(Que) de tierra {me á} echado {lo ha}> H2 (1240, 629)

1.20. HONRA

<(...) crecer⁺ [...] ondra> H1
   "creçremos en nuestra ondra" (1883)
   "ca crécevos ý ondra" (3413)
   "así·l' crece la ondra" (3453)
<(E) crecer⁺ en onor> H2 (1905, 1929, 2198)
<[Que en/con la] otra desonor> H2 (1371, 2913)

1.21. FAMA DEL CID

Sonando van sus nuevas H1 (1156, 1206)
<Las nuevas de mio Cid/del Cid> H1 (1154, 1881)
   VL: "¡Las nuevas del cavallero" (1235)
<Sus/las nuevas + llegar⁺> H1 y H2 (905β, 957α)
<(De) allent partes⁺ del mar> H2 (1620, 1156)

1.22. SABER

<Bien lo saber⁺> H1 (124, 3018, 3311)
   VL: "bien lo sabedes vós que las gané" (2576)
   "—Nós bien la sabemos" (3229)
   "mas bien sabemos" (3445)
   VL: "mas bien sabet verdat" (2199)

<Que non saber+ qué se far> H2 (370, 1155, 1174)
VL: "que non saben qué se an!" (1086)
"bien sabe lo que ha de far" (1136)

1.23. ESPERAR

<A mio Cid aguardar+> H2 (308, 839)
<Que lo+ aguardar+/P> H2
"que lo está aguardando" (1058)
"que los ha de aguardar" (1449)

1.24. DISTRIBUTIVOS

"CADA UNO":
<(...) cada uno+ d'ellos+> H1
(...) = ø
+ *mientes tiene al so* (3614, 3620)
(...) = "a" (513, 1766)
(...) = "que" (1136, 3590)

"UNOS" – "OTROS":
<A los unos firiendo/plaze> H1
+ <e a los otros derrocando/va pesando> (1007, 1837)
<[El uno/e el otro] es del infante de Navarra/Aragón> H1 y H2 (3395-3396α, 3395-3396β)

OTRAS:
Mientes tiene al so H2
  cada uno d'ellos (3614, 3620)

1.25. SALUDAR

<Saludarnos hemos (amos)> H1 (2411, 3030)
<Saludar+{vos/me} + mio Cid {vos}> H1 (1398, 1482)
VS: "—Saludadme a mio Cid" (1961)
<(E que) {l'} dezir+{les} saludes> H1 (932, 928)

1.26. REFERENCIAS AL DISCURSO

<Verdad [vos/te] digo yo> H1 y H2 (1335β, 2954α)
—*Esto non será verdad* H2
  + <(aquí) respuso mio Cid/el conde> (2417, 979)
<(Que) {me} dezir+{vos} la verdad> H2 (2139, 947)

1.27. EXPLICATIVAS

<(D)o dizen [SN]> H1 y H2
"do dizen monte Calvarie" (348β)
"o dizen Castejón" (435)
"o dizen El Ansarera" (2657)
"o dizen Bado de Rey" (2876)
<La/los que dizen de Canal/Luzón> H2 (649, 2653)

1.28. OTRAS

<Ver+[lo/los] [sj]> H1
[sj] = "mio Cid" (748, 1102)
[sj] = "el rey" (873, 2932)
"veyénlo los de Alcocer" (580)
"violo el atalaya" (1673)
Que l'ayades merced H1
  + <sí + el Criador + vos vala> (880, 1324)
<Andidieron en pleito+> H1 (3554, 3717)
Ya lo vedes H1 (114, 280)
VL: "ya lo vee el Cid" (50)
<Prender+ so consejo> H1 (1099, 2988)
VL: "prenden consejo" (2996)
<Fincar+ la+ tienda+> H1 (57, 656)
VL: "fincaron las tiendas e posan" (1631)
<Asmar+ los moros/mio Cid> H1 (521, 524)
<Si cueta (vos) fuere> H1 (451, 2360)
<[...] cercar+ el escaño> H1
"e cercan el escaño" (2285)
"vio cercado el escaño" (2293)
"nós cercamos el escaño" (3335)

<Por [vb en inf.] el derecho> H1
"por escoger el derecho" (3138)
"por querer el derecho" (3549)
VL: "por demandar mios derechos" (3079)
<¡Cuál ventura serié (ésta)> H1 (2741, 2753)
<[Sj] son adobados> H1
"todos son adobados" (1000)
"ellos son adobados" (3489)
VL: "estos se adoban" (1997)
VO de 1000: "todos adobados son" (3083)
<Demandó por Alfonso/sus yernos> H1 (1311, 3342)
<(Una) cofia sobre los pelos> H1 (3094, 2437)
<Mio Cid al rey (Bucar)> H1 (2408, 3486)
<Si {les} yo {algún día} visquier> H1 (825, 251)
<[...] ge lo dezir+> H1
"todo ge lo dize" (922)
"que ge lo digades" (1904)
"cuando ge lo dizen" (2827)
<Non le/la osar+ vender/acometer> H1 (64, 1375)
<(De) lo que {a vós} caer+ {a él}> H1 (1805, 1796)
<(Nós) huebos avemos> H1 (123, 138)
<[D'aquí/aquéllas] vos (los) acomiendo> H1 (2488, 256)
<Fallar+ [CD]> H1
"fallaron un vergel" (2700)
"falló sus primas" (2777)
"falló a Diego Téllez" (2814)
<[Ca/e] si [non/vós] comer+> H1 (1033b, 1034)
<(Assí las) escarniremos> H1
+ <(a) las fijas del Campeador> (2555, 2551)
<Ser+ + mi(o) huésped> H1
"¡Fuéssedes mi huésped" (2046)
"mio huésped seredes" (2049)
<[De/por] lo que (yo) fazer+/P> H1
"de lo que avién fecho" (3569)
"por lo que yo ovier a fer" (3312)

<Assí irse+ vengando> H1 y H2 (2762β, 3187α)
<Dexar+ + una tienda + (fita)> H1 y H2
 + <(e) las otras (abés) levar+> (576α, 582β)
<(E) las otras (abés) levar+> H1 y H2
 + <dexar+ + una tienda + (fita)>
"dexa una tienda fita e las otras levava" (576β)
"las otras abés lieva, una tienda á dexada" (582α)
<(E) relumbra toda+ la cort/el campo> H1 y H2 (3177β, 3649α)
<(E) amos+ las [vb]> H1 y H2 (2234α, 2608α, 2802, 2805, 2807, 3182)
<Consejo + {nos} dar+{nos}> H1 y H2 (382β, 273α)
<La tienda + coger+> H1 y H2 (213β, 2706α)
<(Que) non viestes [...]> H1 y H2
"que non viestes atal" (374)
"non viestes atanto" (1831)
"non viestes tal juego" (2307α)
<No lo+ poder+ dexar> H2 (1636, 1640, 3257)
<Non ge lo preciar+ nada> H2 (1018, 3279)
VL: "todo esto non precian nada" (475)
Non rastará por ál H2 (710, 1685)
<Fallar[nos/me] poder+> H2 (424, 1071)
<E d'ello/d'ellas pensarán> H2 (1413, 3251)
<Pora las vistas se adobar+> H2 (1965, 1986)
<Ca non ge las dar+ yo> H2
 + <vós/él casar+ mis fijas> (2110, 2908)
<Vós/yo ser+ sabidor> H2 (1949, 2336)
<Non lo tener+ a mal> H2 (530, 977)
<[Tan bien/assí] son acordados> H2
 + <[todos/los vassallos] de mio Cid> (2217, 2258)
<Assí lo han arrancado/acabado> H2 (1741, 1771)

<D'/a esto que les/nos cuntió> H2 (2310, 2852)
   VL: "sabed que les cuntió" (2281, Dem)
<Lo que cuntió/fue del león> H2
   + *ante(s) que nos retrayan* (2548, 2556)
<Que [del rey/de señor] non aver⁺ gracia> H2 (50, 882)
<(Que) de mí ayades algo> H2 (205, 2153)
<Non se me puede/deve olbidar> H2 (3254, 3363)
<Por cuanto + ha + [Sprep con "en"]> H2
   "por cuanto ha en toda España" (1021)
   "por cuanto en el mundo ha" (1080)
<Por las⁺ puertas⁺ entrava/guardar> H2 (470, 686)
<[...] ser⁺ juntados⁺> H2
   "allí eran juntadas" (506)
   "apriessa son juntados" (2209)
   "que ý fuessen juntados" (2981)
<[(Los) (que) (non)] poder(se)⁺ escapar> H2
   "non podrié escapar" (310)
   "que non puede escapar" (633)
   "los que·s' pudieron escapar" (1151)
<[...] poridad> H2
   "esta su poridad" (680)
   "con esta poridad" (1884)
   "en su poridad" (2899)
</Que/ a manos [/se le cuidó/ los] tomar> H2 (972, 701)
<Non veredes cristianismo/cristianos> H2 (1027, 1033*b*)
<(Por) non ver⁺ Carrión> H2 (2322, 2289)

2. SECUENCIAS DEMARCATIVAS

2.1. DEÍCTICAS O DE PRESENTACIÓN

"FE-, AFE-":
<(A)felos en [lugar]> H1
   [lugar] = "Valencia" (2175, 3701)
   "felos en Castejón" (485)
   "felos en Medina" (1452)
   "felos en Molina" (2647)
<Afe(pron CI) [(...) SN]> H1 y H2[147]
   "Afévoslos a la tienda" (152)
   "Afevos doña Ximena" (262)
   "Fem' ante vós" (269)
   "Afevos los dozientos" (476)
   "afevos Rachel e Vidas" (1431)
   "—Afevos delant Minaya" (2230)
   "Afevos el obispo don Jerónimo" (2368)
   "Afé los moros a ojo" (2381)
   "afé dos cavalleros" (3393)
   + <[aquí/Minaya] Álbar Fáñez> (1317, 2135β)
   + <aquí (, señor)> (1597, 1499)
   + <(amas) mis⁺ fijas> (2222; 2947, 3407)
   + <todo⁺ aquesto⁺> (1255, 1568)
   + <en vuestra⁺ mano⁺> (2080, 2101)

"VERIEDES":
Veriedes cavalleros H1 (1415, 2158)
<({Adverbio}) veriedes [vb en inf.] ({adverbio})> H1
   "ý veriedes quebrar" (1141)
   "veriedes caer apart" (2404)
   "aquí veriedes quexarse" (3207)
   "veriedes aduzir" (3242)
   VL: "ý veriedes barata" (1228)

"¡DIOS...!":
<¡Dios, qué [...]!> H1 y H2
   "—¡Dios, qué buen vassallo" (20α)

---

[147] Sin "afevos", que es la marca de la presentación, también queda una fórmula en determinadas ocasiones, como *Rachel e Vidas, el obispo don Jerónimo* y *amas mis fijas*.

"¡Dios, qué fermoso apuntava!" (457)
"¡Dios, qué bueno es el gozo" (600α)
"¡Dios, qué de buen grado!" (1052)
"¡Dios, qué quedos entraron!" (2213)
[...] = <alegre ser⁺> H1 (243, 1305)
[...] = <bien ({los}) vb ({armas})!> H1 y H2
"¡Dios, qué bien pagó" (806)
"¡Dios, qué bien tovieron armas" (2243)
"¡Dios qué bien lidiava!" (2388β)
"¡Dios, qué bien los sirvió" (2650)
VL de 806: "¡Qué bien pagó!" (847)
<¡Dios, cómmo [predicado]!> H1 y H2
[predicado] = <ser⁺ alegre> H1 (926, 930)
"¡Dios, cómmo se alabavan!" (580)
"¡Dios, cómmo es bien barbado!" (789)
"¡Dios, cómmo fue el Cid pagado" (933α)
"Dios, cómmo las ondrava!" (1554)

OTRAS:
<¿Quí/quién lo⁺ podrié contar?> H2 (699, 1218)
VL: "¿quién vos lo podrié contar?" (1214)

2.2. DE ELOCUCIÓN

"DEZIR":
<(En) essora dezir⁺ [sj]> H1
 [sj] = "el Cid" (sin "en": 1698, 1947)
 [sj] = "mio Cid" (sin "en": 2380; con "en": 3473)
 [sj] = "el rey" (sin "en": 1355, 3416, 3516, 3581, 3668; con "en": 3475)
 [sj] = "Minaya" (sin "en": 1282, 1505)
"Essora dixieron todos" (1692)
VS: "Essora dixo muchas mercedes" (3117)
<Oíd [qué/lo que] (vos) dezir⁺> H1
 "oíd qué dixo" (1127)
 "oíd lo que dixo" (1603)
 "—Oíd qué vos digo" (3596)
<Aquí/allí dixo [el conde/Minaya]> H1 (1056, 1262)
<Dezir⁺ [sj]> H1 y H2 (246β, 590, 1404, 3224, 3690, 3692)
 [sj] = "mio Cid" (1033, 1239, 1925, 2367, 2462)
 VL: "dixo mio Cid a don Pero" (2177)
 [sj] = "el Campeador" (677, 1710)
 + <—¡[Non sea/Valelde], por caridad!—> (709, 714)
 [sj] = "el rey" (881, 2047, 3463)
 VL: "dixo el rey al conde" (1348)
 "dixo el buen rey" (3214)
 + <—¡Plazme de veluntad/coraçón!> (3035, 3434)
 + <[esto/no lo] feré> (en el mismo hemistiquio, 2033, 2990)
 [sj] = "el rey don Alfonso" (1855, 2147)
 VL: "dixo el rey Alfonso" (3390)
 [sj] = "Rachel e Vidas" (136, 139, 146, 1437)
 [sj] = "Martín Antolínez" (141, 166, 228, 3527)
 [sj] = "Minaya" (782, 1923, 1949)
 VL: dixo Minaya Álbar Fáñez" (819)
 "diziendo está Mianaya" (1418)
 "dixo Álbar Fáñez" (2140)
 "estoz dixo Minaya" (2227)
 + —*Esto faré yo de grado* (819, 2227)
 [sj] = "Avengalvón" (1487, 1532)

[sj] = ≤el conde don García/don Remond≥ (3160, 3218)
<Odredes lo que dezir⁺> H2 (70, 1024, 3353)
E dixo esta razón H2
 + <fabló [sj]> (1866, 3236)
  [sj] = "mio Cid" (2036, 2043)
  VL: "dizían una razón" (19)
  "e dezir mi razón" (3079)[148]

"FABLAR":
<Fablar⁺ [sj]> H1 y H2 (70, 1481)
 [sj] = "mio Cid" (7, 78, 299, 684)
 + *e dixo esta razón* (2036, 2043)
  VL: "fabló mio Cid Ruy Díaz" (613)
 [sj] = "Minaya" H1 (1693, 1907)
  VL: "primero fabló Minaya" (671)
  "fablava Minaya ý" (1350)
 [sj] = "el rey don Alfonso" (1866, 2094, 3228β, 3595β)
  VL: "fabló el rey" (3471)
 [sj] = "Ferrán Gonçález" (2558, 3236)
  VL: "fabló don Ferrando" (2527β)
 [sj] = "doña Sol" (2726β, 2796β)
 [sj] = <(Minaya) Álvar Fáñez> (378β, 387β)
<Oír⁺ [lo que/qué] fablar⁺> H1 y H2 (198, 2350α; 3292)
Conpeçó de fablar H2 (1114, 1456, 3306)

"RESPONDER":
<Essora/luego responder⁺> H1 (3209, 3237)
<Responder⁺ [sj]> H1 y H2 (131, 710, 979, 2082β, 3082)
  VL: "respuso Bucar al Cid" (2412)
  VL: "aquí respuso mio Cid" (2417)
 + <—¡Assí lo mande [el Criador/Dios]!—> (2055, 2630)
 [sj] = "Minaya" (1390, 1447)

[148] No obstante, esta frase formular posee una función diferente, pues no introduce discurso directo, a diferencia de las secuencias precedentes.

[sj] = "el rey" (2135, 3042)
 VL: "essora respuso el rey" (3291)

LEVANTARSE[149]:
Levantós' el rey H1 (2933*, 3409)
 VL: "levantós' mio Cid, al rey" (3414)
<Luego levantarse⁺> H1 (2091*, 3199)
<Levantarse⁺ + en pie> H1 y H2
 ≤Levantarse⁺ en pie≥ H1 (3108*)
 + <(...) Cid (el) Campeador> (2027*, 3215, 3402)
  VL: "levantós' en pie Oiarra" (3422*)
 ≤En pie levantarse⁺≥ H2 (2219, 2296*, 3145, 3270, 3291*, 3382, 3429, 3457)
  VM: "en pie se va levantar" (3361)

ALZAR LA MANO:
<Alçar⁺ la⁺ mano⁺> H1 (1616*, 2477, 3185)
 VL: "alçó la su mano" (2829)
 + *a la barba se tomó* (2477, 2829, 3185)
<Alçó su/la mano diestra> H1
 + <[la cara/el rey] santiguarse⁺> (216, 1340)

TOCARSE LA BARBA:
Prísos' a la barba H1 y H2 (1663, 3280β, 3713)
A la barba se tomó H2
 + <alçar⁺ la (su) mano> (2829; 2477, 3185)

SONREÍR:
<Sonrisós' [sj]> H1 (946, 1368)
 [sj] = "mio Cid" (154, 1918)

[149] Algunos gestos también introducen discurso directo, pero no todos los ejemplos poseen esta función elocutiva. Por ello, marcamos con un asterisco los casos que no dan lugar a la intervención oral de un personaje.

<Sonrisarse+ de la boca> H1 (1518*, 1527)
<Fermoso sonrisar+> H2 (873, 923, 2442)
(E) tornós' a sonrisar H2 (1266, 298*)
   VL: "tornós' de sonrisar" (2889)

DELIMITAR EL DISCURSO:
Lo que dixo el Cid H1 (539, 3120)
   VL y VO: "de lo que el moro dixo" (2674)
A estas palabras H1
   + <fabló [sj]> (2527, 3228)
Esto dixo mio Cid H1 (1195, 1756)
<Assí commo lo dezir+> H1 (2975, 3083)
<Esto (van) diziendo> H1 (2344, 1926)
<De cuanto dezir+> H1 y H2 (3313, 3351α, 3371)
<(E) fincar+ + [esta/la] razón> H2 (1377, 3372)
<Dexad/fine essa/esta razón> H2
   + <dixo el rey (al conde)> (1348, 3463)
<(De) (aqu)esta razón> H2
   "aquesta razón" (3229)
   "esta razón" (3392)
   "de aquesta razón" (3293)
   VL de 3392: "se acaba esta razón" (3730)

OTRAS:
Llamando: —¡Primas, primas! H1 (2778, 2786)
<A altas/grandes vozes llamar+> H1 y H2 (35β*, 719α)
   VL: "a altas vozes" (3292α)
   VL: "tan grandes vozes dava" (3664β*)
<La cara se santiguar+> H2 (216, 410*, 3508)
   VL: "el rey se santigó" (1340)
(E) fizo callar la cort H2 (2558, 3409)
<Conpeçar+ + la razón> H2 (1926*, 2071)
<E acuerdan [en una/la] razón> H2 (2066*, 3163)

<Non (lo) tardó + por nada> H2 (1803, 3027)

<(E) tornarse+ a [vb en inf.]> H2 (666, 695*, 852, 1102, 1455*, 1514*, 1825*)
   VS: "tornólas a catar" (371)

2.3. DE TRANSICIÓN

<Quiéro + vos + dezir + (…)>
   Quiérovos dezir H1 (899, 1776)
   ≤Dezirvos quiero [, Minaya/nuevas]≥ H2 (890, 1620)
<Dirévos de [los cavalleros/Muño Gustioz]> H1 y H2 (1453α, 3671β)
<[Non las/yo vos] quiero contar> H2 (1310, 1879)

3. SECUENCIAS NARRATIVO-DESCRIPTIVAS

"GRANDE":
<Dar+le grandes colpes> H1
   + <mas no·l' [pueden falsar/falsan las armas]> (713, 2391)
<Grandes+ tuertos+ me/le tener+> H1 (961, 3134)
<Grand duelo avién/es> H1 (29, 1441 D)
<Grandes averes (les) dio/priso> H1 (3440, 110)
<[Con/a] {tan} grant gozo/ondra {lo} reciben> H1
   + <al que en buen ora nacer+> (245, 3111)
<(De/por) + grand ondra + {l'/les} dar+ {le}> H1 y H2
   "de grand ondra·l' dar" (1503β)
   "por darle grand ondra" (1952)
   "grant ondra les dan" (2174)
<(…) aver+ grand pesar> H1 y H2
   "ovo grand pesar" (959)
   "don avién grant pesar" (2311β)

VL y VO: "tan grand pesar ovo" (2026)
<(E/con) (tan) grand gozo que fazer⁺> H2
"con grant gozo que faze" (1478)
"e tan grand gozo que fazen" (2869)
"e grant gozo que faze" (2887)
VL: "grand gozo fizo con ellas" (2897)
<Ganancias⁺ traer⁺ grandes⁺> H2 (943, 973)
VL y VO: "tales ganancias traen" (1822)
VL y VS: "con estas ganancias que traen grandes" (1153)

"Bueno":
<Mandados + buenos + (ir(se)⁺)> H1
"Mandados buenos" (2480)
"buenos mandados irán" (2526)
"Buenos mandados me vayan" (3526)
<(Que) tener⁺ buen⁺ cavallo⁺> H1 y H2 (749β, 602α)
VS: "tantos buenos cavallos" (730β, D)
Irán buenos mandados H2 (783, 2445)
<Yo [l'/vos] daré/rendré (por ello) buen galardón> H2 (2641, 2582)
<(Que/Dios) {dé}vos {dé} dent buen galardón!> H2
"dévos dent buen galardón!" (2126)
"que vos dé dent buen galardón!" (2855)
"¡Dios vos dé den buen galardón!" (3416)

"Muerto":
<Los/tantos moros yazen muertos> H1 (618, 785)
Por muertas las dexaron H1 y H2 (2752)
+ *en el robredo de Corpes* (2748, 2755β)
VL: "por malos los dexaron" (3702)

Otras:
—*¡Calla, alevoso* H1 (3362, 3383)
<Desenparadas/solas las dexar⁺> H1
+ *en el robredo de Corpes* (2945, 3266)
<Las puertas + abiertas + dexar⁺> H1 y H2
"las puertas abiertas an dexadas" (461β)
"abiertas dexan las puertas" (593α)
<(Por siempre) {vos} fazer⁺ {los} ricos> H1 y H2 (108α, 848β)
Que nadi non messó H2
+ *par aquesta barba* (2832, 3186)
<(Que) a delicio fue criada> H2 (3282, 3284)
<Dó/e llega/fabló tan apuesto> H2 (1317, 1320)

4. Secuencias descriptivas

"Grande":
<Grande⁺ ser⁺ [sj]> H1 y H2 (1770, 2166, 2474, 2588, 2631, 3697, 3705)
  [sj] = <los⁺ gozos⁺> (2507, 3711)
    + <que ir⁺ por es logar> (1146, 1211)
      VL: "¡tan grand fue el gozo" (1393)
      "grandes son los gozos en Valencia" (2505)
  [sj] = "las ganancias" (1149, 1334)
      VL: "grandes son vuestras ganancias" (177β)
      "ca grandes son las ganancias" (1016β)
      "grandes son las ganancias que priso" (548, N-D)
      "ca tan grant es la rencura" (2916)[150]
  [sj] = "los poderes" (669, 967)
<[...] es aguisado> H1 y H2

---

[150] La consideramos una expresión formular porque sigue la estructura frecuente de <grand⁺ ser⁺ sj>, siendo "ca grandes son las ganancias" (1016) el hemistiquio al que más se acerca.

"que assí es aguisado" (143)
"—Consejo es aguisado" (1262)
[…] = ≤(ca/ya) (esto)≥
"ca esto es aguisado" (197)
"ya es aguisado" (836α)
"ca era aguisado" (2266)
"esto es aguisado" (2322α)

"ALEGRE":
<Alegre⁺ ser⁺ [sj]> H1 (1049, 1219, 1307, 1670, 1801, 1831)
VL y PH: "Alegres son por Valencia las yentes cristianas" (1799)
[sj] = "mio Cid" (1562, 1684, 1739, 2466)
VL: "ondrado es mio Cid" (1536)
"alegre va mio Cid" (2614, N-D)
[sj] = "el Cid"
+ <e todas⁺ sus compañas/vassallos> (1157, 2273)
<Todos⁺ ser⁺ alegre⁺> H1 (944, 1403, 1535, 2066)
<Mucho ser⁺ alegre⁺> H1 (1731, 2267, 2473)
Alegre fue d'aquesto H1 (1314, 3530, 3704)
<Grand alegría es/va> H1
+ <entre (todos) essos cristianos> (1236, 797 N-D)

"SOBEJANO":
<Sobejana⁺ ser⁺ [sj]> H1 y H1+H2
"sobejanas son las ganancias" (2482)
VL, PH de 2482: "sobejana es, señor, la su ganancia" (877)
<Mucho ser⁺ sobejano⁺> H2 (1796, 2272)
VS y VO: "que es mucho sobejano" (1775)
<(E) sobejana⁺ de mala/grandes> H2 (838, 653)
<(Ca) gentes son/trae sobejanas> H2 (657, 988, N-D)

"ONDRADO":
<Sodes/señor tan ondrado> H1 y H2 (1845, 2142)
VL de 2142: "—¡Ya señor ondrado" (2295α)
Ondrdados somos nós H2 (3360, 3521)

"GUISA":
<A guisa de [(muy) adjetivo/sustantivo]> H1 y H2
[sustantivo] = "varón⁺" (1350, 2576, 3154; 3525b, 3563)
[adjetivo] = "menbrado⁺" (579α, 3700α)
+ <llegó/respuso Martín Antolínez> (102, 131)
"a guisa de muy franco!" (1068)
"a guisa de muy pros" (2847)
"a guisa de traidor" (3350)

"PAGADO":
<(Si) es pagado> H1 (1922, 1924)
<Todos ser⁺ pagados> H1 y H2 (536α, 809 β)
VL: "todos son pagados de las vistas" (2119α)
"e los de después todos son pagados" (1248β)
Mucho era pagado H1 y H2 (412α, 2245β)
<Don(d) yo/ellas ser⁺ pagado⁺> H2 (1034, 1054; 1812)
<(Yo) d'(aqu)esto ser⁺ pagado> H2
"d'esto es pagado" (826)
"de aquesto fue pagado" (1296)
"—Yo d'esto só pagado" (2462)
VL: "—Agora só pagado" (782)

DIVINIDAD:
<El Señor/Dios que es/está en cielo> H1 y H2 (1094β, 2126α)
Que del mundo es señor H2
+ <—¡Grado a [referencia divina]> (2477, 2493, 2830)
VL: que de tod el mundo es señor" (2684)
E al Padre spiritual H2 (300, 372, 1633, 1651)
VS: "Padre spiritual!" (1102b)

<A/por aquel que está en alto> H2 (497, 792; 1297)
<(E (a) el) Padre que estar⁺ en alto> H2
"Padre que estás en alto!" (8)
"e el Padre que está en alto" (2342)
"e al Padre que está en alto" (2456)
+ <grado a [referencia divina]> (8, 2456)
<(Padre) que en cielo estar⁺> H2 (330, 2892)
<[...] un dinero malo> H2
"de la ganancia un dinero malo" (165)
"cuanto vale un dinero malo" (503)
"a vós un dinero malo" (1042)

OTRAS:
<(E) {adjetivo} cavallo {pora} en diestro> H1
"e buen cavallo en diestro" (1548)
"¡tantos cavallos en diestro" (2010)
"cavallos pora en diestro" (2573)
+ <gruessos/fuertes e corredores> (2010, 2573)
<(E) (tantas/con) buenas vestiduras> H1
"e buenas vestiduras" (1065)
"tantas buenas vestiduras" (2116)
"con buenas vestiduras" (2212)
<[Con/a] (tan/muy) grand ondra> H1
"con grand ondra" (1469)
"a tan grand ondra" (1609)
"con muy grand ondra" (3262)
</A/ la barba /que/ avié luenga> H1 (3124, 3097)
+ <e prender⁺(la) con el cordón> (3097, 3124)
<Obrado⁺ + es + con oro> H1
"obrado es con oro" (3091)
"con oro es obrada" (3095)
<Non ser⁺ menguados> H1 y H2 (158, 2194α)
VL: "que non seades menguados" (108)

"nuncua serién minguados" (2470)
<Abiertos + (amos) + los braços> H1 y H2 (203β, 488α)
<Desnuda⁺ + el⁺ espada⁺> H1 y H2 (471β, 608α)
<A (estas) tierras⁺ estrañas⁺> H1 y H2 (1281α, 1125β)
<(Una/atantas) buena⁺ compaña⁺> H1 y H2 (60, 1974, 3023α)
VL: "buena conpaña se faze" (1421, N-D)
<(E) [tanto/{treinta}] ({buen}) cavallo⁺ corredor⁺> H1 y H2
"e tanto buen cavallo corredor" (1988)
"e treinta cavallos corredores" (2145α)
"tanto cavallo corredor" (3242)
<De/con toda⁺ (vuestras) guarnizón⁺> H1 y H2
"de todas guarnizones" (1715α)
"con toda guarnizón" (3244)
"con todas vuestras guarnizones" (3476)
VL: "e con la guarnizón" (3636)
E fuertemientre sellada H2
+ *con grand recabdo* (24, 43)
<Tan blancas⁺ commo el sol> H2 (2333, 3074; 3087)
VS: "que blanca era commo el sol" (3493)
<(E) (de) la⁺ yente⁺ cristiana⁺> H2
las yentes cristianas (29, 1799)
e de la yente cristiana (901)
de las yentes cristianas (1674)
VL: "essas yentes cristianas" (1700)
"las yentes descreídas" (1631)
<En unos⁺ preciosos⁺ escaños⁺> H2
+ <e ivan posar (con él)> (1762, 2216)
A grande desonor H2 (2909, 2944)
<(Que) todas tienen pendones> H2
+ <{notó} trezientas lanças {son}> (419, 723)
VL: "tienen seños pendones" (3586)
<Que non parecer⁺ mal> H2 (1428, 1507)

Menos valedes vós H2
+ <por cuanto les/las fiziestes/ dexastes> (3268, 3346)
Que nada no·l' valió H2 (3632, 3633)
<Mios+ enemigos+ malos+> H2 (9, 1836)
<Sobre mio+ buen cavallo> H2 (498, 788)
<Commo (a) tan buen señor> H2 (1323, 2094)
<[Que es} una peña {muy} fuert> H2 (1330, 2691)
<E [de otros/estos] averes largos> H2 (795, 804)
<(El que) más valer+ que nós/vós> H2 (1940, 3348)
VL: "que más valemos por vós!" (2517)
VL y VO: "sabed que más que vós valen" (3369)
<Que [valen/es de] grant valor> H2 (2550, 3099)
<Que (mal) ferido es de muert> H2 (3641, 3688)
<Pora/e las/unas yentes estrañas> H2 (176, 840)
<Que/ca sodes coñoscedores> H2 (2851, 3137)
<De la linpia/buena cristiandad> H2 (1116, 1199)
<Muy/éstos bien ensellados> H2 (1064, 2145)
VL de 2145: "éstos bien adobados" (2144)

4.1. Epíteto épico

RODRIGO:
<(Los de/a) el buen Campeador> H1 y H2
  el buen Campeador (236, 407, 559α, 594α, 1332, 1916, 1931, 2014, 3340)
    + <cuando lo [sopo/oyó mio Cid]> (1916, 1931)
  al buen Campeador (285, 1354, 1890, 1904)
  los del buen Campeador (3550, 3695)

<(Prep) (el) que en buen ora nacer+> H1 y H2[151]
El que en buen ora nasco (437, 663α, 808, 935, 1004, 1008, 1053, 1114α, 1195, 1246, 1560, 1584α, 1730, 2244, 2263, 2350, 2392α, 2432, 2484, 2898α)
  + <(con) Mio Cid Ruy Díaz> (1237, 759)
  + *mio Cid don Rodrigo* (1797, 2253)
El que en buen ora nació (719, 1910, 2008, 2016, 2020, 2292, 2643, 3013, 3084, 3132, 3234, 3530)
  el que en buen ora fue nado (613)
  que en buen ora nasco (1787, 2968)
  que en buen ora fuestes nado (2457)
  que en ora buena nació (2056, 3710)
  al que en buen ora nasco (245, 2218, 2885α)
  al que en buen ora nació (2092, 3021, 3107, 3111, 3247, 3722)
  del que en buen ora nasco (202, 1834)
  los del que en buen ora nasco (787, 1838)
VO: "en ora buena fuestes nado!" (266)
VL: "por el que en buen ora nació" (3725)
"en buen ora fuestes nacido!" (71)
"do está el que en buen punto nació" (294)
"¡en buen ora nasquiestes de madre!" (379)
"en buen ora nasquiestes vós!" (2054)
"que en buen punto nació" (3068; se refiere a Martín Muñoz)
<(A) el bueno de mio Cid> H1 y H2 (655, 1803)
VL: "el bueno de Bivar" (969β)
<[Mio/mugier del] Cid lidiador> H1 y H2 (1322β, 1522α)
<(Prep + el/prep) Cid Campeador> H1 y H2

---

[151] Para las variantes del epíteto astrológico, véase el cuadro de Montaner (2016: 410).

Cid Campeador (2049, 2559)

VL: "ya Cid Campeador!" (2027)

el Cid Campeador (166, 721, 1347, 2665, 2742, 3164, 3215, 3230, 3492)

VL: "Cuando el Cid Campeador" (1164α)

al Cid Campeador (2543, 2718, 3210, 3431)

del Cid Campeador (2765, 2943)

VL: "mas del Cid Campeador" (889α)

"de nós el Cid Canpeador" (3169)

"ant'el Cid Campeador" (2593)

<(Prep) mio Cid el Campeador> H1 y H2

mio Cid el Campeador (288, 417, 1898, 1985, 2065, 2113, 2183α, 2308, 2853, 2987, 2987, 2991, 3025, 3033, 3093, 3143, 3199, 3402, 3440, 3704, 3726)

(e) a mio Cid el Campeador (743, 2073, 2827, 2966, 3011, 3398, 3453)

VL: "val a mio Cid el Canpeador" (241)

"que a mio Cid el Campeador" (329α)

con mio Cid el Campeador (2505, 3701)

de mio Cid el Campeador (1373, 2122, 3333, 3424, 3598)

por mio Cid el Campeador (292, 364α, 1844α, 2516)

VL: "es mio Cid el Campeador" (3015)

<(Prep) Mio Cid el de Bivar> H1 y H2

mio Cid el de Bivar (295, 550, 855, 961, 983, 1140, 1200, 1265, 1454, 1728α)

VL: "mio Cid el de Valencia" (1830α)

a mio Cid el de Bivar (1387, 1416)

de mio Cid el de Bivar (1085, 3378)

"por mio Cid el de Bivar" (2677)

<(El) (que) en buen ora ceñir+ espada> H2

el que en buen ora cinxo espada (58, 78, 507, 1574, 1603, 1961, 2615)

que en buen ora cinxo espada (559, 875)

en buen ora cinxiestes espada (439, 1595, 1706)

+ —¡*Ya Campeador* (41, 175)

"del que en buen ora cinxo espada" (899)

<(A/de) (el) Campeador [epíteto]> H2

[epíteto] = "contado"

el Campeador contado (1780, 2433)

VL: "el lidiador contado" (502)

≤al/del Campeador contado≥ (142, 152)

"Campeador contado" (493)

[epíteto] = "leal"

"el Canpeador leal" (396)

al Campeador leal (2679, 3317)

"Campeador leal!" (2361*b*)

VL: "Cid Campeador leal!" (704)

El que Valencia gañó H2 (3117, 3221, 3336)

La barba vellida H2 (274, 930)

VL: "e a vós, Cid, barba vellida!" (2192)

<(A) el buen Cid Campeador> H2 (3096, 1663)

EL REY ALFONSO:

<(Con/de) (don) Alfonso mio señor> H1 y H2

"con Alfonso mio señor" (538α)

"de Alfonso, mio señor" (1921)

"don Alfonso, mio señor" (2036*b*)

"de don Alfonso mio señor" (2044)

<A (...) rey ondrado> H1 y H2

"a vós, rey ondrado" (878)

"al rey ondrado" (1959)

"aquel rey ondrado" (2980β)

El buen rey don Alfonso H2 (3001, 3024, 3108, 3127, 3693)

VS: "al buen rey don Alfonso" (2825)

Alfonso el castellano H2 (495, 2976)
　VS: "a Alfonso el castellano" (1790)
<{{A/con}}) ({don}) Alfonso el de León> H2
　"Alfonso el de León" (1927)
　"don Alfonso el de León" (3536)
　"a Alfonso el de León" (3543)
　"con Alfonso el de León" (3718)
</Ante/ (el) mio señor /el rey/ Alfonso> H2
　"ante mio señor el rey Alfonso" (2128)
　"el mio señor Alfonso" (2200)
<[E él/vós] ser⁺ mio señor> H2 (2905, 3403)
　VS: "ca eres mio señor" (2669)
　VS: "toda es de mio señor" (2911)
<Mio + señor + natural> H2
　"mio señor natural" (1272)
　"mio natural señor!" (2031)

JIMENA:
<[...] mugier ondrada> H1 y H2
　"e vós, mugier ondrada" (284)
　"—¡Ya mugier ondrada" (1647)
　"vengo, mugier ondrada!" (2187β)
　VL y PH: "—Vós, mugier querida e ondrada" (1604)

ÁLVAR FÁÑEZ:
El bueno de Minaya H1 y H2 (1426, 1430)
　VS: "e al bueno de Minaya" (1583β)
　VL: "el bueno de Álbar Fáñez" (2513)
(Un) cavallero de prestar H2 (671, 1432)
</Vós/ sodes /el/ mio diestro braço> H2
　+ <—Cavalgad/Oíd, Minaya> (753, 810)

MARTÍN ANTOLÍNEZ:
<El/un burgalés [epíteto]> H2[152]
　[epíteto] = "de pro" (736, 1992b, 2837, 3066, 3191, 3524)
　[epíteto] = "natural" (228, 1500)
　"el burgalés conplido" (65)
　"un burgalés contado" (193)
　"un burgalés leal" (1459)

DON JERÓNIMO:
<Coronado [epíteto]> H2[153]
　"coronado de prestar" (1460)
　"coranado leal" (1501)
　"coranado mejor" (1993)
　VO: "caboso coronado" (1793)

MARTÍN MUÑOZ:
El que mandó a Mont Mayor H2
　+ *Martín Muñoz* (738, 1992)

GALÍN GARCÍA:
<Galínd Garcíaz el (que fue) de Aragón> H2 y H1+H2
　"Galínd Garcíaz, el que fue de Aragón" (1996)
　"Álvar Salvadórez e Galínd Garcíaz el de Aragón" (1999)
El bueno de Aragón H2
　+ <(e) Galín Garcíez/García> (3071, 740)

OTROS:
Una fardida lança[154] H2 (443b, 489)
　VL: "sodes ardida lança" (79)
Mio vassallo de pro[155] H2 (2901, 3193)

LUGARES:
<De/a Castiella la gentil> H1 y H2 (672α, 829β)
<[Prep] Valencia la [adjetivo]> H2

---

[152] Todos los ejemplos van precedidos de <(...) Martín Antolínez>.
[153] Todas las ocurrencias van precedidas de *(e) el obispo don Jerónimo*.
[154] Aplicado a Galín García, Álvar Fáñez y Martín Antolínez, respectivamente.
[155] Atribuido a Muño Gustioz y Martín Antolínez, respectivamente.

"de Valencia la clara" (2611)
"cerca Valencia la grand" (3316)
[adjetivo] = "mayor"
   en *Valencia la mayor* (2105, 3711)
   a Valencia la mayor (2161, 2625, 2826, 2840)
   ≤por/de Valencia la mayor≥ (2588, 3151)
      VL: "de Barcilona la mayor" (3195)
<La que [en buen punto/mio Cid] gañó> H2 (2167, 2175)

5. BINOMIOS FORMULARES

5.1. NARRATIVOS

PERSONAJES:
"Mugier" + "fijas"
   <[Posesivo] mugier + e + [posesivo] fija+> H1
      ≤Su+ mugier e sus+ fijas≥ H1 (1467, 1484, 1644)
         VS: "que su mugier e sus fijas" (1408)
      Mis fijas e mi mugier H1 (1638, 1641)
      <(...) (a/de/la) su+ mugier e (a/de/las) (sus)+ fijas (amas)> H1 y H2
         "daldo a mi mugier e a mis fijas" (823)
         "de su mugier e de sus fijas!" (932)
         "delante su mugier e de sus fijas" (1577α)
            VL: "la mugier e las fijas amas" (2190)
      </A la/ madre e /a las/ fijas> H1 (1599, 1608)
<(Prep) don Elvira e (prep) doña Sol> H1 y H2
   don Elvira e doña Sol (2075, 2088, 2197, 2520, 2592, 2628, 2682, 2710, 2714, 2747, 2780, 2786, 2790, 2859, 2865α, 3187, 3345, 3419, 3447)

   a don Elvira e a doña Sol (2181, 2817)
   ≤a/de don Elvira e doña Sol≥ (2097, 2163)
   "con don Elvira e con doña Sol" (3719)
"Rachel" + "Vidas"
   <(Prep) Rachel e Vidas> H1
      Rachel e Vidas (100, 106, 122)
      Por Rachel e Vidas (89)
         + *apriessa demandava* (97, 99)
      ≤con/entre Rachel e Vidas≥ (149, 191)
         VL: "Don Rachel e Vidas" (159)
         "grádanse Rachel e Vidas" (172)
   <¿Ó sodes/Levadlas, Rachel e Vidas> H1 (103, 167)
Mio Cid e sus compañas H1 (214, 1618)
<(Los) moros e (las) moras> H1
   moros e moras (465, 852, 856)
      VL: "ciento moros e ciento moras" (534)
   los moros e las moras (541, 619)
      VL: "todos los moros e las moras" (679)
<(Prep) moros e/nin (prep) cristianos> H1 y H2
   moros e cristianos (1242β, 2498α, 2729α)
   "moros nin cristianos" (145β)
   ≤a/en moros nin a/en cristianos≥ (107β, 3514α)
   "entre moros e cristianos" (968α)
   "de moros e de cristianos" (988α)
   "de moro nin de cristiana" (2386β)
<(Prep) Diego e/ni (prep) Ferrando> H1 y H2
   Diego e Ferrando (1901α, 2267, 3009α)
      VL: "—¡Don Diego e don Ferrando" (2725)
   "entre Diego e Ferrando" (2348)
   "E a don Fernando e a don Diego" (2168)

≤a Diego e/ni a Fernando≥ (2440, 2534)
De Navarra e de Aragón H2 (3399, 3405, 3420, 3448, 3723)
  + <(pora) los infantes> (3420, 3448)
  VL: "los de Navarra e de Aragón" (3719)
  VS y VO: "por Aragón e por Navarra" (1187)
Cuendes e ifançones H2 (2072, 2964)
  VS: "de conde nin de ifançón" (3479)
Las dueñas e Álbar Fáñez H2 (1452, 2863)
<El/mio Cid e sus vassallos> H2 (2243, 2473)
  VS: "de mio Cid e de sus vassallos" (2265)

OBJETOS:
<(Prep/el) oro e/nin (prep/la) plata> H1 y H2
  (E) el oro e la plata H1 y H2 (473β; 1214α, 3238α)
    VL: "oro e plata" (820β)
    "por oro nin por plata" (310α)
    VL: "traen oro e plata" (799α)
    "averes d'oro o de plata" (1978β)
<(E/los) mantos e (los) pelliçones> H1 y H2
  (e) mantos e pelliçones (1989, 2256α)
  "los mantos e los pelliçones" (2720)
  VS y VO: "de pelliçones e de mantos" (1065)
  VL: "armiños e pelliçones" (3075)
Casas e heredades H1 y H2 (301β, 1246bα)
<El manto e/nin el brial> H2 (2291α, 3366β)
"Pieles" + "mantos" H1 y H2
  "sin pielles e sin mantos" (4β)
  "mantos e pielles" (1971α)
  Vid. anexo § 5.3.
<[A/de] cavallos e (de) armas> H2
  a cavallos e armas (1123, 2610)
  "de cavallos e de armas!" (1800)

  VS y VO: "Armas e cavallos" (3469)
<(A/de) Colada e (a/de) Tizón> H2
  Colada e Tizón (3175, 3555)
  a Colada e a Tizón
    + <dar+[vos/les] dos espadas> (2575, 3153)
  "de Colada e de Tizón!" (3201)

MODO:
D'alma e de coraçón H2 (1923, 1930, 2000b, 2033, 2619, 2623, 2835b, 2904, 2907, 3030, 3152, 3581)
  VS: "su alma e su coraçón" (2004)
  VO (y VS): <mi/de coraçón e mi/de alma> (1605, 2395)
De voluntad e de grado H2 (149, 1005, 1056)
  VL: "d'amor e de grado" (2234)
<De amor e de (gran) voluntad> H2 (1039, 1692)
  VL: "de cuer e de veluntad" (226)
Commo a rey e a señor H2 (1952, 3430, 3488, 3574)
  + —*Mucho vos lo gradesco* (2109, 3146)
  VL: "commo rey e señor" (3118)
  "commo a rey e a señor natural!" (1885)

OTROS:
Los pies e las manos H1 (1323, 2937)
<D'ella + e + d'ella part> H1 (2079, 3139; 1965)
<Grado e gracias, rey/Cid> H1 (895, 2095)
"Noche" + "día"
  <(Que) de día e/nin de noch> H1 y H2
    De día e de noch H1 y H2 (659α, 2045β, 2690β)
    ≤(que) de día nin de noch≥ (562α, 2002bβ)
  <(E) las/de noche+ e los/de día+> H1 y H2
    (E) las noches e los días H1 y H2 (2536α; 826β, 1547α)
    "de noch e de día!" (222β)

<El⁺ día⁺ e la⁺ noche⁺> H1 y H2 (681α, 2921β)
  VL: "tres días e dos noches" (970α)
(E) las exidas e las entradas H2 (1572, 1163)
A ondra e a bendición H2 (3400, 3421, 3439)
<(Dezid) de sí o de non> H2 (3208, 3594)

Binomios un verso:
A las bestias fieras   e a las aves del mont (2946, 3267)
  VL y VO: "e a las aves del monte e a las bestias de la fiera guisa" (2751)
  Fuera del binomio: "e las bestias fieras" (2699α)
En el nombre del Criador   e del apóstol Santi Yagüe (1138, 1690b)
(E) el conde don Anrich   e el conde don Remond (3002, 3109, 3115b)
<—¡Grado al Criador   e a vós, [SN]>
  "—¡Grado al Criador   e a vós, Cid, barba vellida!" (2192)
  "—Grado al Criador   e a vós, Cid ondrado" (2528)
  "—¡Grado al Criador   e a vós, rey e señor" (3200)
  Fuera de este binomio, en H1 y H2:
    "A vós, Oiarra,   e a vós, Yéñego Ximenoz" (3417)
    "e a vós Cid,   que en buen ora fuestes nado!" (2457)

Tricolon:
A vistas + o a juntas o a cortes H1+H2
  "Adúgamelos a vistas   o a juntas o a cortes" (2914)
  "que ge los levedes a vistas   o a juntas o a cortes" (2949)

5.2. Demarcativos

Pensó e comidió H2
  + <una grant ora (el rey)> (1889; 1932, 2828[156])
    VL: "el rey una grand ora   calló e comidió" (2953)

5.3. Descriptivos

Con oro e con plata H1 y H2 (1970β, 3088α)
<[Adjetivo] e corredores> H2
  Gruessos e corredores H2 (1336, 2010)
  VL: ≤fuertes/buenos e corredores≥ (2573, 3582)
<Maravilloso⁺ e grand⁺> H2 (427, 864, 1084, 1648, 2427)
<Que {fiera} ser⁺ {fieras} e grand⁺> H2
  + <passar⁺ la sierra/las montañas> (422, 1491)
"Malos" + "traidores" H2
  <por malo⁺ e por traidor⁺>
    + <riébto[t'/les] el⁺ cuerpo⁺> (3343, 3442)
    "commo de malos e de traidores" (2681)
  "malo e traidor!" (3383)
De reyes o de enperadores H2
  + <podremos/deviemos casar con fijas> (2553, 3297)
<(E) rica/buenas piel⁺ e buen⁺ manto⁺> H2 (195, 2472)
<Fuertes/dulces e tajadores> H2 (2726, 3077)
"Prez" + "valor" H2
  "grand prez e grand valor" (3197b)
  "de prez e de valor" (3444)
Tanta gruessa mula   (e) tanto palafré de sazón H1 y H2 (1987, 2114; 3243)

---

[156] No introduce directamente discurso directo, sino que comienza dos versos después, tras un gesto.

Printed in the USA
CPSIA information can be obtained
at www.ICGtesting.com
LVHW041136041023
760081LV00002B/25